江苏财政

发展研究报告

2017

主 编 黄建元

南京大学出版社

图书在版编目（CIP）数据

江苏财政发展研究报告. 2017 / 黄建元主编. 一 南京：南京大学出版社，2019.2
ISBN 978 - 7 - 305 - 21644 - 2

Ⅰ. ①江…　Ⅱ. ①黄…　Ⅲ. ①地方财政－经济发展－研究报告－江苏－2017　Ⅳ. ①F812.753

中国版本图书馆 CIP 数据核字（2019）第 023461 号

出版发行　南京大学出版社
社　　址　南京市汉口路 22 号　　　邮　　编　210093
出 版 人　金鑫荣
书　　名　**江苏财政发展研究报告（2017）**
主　　编　黄建元
责任编辑　王日俊　卜磊磊
照　　排　南京理工大学资产经营有限公司
印　　刷　虎彩印艺股份有限公司
开　　本　787×1092　1/16　印张 15.25　字数 364 千
版　　次　2019 年 2 月第 1 版　　2019 年 2 月第 1 次印刷
ISBN　978 - 7 - 305 - 21644 - 2
定　　价　128.00 元

网　　址：http://www.njupco.com
官方微博：http://weibo.com/njupco
官方微信号：njupress
销售咨询热线：(025)83594756

本书为江苏高校优势学科建设工程资助项目（PAPD）、江苏高校人文社会科学校外研究基地"江苏现代服务业研究院"、江苏高校现代服务业协同创新中心和江苏省重点培育智库"现代服务业智库"的阶段性研究成果。

书　　　名：江苏财政发展研究报告（2017）

主　　　编：黄建元

出　版　社：南京大学出版社

前　言

2016 年是"十三五"规划的开局之年,面对复杂多变的宏观经济环境和艰巨繁重的改革发展任务,江苏省坚持稳中求进工作总基调,自觉践行新发展理念,以供给侧结构性改革为主线,经济社会保持平稳健康发展,实现了"十三五"良好开局。全省综合实力明显增强,转型升级步伐加快,新旧动力加速转换,发展质量稳步提升,社会事业取得进步,民生福祉持续改善。2016 年,也是财税体制深化改革之年。这一年,继续实施积极财政政策,江苏省着力推动"三去一降一补",扎实推进民生事业建设,切实加强支出预算执行管理,在收入增长放缓的情况下,坚持实施减税降费,打造激励创新的财税体制,特别是全面推行"营改增",进一步减轻企业税费负担和交易成本。

本书编写组成员在调查研究的基础上,分别从江苏省财政经济运行总体情况、民生财政、财政治理和财政政策效果等几大方面着手,收集整理资料,认真梳理政策举措,运用实证分析方法提供技术支撑,深入研究改革成效和存在的问题,探索江苏财政进一步改革发展的路径,最终形成江苏 2017 年财政发展研究报告。本报告的形成希望能够为地方政府提供政策咨询和决策参考,服务于江苏省财政发展,服务于江苏经济,服务于江苏社会发展。

本书内容分为四篇。第一篇为财政综合篇,介绍 2016 年江苏省的财政经济运行概况,分析了财政收支规模与结构的动态变化和城市间的趋势特征,并且探讨了"营改增""减税降费"对江苏省财政收入和经济增长的影响,据此提出江苏省深化财税改革的路径,以促进最终形成企业减负、经济增长与财政收入三者之间的良性循环关系。

第二篇为财政民生篇,主要选取了江苏省财政教育支出、社会保障支出、环境保护支出和"新农合"财政补贴支出等四项典型的民生支出,分别进行支出变动分析,揭示问题与挑战,进而提出在适度加大民生支出投入力度的基础上优化支出结构、完善民生支出保障机制、完善各类支出绩效评价体系等建议。

第三篇为财政治理篇,分别对江苏政府预算公开性、财政法治建设、政府采购管理和 PPP 项目推进等关乎财政治理的几个重点问题进行专门的总结和深入的剖析,提出进一步推进预算公开,提高财政透明度、继续加强法治财政建设,通过依法理财实现财政作为国家治理基础的重要功能。特别值得一提的是,通过收集近年来江苏省推行的 PPP 项目成功与失败的案例,对其成败进行影响因素分析,为江苏省 PPP 模式的健康推进既提供了经验总结,又提供了前车之鉴。

第四篇为财政政策篇。经济的稳定与发展和社会事业的繁荣昌盛离不开财税制度供给和政策体系支持,发展与繁荣的程度更取决于政策的有效性。政策效果需要检视,政策措施需要反思。本篇主要围绕供给侧结构改革的这个中心,运用多元化工具方法对多领域的财税政策进行了实施效果的实证检验,研究结论认为,要巩固财税改革在推动实体经济发展、扶持中小企业、培育新型农业经营主体、促进文化产业发展、促进居民收入提高等诸多领域取得的成效,同时也要直面财税政策的不足甚至缺陷,寻求改进方略。勇于探索前沿问题,对于当前经济新时代下的江苏新经济问题展开了创新性思考,提出促进财税制度转型的建议,带动起中国经济新的动能,以期突破传统经济增速下滑的桎梏,推进江苏经济高质量发展。

目　录
Contents

第一篇　财政综合篇
Part One　Financial Comprehensive Situation

第二篇　财政民生篇
Part TWO　Financial livelihood

第三篇　财政治理篇
Part Three　Financial Governance

第四篇　财税政策篇

Part Three　Fiscal and tax policy

第一篇　财政综合篇

第一章　江苏省 2016 年财政经济运行总体情况

一、2016 国民年经济运行情况

2016 年,面对复杂多变的宏观经济环境和艰巨繁重的改革发展任务,坚持稳中求进工作总基调,自觉践行新发展理念,以供给侧结构性改革为主线,经济社会保持平稳健康发展,实现了"十三五"良好开局。全省综合实力明显增强,转型升级步伐加快,新旧动力加速转换,发展质量稳步提升,社会事业取得进步,民生福祉持续改善。

(一)经济发展总体平稳、稳中有进

全年实现地区生产总值 76086.2 亿元,比上年增长 7.8%。其中,第一产业增加值 4078.5 亿元,增长 0.7%;第二产业增加值 33855.7 亿元,增长 7.1%;第三产业增加值 38152 亿元,增长 9.2%。全省人均生产总值 95259 元,比上年增长 7.5%。全社会劳动生产率持续提高,全年平均每位从业人员创造的增加值达 159934 元,比上年增加 12620 元。产业结构加快调整。三次产业增加值比例调整为 5.4:44.5:50.1,全年服务业增加值占 GDP 比重提高 1.5 个百分点。全年实现高新技术产业产值 6.7 万亿元,比上年增长 8.0%;占规上工业总产值比重达 41.5%,比上年提高 1.4 个百分点。战略性新兴产业销售收入 4.9 万亿元,比上年增长 10.5%;占规上工业总产值比重达 30.2%。经济活力继续增强。全年非公有制经济实现增加值 51510.3 亿元,比上年增长 8.0%,占 GDP 比重达 67.7%,其中私营个体经济占 GDP 比重为 43.6%。民营经济增加值占 GDP 比重达 55.2%。年末全省工商部门登记的私营企业达 222.9 万户,当年新增 50.1 万户,注册资本 98090.7 亿元,比上年增长 34.4%;个体户 438.8 万户,当年新增 77.6 万户。新型城镇化建设加快。年末城镇化率达 67.7%,比上年提高 1.2 个百分点。区域发展协调性进一步提高。苏中和苏北对全省经济增长的贡献率达 45.3%,沿海地区对全省经济增长的贡献率达 18.4%。

(二)就业形势保持平稳

年末全省就业人口 4756.22 万人,第一产业就业人口 841.85 万人,第二产业就业人口 2045.17 万人,第三产业就业人口 1869.2 万人。城镇地区就业人口 3126.26 万人,城镇新增就业 143.22 万人,城镇登记失业率 3.0%。新增转移农村劳动力

26.49万人。促进失业人员再就业77.82万人,其中就业困难人员就业13.12万人。分流安置去产能职工2.31万人,应届高校毕业生年末总体就业率达到96.9%,扶持城乡劳动者自主创业22.82万人。

(三)消费价格温和上涨

全年居民消费价格比上年上涨2.3%,其中城市上涨2.4%,农村上涨1.8%。分类别看,食品烟酒上涨3.8%,衣着上涨1.8%,居住上涨1.2%,生活用品及服务上涨1.6%,交通和通信下降1.2%,教育文化和娱乐上涨0.9%,医疗保健上涨9.1%,其他用品和服务上涨2.7%。在食品烟酒中,鲜菜上涨11.3%,畜肉类上涨11.1%,水产品上涨6.7%,禽肉类上涨1.2%,食用油上涨0.9%,粮食上涨0.2%,蛋类下降3.7%。工业生产者价格有所回升。全年工业生产者出厂价格同比下降1.9%,降幅较上年收窄2.8个百分点,其中生产资料下降2.2%,生活资料下降0.7%。全年工业生产者购进价格下降2.0%,降幅较上年收窄5.9个百分点。

全省经济社会发展中还存在不少困难和问题,如供给侧结构性矛盾突出,转型升级任务艰巨,实体经济困难较多,有效需求增长乏力,城乡居民增收难度较大等。

二、2016年财政收支运行情况

2016年,全省各级财政部门认真落实省十二届人大四次会议的有关决议,全力支持经济平稳增长和加快转型升级,着力保障和改善民生,深入推进财政改革创新,努力为实现"十三五"良好开局提供坚实保障。全省财政预算执行情况良好。

(一)一般公共预算执行情况

全省一般公共预算收入8121.23亿元,比上年(下同)增加92.64亿元,同口径增长5.0%。其中,税收收入6531.83亿元,同口径增长3.8%,占一般公共预算收入的80.4%。全省一般公共预算支出9990.13亿元,增加302.55亿元,增长3.1%。

当年全省一般公共预算收入,加中央税收返还及转移支付收入、地方政府一般债务收入及上年结转收入等5366.2亿元,收入共计13487.43亿元。当年一般公共预算支出,加上解中央支出、地方政府一般债务还本支出、补充预算稳定调节基金等2844.99亿元,当年支出共计12835.12亿元。收支相抵,预计结转下年支出652.31亿元。

省级一般公共预算收入647.33亿元,同口径增长11.1%。省级一般公共预算支出966亿元,下降2.8%。省级一般公共预算收入,加中央税收返还和转移支付收入、地方政府一般债务收入、下级上解收入及上年结转收入等5399.51亿元,收入共计6046.84亿元。省级一般公共预算支出,加上解中央支出、对市县税收返还及转移支付支出、地方政府一般债务转贷支出、地方政府一般债务还本支出、补充预算稳定调节基金等 5012.19 亿元,当年支出共计 5978.19 亿元。收支相抵,预计结转下年支出 68.65 亿元。

（二）政府性基金预算执行情况

全省政府性基金收入 6047.81 亿元,增长 31％。全省政府性基金支出 6191.83 亿元,增长 33.5％。全省政府性基金收入,加中央补助收入、地方政府专项债务收入、上年结转收入等 2796.4 亿元,收入共计 8844.21 亿元。当年政府性基金支出,加上解中央支出、地方政府专项债务还本支出、调出资金等 1868.27 亿元,当年支出共计 8060.1 亿元。收支相抵,预计结转下年支出 784.11 亿元。

省级政府性基金收入 141.93 亿元,下降 17.4％。省级政府性基金支出 63.83 亿元,下降 25.4％。省级政府性基金收入,加中央补助收入、地方政府专项债务收入、上年结转收入等 2294.66 亿元,收入共计 2436.59 亿元。当年政府性基金支出,加上解中央支出、地方政府专项债务转贷支出、调出资金等 2342.67 亿元,当年支出共计 2406.5 亿元。收支相抵,预计结转下年支出 30.09 亿元。

（三）国有资本经营预算执行情况

全省国有资本经营预算收入 121.56 亿元,加上年结转收入 5.02 亿元,收入共计 126.58 亿元。全省国有资本经营预算支出 94.98 亿元,加调出资金 5.02 亿元,当年支出共计 100 亿元。收支相抵,预计结转下年支出 26.58 亿元。

省级国有资本经营预算收入 26.22 亿元,增长 45.9％,加上年结转收入 0.04 亿元,收入共计 26.26 亿元。省级国有资本经营预算支出 16.21 亿元,增长 1.5％,加调出资金 3.8 亿元,当年支出共计 20.01 亿元。收支相抵,预计结转下年支出 6.25 亿元。

（四）社会保险基金预算执行情况

全省社会保险基金收入 3855.47 亿元,增长 3.7％。全省社会保险基金支出 3530.87 亿元,增长 12.5％。全省社会保险基金当年收支结余 324.6 亿元,年末滚存结余 5550.25 亿元。

省级社会保险基金收入 259.51 亿元,增长 2％。省级社会保险基金支出 216.6 亿元,增长 9.9％。省级社会保险基金当年收支结余 42.91 亿元,年末滚存结余 594 亿元。

（五）地方政府债务情况

截至 2016 年末,江苏省地方政府债务余额 10915.35 亿元,其中,省级地方政府债务余额为 476.53 亿元。2016 年底江苏省债务率为 62.9％,地方政府债务风险总体可控。

三、财政预算执行和管理的重点内容

2016年全省财政预算执行和管理主要体现了以下重点。

1. **支持供给侧改革和创新驱动发展,努力推动经济平稳增长**

一是推动"去产能"。支持煤炭、钢铁、水泥等行业化解过剩产能,妥善安置分流职工。二是着力"降成本"。通过落实国家和省减税降费政策、降低企业社保费率等措施,全年减轻企业负担1070亿元。三是促进"去杠杆"。发行政府债券4512亿元,2016年到期政府债务全部置换为政府债券,年均节省利息支出150多亿元。四是致力"补短板"。认真落实积极的财政政策,加大对基本公共服务、关键共性技术研究、基础设施薄弱环节、生态环境、扶贫等方面的财政投入力度。五是聚力"促创新"。对苏南国家自主创新示范区及省产业技术研究院、无锡超级计算机中心等江苏省引领性重大科技项目给予重点支持,出台落实产业科技创新中心和创新型省份建设财政政策。

2. **着力保障和改善民生,推动区域协调发展**

改善民生十件实事全面完成,全省一般公共预算支出75%以上用于民生,省级财政民生支出比重达80%。全省各级各类教育全覆盖的经费保障机制和家庭经济困难学生资助体系已基本建立。保障支持教育综合改革和深化医疗卫生体制改革。实施促进就业和支持创业并举的财政政策,有效促进就业增长。促进社会保障体系建设,医保、养老等各项提标、提档、提补政策全面落实到位。出台与污染物排放总量挂钩的财政政策,支持大气、水、土壤污染治理和城乡环境综合整治,改善人民生活环境。加大转移支付力度,促进苏北振兴、苏中崛起和苏南提升的财政政策进一步完善。发起设立多支综合区域性基金和产业基金,重点支持中哈(连云港)物流合作基地、中韩(盐城)产业园、南京江北新区、徐州老工业基地等重大载体建设。

3. **深化财税体制改革,提升财政管理效能**

一是加快推进预算管理改革。完善全口径预算管理,进一步加大一般公共预算与政府性基金预算、国有资本经营预算统筹力度,取消一般公共预算中一些以收定支、专款专用的规定,对相关领域支出统筹安排。大力推进预决算公开,出台地方预决算信息公开管理办法,进一步扩大公开范围和细化公开内容。健全跨年度预算平衡机制,继续探索中期财政规划管理。二是有序推进税制改革。全面完成营改增试点各项工作,实现税制平稳转换,减税面98%以上。资源税改革全面实施。国家促进经济转型升级、创新创业、小微企业发展的各项税收优惠政策得到切实落实。三是提高财政资金使用效益。深化政府投融资改革,PPP入库项目实现市县全覆盖,通过发挥财政资金撬动作用累计吸引社会资本1896亿元。全年共盘活财政存量资金超过1500亿元安排重大项目和民生支出。加大财政资金分配制度改革,扩大专项资金因素法分配试点,约50%的省级专项转移支付实行因素法分配。出台加强省级涉企专项资金管理意见,改革对竞争性领域的支持方式。对省本级国库现金和财政专户间隙资金存放实行公开招标,在确保资金安全的前提下实现保值增值。完善全过程预算绩效管理机制,2016年纳入绩效目标管理的资金达3127亿元。深入推广财政"大监督"机制,省级财政监督综合分析系统上线运行。

四、存在的问题和不足

受营改增和增值税收入划分改革等因素影响,财政收入增速回落与财政支出刚性增长矛盾突出,财政收支平衡压力加大;财政事权与支出责任划分等改革推进难度加大;个别地方政府债务风险不容忽视;财政资金全过程监督还存在薄弱环节等。对这些问题,我们将高度重视,努力加以解决。

五、未来财政工作的着力点

第一,着力支持创新驱动发展。一是促进完善创新型企业培育机制。支持实施高新技术企业培育"小升高"计划;建立企业研发投入普惠补助政策体系。二是支持创新平台构建。支持实施科技型企业孵育计划,探索建立科技企业孵化器绩效奖励制度。三是健全科技成果转化激励机制。将下放科技成果收益权、提高科技成果转化奖励比例、完善股权激励等政策落实到位。四是支持优化创新创业环境。充分发挥政银合作融资支持政策作用,进一步做大"苏科贷""苏科投"以及科技企业贷款资金池,努力破解科技型中小微企业融资问题;改革科研项目经费管理机制,推动科技领域"放管服"改革。

第二,大力支持富民惠民发展。一是加大保障和改善民生力度。坚持厉行节约,更加注重优化结构、用好增量、激活存量;健全财政转移支付同农业转移人口市民化挂钩机制,促进基本公共服务均等化。二是支持拓宽居民增收渠道。大力支持发展众筹众包众扶众创,推动创业富民;支持土地确权和农村"两权"抵押试点,提高居民财产性收入;推进精准扶贫,支持实施脱贫致富奔小康工程。三是解决好群众最关心的民生问题。保障扶贫、农业、教育、社保、医疗、棚改等关系群众切身利益的支出政策得到落实;支持开展环保"两减六治三提升"专项行动,落实好与污染物排放总量挂钩的财政政策,促进生态环境质量持续改善。

第三加快建设现代财政制度。一是全面贯彻新预算法。坚持以法治思维推进财政改革,在法治框架内组织财政财务收支活动,主动接受人大监督。二是推进预算管理制度改革。加大政府性基金预算转列一般公共预算力度,提高国有资本经营预算调入一般公共预算的比例。扎实推进预决算公开,在全省范围内开展部门绩效和资产信息公开。推进中期规划管理,试编2017—2019年中期财政规划。三是深化财政体制改革。推进事权和支出责任划分改革,调整完善省对市县财政体制,进一步加大财力下倾力度,充分调动市县发展积极性。四是严肃财经纪律。进一步强化财政监督,推进《江苏省财政监督条例》立法工作。

第二章 江苏城市财政收支增幅变化的趋势特征及其比较分析

一、引言

（一）研究背景及意义

近四十年来,我国城市化发展取得了举世瞩目的成就,随之而来的城市公共财政职能也愈发引起各界的重视。城市财政职能是财政部门为实现地方政府的职能,在财政分配的过程中所承担的职责,它的变化在很大程度上可以反映出一个城市的综合实力的变化,也可以体现这个城市经济增长情况。因此,通过对城市财政收支增幅变化的趋势研究与比较分析,不仅可以比较直观地描述城市间的发展差距与差距变化的大致趋势,还可以为下一步的地方财政税收改革,国地税合并后的相关改革以及转移支付政策等多个方面的财政政策提供理论依据。有鉴于此,对于城市财政收支增幅变化情况的趋势特征研究和比较分析,在理论上和实践中都具有一定的价值。

江苏省作为国内经济发展水平较高的省份,近些年来进一步注重区域间城市间的协调发展,实施了一系列的财政政策来缩小城市间、南北间的财政收支区域差距。分析近十余年来江苏部分典型城市的一般公共预算收支情况及其演变趋势,不仅可以以点论点,为江苏省内的财政体制改革提供支持,还可以以点带面进行推广,为全面深化改革,缩小财政收支区域差距提供支持。

本文将基于江苏各市的城市财政收支增幅变化情况进行梳理,分别描述其一般公共预算收入和一般公共预算支出变化情况并进行分析与合理预测。

（二）国内外研究现状

城市财政收支问题一直是学术界研究和讨论的热点,大致分为两个方向:

其一,是关于地方财政收支组成及变化的研究。国内方面,邓子基(2011)提出了财政收入与 GDP 两者协调关系的界定与分析财政收入与 GDP 的关系。李升和宁超(2017)提出地方税收和地方土地出让金是组成地方政府财政收入的主要部分,税收的全域性差异一般高于自有财力的全域性差异,对于地方政府来说,土地出让金是其最重要的财政收入之一。马兹晖(2008)应用面板数据格兰杰因果性检验和面板数据协整方法,研究中国省级政府财政收入与支出的关系。顾海兵(2003)进行了财政收支平衡程度实证研究。刘晨晖和陈长石(2017)认为,城市特别是欠发达地区的城市为获得充裕而又灵活的财政资金,已经将土地出让作为政府投资拉动经济增长的重要方式,而通过这种方式所建设的基础设施等公共服务设施可以发挥出杠杆效应,成为相对落后的城市追赶中心城市的主要方式之一。房克(2015)又将城市财政与当今热点房地产税的改革融合,通过对我国各个城市对于土地财政的依赖程度的研究,来为房地产税改革提供依据。管芳芳,马翠和石向庆(2017)认为未来一段时间,无论是中、短期还是长期,地方政府财政收支都将面临较大压力。外文文献中,Macfarlane、Pagano 和余英(2015)发布一项报告,对美国部分城市的财政收入和支出趋势、城市财政预算影响要素等状况进行了分析,提出为促进城市财政健康发展,要根据经济形势继续调整和评估财政政策。Gary A. (2003)稳定基金有可能协助各国缓和预算的波动,在稳定基金的结余在多大程度上可以用普通基金结余取代中采用新的面板单元根测试方法,在已有的数据序列中发现了单元根的存在。Kanbur 和 Zhang(2005)对我国从共产主义革命到现在的区域财政投入不平等现象进行了长期的时间序列构建和分析。

其二,是关于地方财政收支情况变化影响意义的研究。朱军和杜运苏(2011)在中国地方公共支出的产出效率及其最优水平时建立了多类型政府支出模型,并且利用中国省级面板数据研究了不同类型公共支出的效率及其最优水平。王艺铮和赵春雨(2017)提出财政收入和支出相互促进,随着城市城市经济的发展,主要起到公共财政资源优化、公平分配等作用,财政收入和支出反映了政府对于城市的发展意愿。季明玉(2009)结合城市的发展现状,以城市财政收支规模及结构的调整为思路为问题的解决提供建议。唐祥来和孔娇娇(2014)将财产税作为地方财政的主体税种的税制模式,强化非税收入的管理,优化公共预算和加强对地方政府债务管理,提高地方财政可持续性。王德祥和雷蕾(2016)中等城市的财政收入和财政支出之间确实存在长期协整关系,但财政可持续性较弱。朱军和王国华(2012)提出未来中国的地方财政必须要优化支出结构、强化支出管理,在"有增有减、减大于增"的政策取向上进行改革。

从国内外研究现状来看,对我国地方财政收支及城市财政情况的构成、影响、意义等方面的研究已经非常成熟,但对于一些方面的研究还相对较少。其一,国内外研究总体上涉及范围都相对较广,聚焦于一省多城市的研究较少;其二,国内外研究多以城市财政影响意义以切入点,对于以城市收支增幅变化趋势特征为切入点的研究相对较少。

本文以江苏省为例,在相对较小的地域范围内,研究其多个城市财政收支增幅变化情况,并以此为切入点,对其加以分析整理,从而发现其存在的突出问题,并提出合理建议。

二、江苏城市财政收支增幅变化的趋势特征

(一)城市财政收支统计

依照历年《江苏统计年鉴》以及《南京统计年鉴》、《苏州统计年鉴》、《徐州统计年

鉴》等各地市统计年鉴中的相关统计口径,财政总收入包括了一般公共预算收入与上划中央收入等,但本文中注重于说明江苏城市财政收支变化的趋势特征,上划中央收入一般并不受当地城市财政部门支配,因此,城市财政收支主要体现在一般公共预算收支上。同时,按照财政部意见,地方财政收支指地方财政一般预算收支。所以,此处的"城市财政收支"为各城市一般公共预算收支。

为分析江苏城市财政收支增幅变化的趋势特征,本文收集了自 2000 年以来江苏省内城市的一般公共预算收支和地区生产总值数据。

根据《江苏统计年鉴》的分类方法,本书将南京市、无锡市、常州市、苏州市、镇江市五市归于苏南地区,其统计数据由图 1、4 表示;将扬州市、泰州市、南通市三市归于苏中地区,其统计数据由图 2、5 表示;将徐州市、连云港市、淮安市、盐城市、宿迁市五市归于苏北地区,其统计数据由图 3、6 表示。

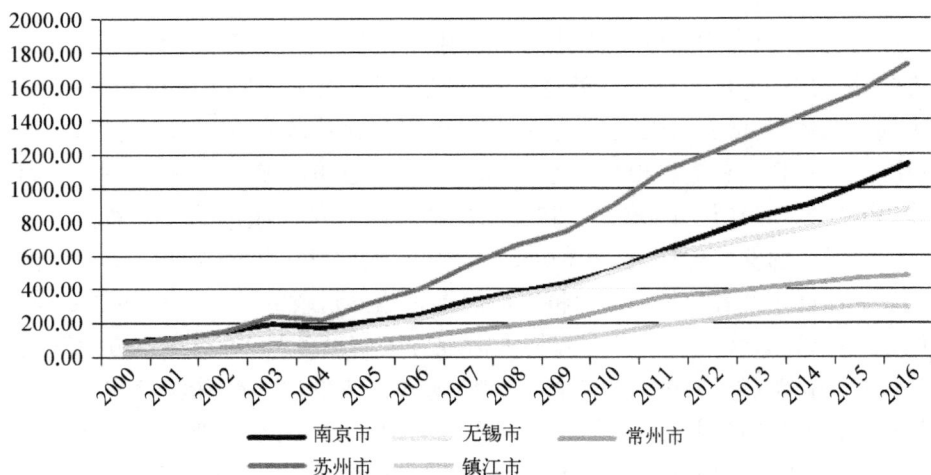

图 1　苏南各市财政收入

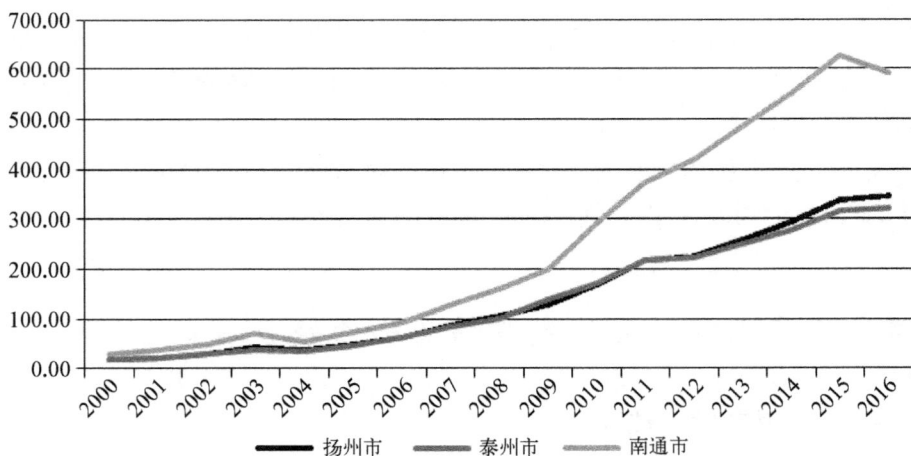

图 2　苏中各市财政收入

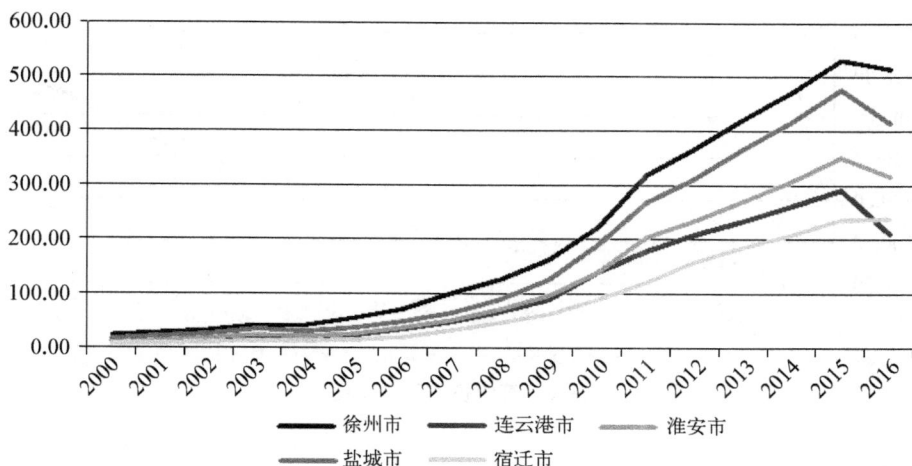

图 3　苏北各市财政收入

　　从直观数据来看,苏南、苏中、苏北三个地区共 13 个城市自 2000 年后 17 年来的一般公共预算收入大幅度增长:

　　2016 年苏南五市、苏中三市、苏北五市的一般公共预算收入分别为 4520.94 亿元、666.48 亿元、1660.53 亿元,分别是 2000 年的 15.87 倍、19.19 倍、20.58 倍。其中,苏州市、南通市、徐州市的一般公共预算收入在各地区内为最高,分别为 2000 年的 20.93 倍、20.13 倍、21.84 倍。

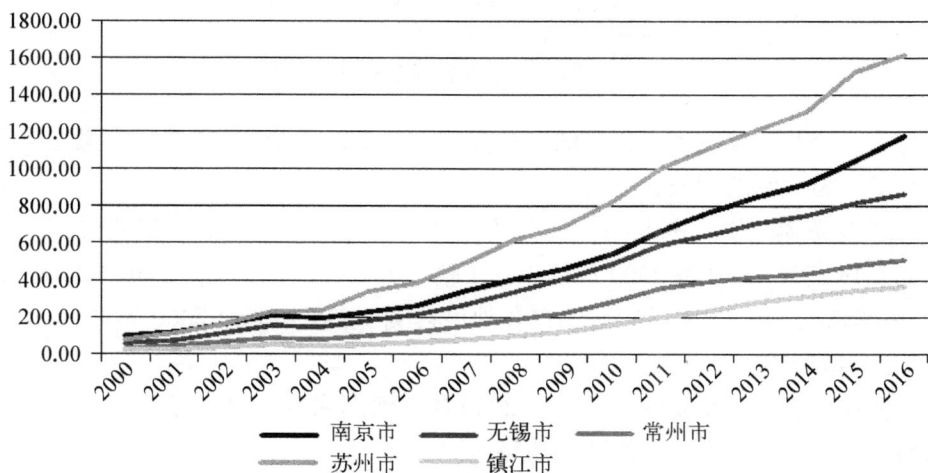

图 4　苏南各市财政支出

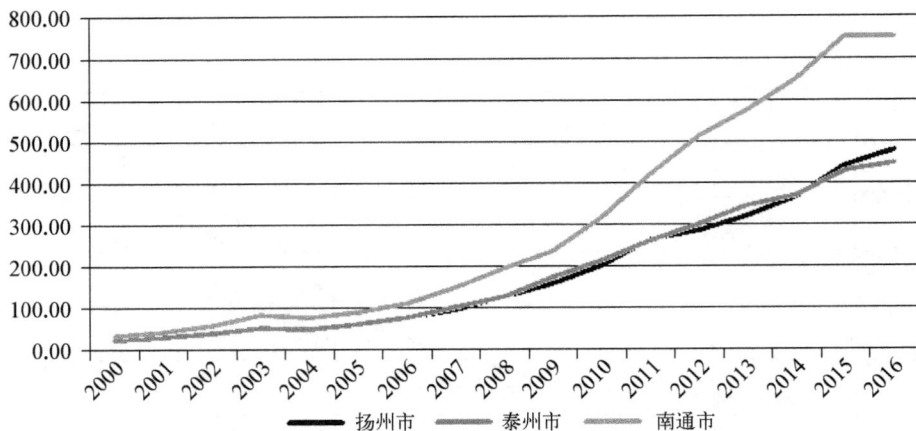

图5　苏中各市财政支出

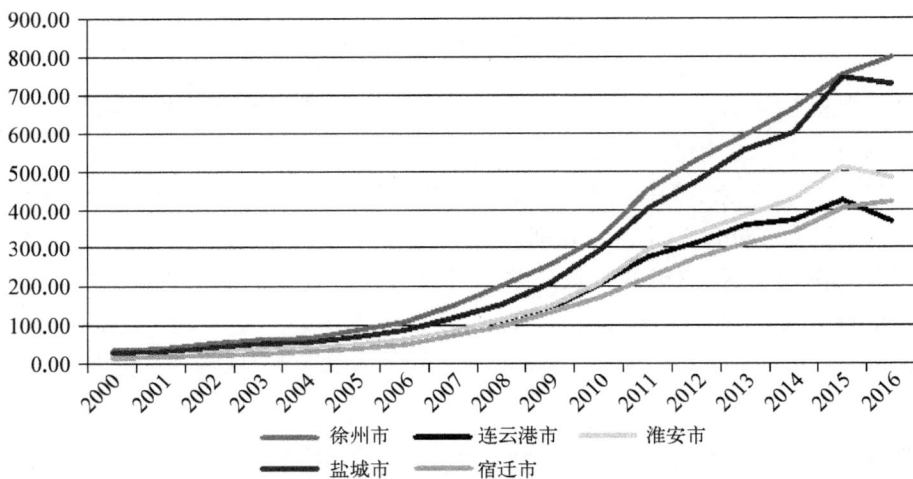

图6　苏北各市财政支出

与一般公共预算收入大幅度的增长类似，自2000年后17年来的一般公共预算支出也呈现出大幅的增长：

2016年苏南、苏中、苏北的一般公共预算支出分别为4529.36亿元、1677.12亿元、2809.48亿元，分别是2000年的15.61倍、19.99倍、24.30倍。同样，苏州市、南通市、徐州市的一般公共预算支出在各地区内为最高，分别为2000年的20.24倍、21.54倍、23.11倍。

从上述一般公共预算收支2000—2016年折线图来看，一般公共预算收入和一般公共预算支出具有基本一致的变化趋势。

（二）城市财政收入增幅变化趋势

根据苏南地区南京市、无锡市、常州市、苏州市、镇江市21世纪以来一般公共预算收入增长率,南京市年均增长 17.50%、无锡市年均增长 19.21%、常州市年均增长 19.21%、苏州市年均增长 21.98%、镇江市年均增长 20.08%,苏南地区整体年均增长 19.62%。

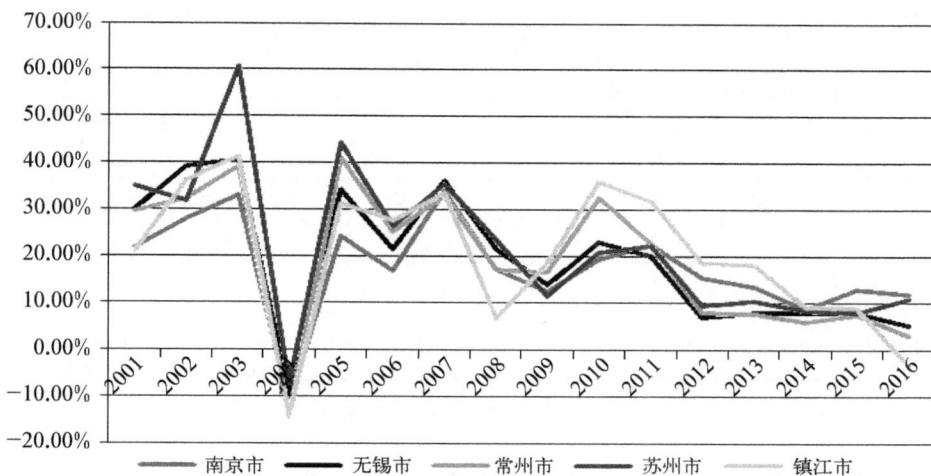

图 7 苏南各市财政收入增幅

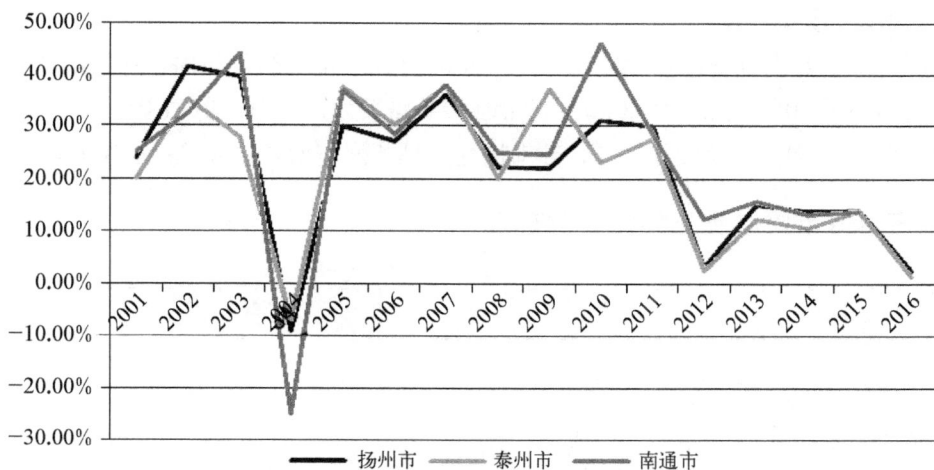

图 8 苏中各市财政收入增幅

根据苏中地区南通、扬州市、泰州市 21 世纪以来一般公共预算收入增长率,南通市年均增长 22.12%、扬州市年均增长 21.46%、泰州市年均增长 20.70%,苏中地区整体年均增长 21.05%。

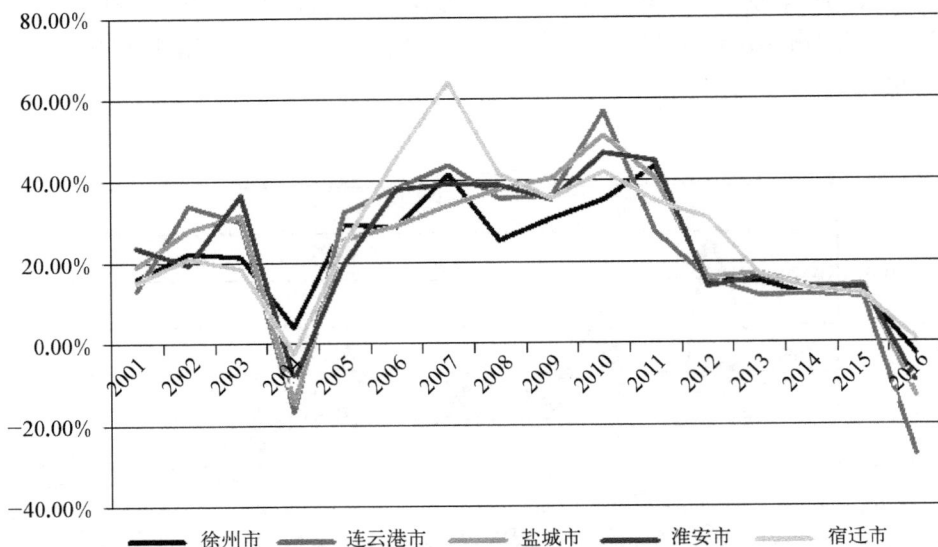

图9 苏北各市财政收入增幅

根据苏北地区徐州市、连云港市、淮安市、盐城市、宿迁市21世纪以来一般公共预算收入增长率，徐州市年均增长21.89%、连云港市年均增长22.16%、淮安市年均增长23.81%、盐城市年均增长23.24%、宿迁市年均增长25.96%，苏北地区整体年均增长21.89%。

综合以上数据，从整体上看，江苏省内各市的财政收入都呈现出较快的增长，全省年均增幅超过20%，达到20.20%。苏北地区增幅最大，其中宿迁市达到25.96%。苏中地区次之，南通市达到22.12%。苏南地区则是苏州市增幅较大，达到21.98%。

（三）城市财政支出增幅变化趋势

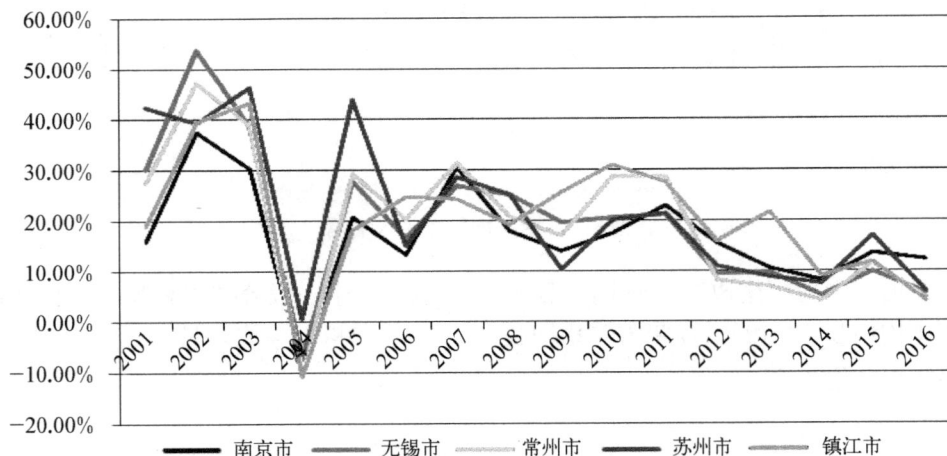

图10 苏南各市财政支出增幅

根据苏南地区南京市、无锡市、常州市、苏州市、镇江市 21 世纪以来一般公共预算支出增长率,南京市年均增长 17.01%、无锡市年均增长 19.55%、常州市年均增长 19.64%、苏州市年均增长 21.50%、镇江市年均增长 20.27%,苏南地区整体年均增长 19.36%。

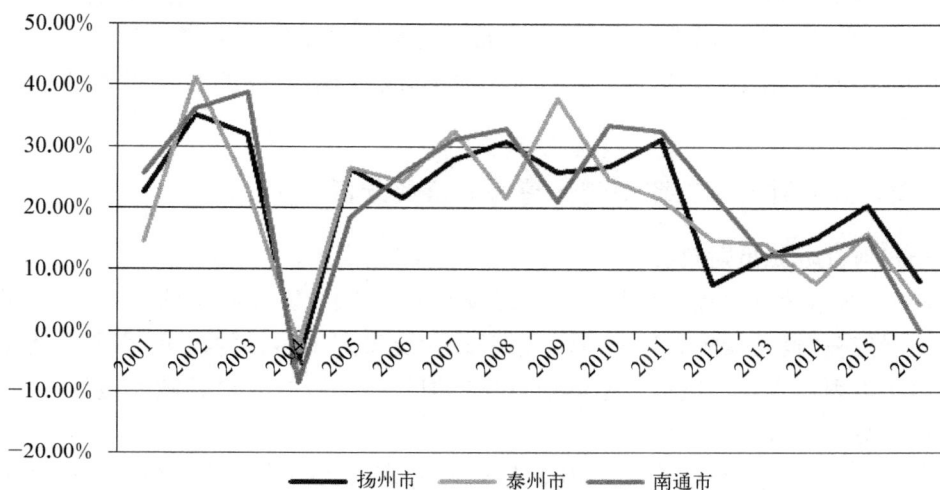

图 11　苏中各市财政支出增幅

根据苏中地区南通市、扬州市、泰州市 21 世纪以来一般公共预算支出增长率,南通市年均增长 21.87%、扬州市年均增长 21.15%、泰州市年均增长 20.19%,苏中地区整体年均增长 21.12%。

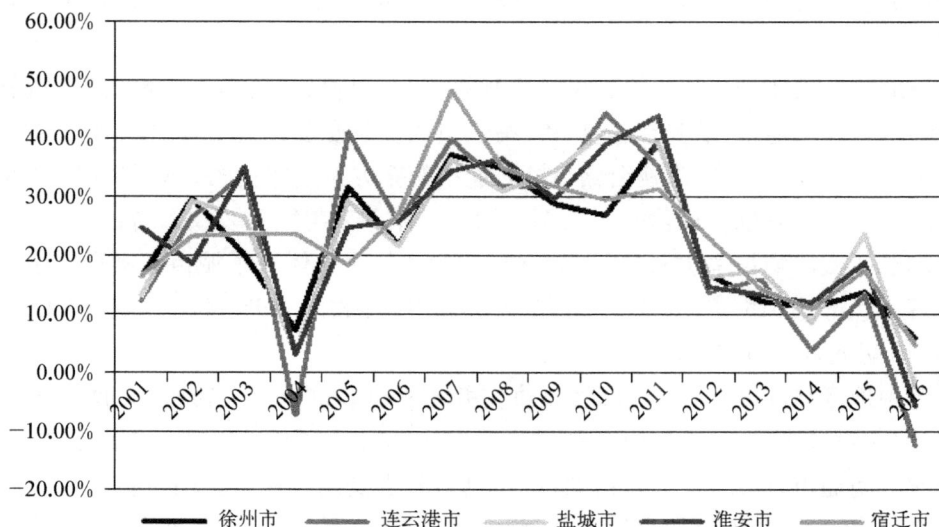

图 12　苏北各市财政支出增幅

根据苏北地区徐州市、连云港市、淮安市、盐城市、宿迁市21世纪以来一般公共预算支出增长率，徐州市年均增长22.14%、连云港市年均增长21.90%、淮安市年均增长23.06%、盐城市年均增长23.11%、宿迁市年均增长23.70%，苏北地区整体年均增长22.64%。

综合以上数据，与财政收入增幅情况类似，江苏省内各市的财政支出都呈现出较快的增长，全省年均增幅为19.55%。苏北地区增幅最大，其中宿迁市达到23.70%。苏中地区次之，南通市达到21.87%。苏南地区同样是苏州市增幅较大，达到21.50%。

（四）城市财政收支增幅变化趋势的特征分析

通过对江苏城市财政收支增幅变化的趋势特征描述，可以看出：

其一，城市的财政收支情况基本呈现较快上升的趋势，反映了我国进入21世纪以来，在经济快速发展的大环境下，城市财政状况得到了明显的改善，积累和使用了相当可观的财政资金。这也正是体现了只有把经济发展的"蛋糕"做大做好，财政收支才能在分配方式基本不变的前提下较快增长。

其二，从地区间来看，苏北、苏中地区财政收支增幅与苏南地区相比总体上是较快的。从这一数据上看，尽管总量仍然存在较大的差距，但苏北、苏中与苏南地区的财政收支差距是在缩小的。

其三，从各地区来看，苏北地区近年来整体上的财政支出是高于财政收入的，财政支出增幅也是整体上略高于财政收入的，这说明了政府在有意地为此地区的经济建设进行投资，并通过举债、转移支付等方式进行筹措财政资金，以完成对当地产业结构的完善与升级，从而进一步缩小与发达地区的差距。若分区域来看，则有如下情况：

苏北地区近年来基础设施建设突飞猛进，特别是高速铁路等方面的建设成就突出，徐州市、连云港市、淮安市、盐城市、宿迁市逐步改变了过去相对比较闭塞的情况，初步形成了一个将国道、高速公路、铁路、航空等全方位立体化的大交通网络，为更长远的建设打下了基础。以徐州市为例，自2000年以来年均财政收入增长率6.60%，而年均财政支出增长率达9.78%，财政支出的增长明显体现了城市基础设施建设的迅速落实。仅2016年数据，苏北五市完成财政收入1660.53亿元，财政支出2809.48亿元，支出远超收入。

苏中地区与苏北地区类似，财政收支并不平衡。2016年完成财政收入666.48亿元，完成财政支出1677.12亿元，同样存在1000亿元的收支差，而这带来的，也正是近年来南通市、扬州市、泰州市的迅速发展，各类交通设施、基建设施落地，不仅使得其在省内、长三角地区的地位提升，还可以将苏南、苏中、苏北三地的城市紧密联合起来，形成大的城市群而互为依存，共同发展。此外，苏中地区城市财政收支增幅一定程度上也由于其已经跨过工业化初期的门槛，一批较大规模的企业集团相继出现而呈现快速上涨的趋势。

苏南地区作为经济发展在全国范围内都具有优势的地区,相对于苏北苏中地区,其总量优势十分明显。从各年财政收支情况来看,整个地区的财政收支基本实现了平衡。其中,除镇江市外,其余四市财政收入与支出在一些年份尚有结余,而镇江市存在支出较多的情况。财政收支增幅方面,苏州市相较于其余四市表现突出,其2000年以来财政收支年均增长为8.92%与8.52%。

三、城市财政收支增幅变化的比较分析

(一)城市财政收支增幅的平衡性分析

从目前全国的形势来看,在城市财力相对匮乏的情况下,为提供城市辖区内的公共服务而负债,成为促进城市发展的一种方式。尽管中央政府近年来转移支付规模不断加大,但城市财政收支不平衡的问题并没有完全得到解决。为此,有必要对江苏省内城市的财政收支增幅的平衡性进行分析。由于省内城市数量较多,依照城市财政收支增幅变化趋势的特征分析,可以从苏南、苏中、苏北三地中各选取一个具有代表性的城市进行典型分析。为此,本文选取了苏州市、南通市、徐州市三市。

为分析财政收支增幅的平衡性,此处将采用当年一般公共预算收入增幅与一般公共预算支出增幅的差值来反映平衡程度。当支出增幅与收入增幅相等时,差值为0;当收入增幅大于支出增幅时,差值大于0;反之,差值将小于0。

表1 财政收支增幅比较

地区	2001年	2002年	2003年	2004年	2005年	2006年	2007年	2008年
南京市	5.78%	−9.62%	2.75%	−2.49%	3.55%	3.31%	3.32%	−0.93%
无锡市	−0.17%	−14.43%	1.97%	−2.30%	6.49%	4.90%	9.17%	−3.60%
徐州市	0.13%	−7.14%	1.58%	−2.99%	−2.38%	6.97%	3.92%	−9.63%
常州市	2.07%	−14.83%	0.18%	−3.53%	11.73%	4.87%	1.58%	−3.56%
苏州市	−7.39%	−7.55%	14.44%	−7.59%	0.46%	11.16%	6.70%	−1.78%
南通市	−0.43%	−3.77%	5.34%	−16.48%	18.46%	2.83%	6.85%	−7.86%
连云港	1.07%	7.51%	−3.96%	−9.45%	−8.77%	12.38%	3.72%	3.78%
淮安市	−1.02%	1.11%	1.31%	−12.04%	−4.79%	12.24%	4.56%	2.20%
盐城市	6.08%	−1.35%	5.07%	−17.53%	−3.41%	7.26%	−2.42%	6.83%
扬州市	1.47%	6.28%	7.59%	−4.05%	3.53%	5.61%	8.12%	−8.42%
镇江市	1.89%	−3.33%	−1.86%	−3.19%	13.07%	2.81%	9.11%	−12.56%
泰州市	5.73%	−6.11%	4.83%	−4.71%	11.12%	5.96%	5.24%	−1.50%
宿迁市	−1.22%	−1.99%	−5.00%	−26.13%	6.02%	18.47%	15.93%	6.13%

(续表)

地区	2009 年	2010 年	2011 年	2012 年	2013 年	2014 年	2015 年	2016 年
南京市	−1.58%	1.86%	−0.48%	−0.09%	2.85%	0.42%	−0.60%	−0.25%
无锡市	−5.84%	2.60%	−1.14%	−2.44%	−1.66%	2.89%	−1.79%	−0.11%
徐州市	1.70%	8.21%	3.87%	−1.51%	2.92%	0.58%	−1.34%	−8.81%
常州市	−0.60%	3.90%	−5.95%	−0.12%	1.07%	2.04%	−4.12%	−1.69%
苏州市	1.05%	0.63%	0.81%	−1.66%	1.61%	0.88%	−8.94%	4.96%
南通市	3.67%	12.76%	−3.92%	−9.99%	3.40%	0.50%	−1.55%	−5.70%
连云港	4.42%	12.22%	−8.09%	2.22%	−4.28%	8.46%	−1.83%	−15.12%
淮安市	5.44%	7.60%	0.77%	−0.39%	2.89%	1.56%	−5.17%	−4.28%
盐城市	6.04%	9.54%	1.09%	−0.01%	−0.09%	5.41%	−9.49%	−10.91%
扬州市	−3.56%	4.16%	−1.10%	−4.55%	3.12%	−1.32%	−6.33%	−5.63%
镇江市	−7.05%	4.85%	4.16%	2.52%	−3.55%	0.18%	−2.79%	−7.32%
泰州市	−0.72%	−1.54%	6.18%	−12.26%	−1.89%	2.64%	−1.92%	−2.97%
宿迁市	3.68%	12.57%	3.66%	7.58%	2.84%	2.43%	−5.25%	−3.61%

从一般公共预算收入增幅与一般公共预算支出增幅的差值平均值来看,南京市为 0.49%,无锡市为 −0.34%,徐州市为 −0.24%,常州市为 −0.43%,苏州市为 0.49%,南通市为 0.26%,连云港为 0.27%,淮安市为 0.75%,扬州市为 0.31%,镇江市为 −0.19%,泰州市为 0.51%,宿迁市为 2.26%。

从平均值数据来看,较多数的城市其值大于 0,只有少数的无锡市、徐州市、常州市、镇江市为小于 0,且都分布于 −0.5% 到 0 之间,绝对值较小。这一数据显示,从整体上看,江苏省内各市的收支增幅情况是趋向于较快提高财政收入,以实现财政收支平衡的情况。

为更详细地说明这一情况,本文从苏南、苏中、苏北地区城市中各选取一个进行比较,以苏州市、南通市、徐州市为例:

苏州市一般公共预算收入增幅与一般公共预算支出增幅的差值平均值为 0.49%,其 2001 年至 2016 年差值分布在 −8.94% 至 14.44% 之间。苏州市的经济发展模式可以称之为省内乃至国内的标杆之一。其地区生产总值、财政收入、财政支出的绝对值都是一个非常庞大的数字,而其财政收支的比较与财政收支增幅的比较,也反映出该市收支平衡与为实现这一目标的过程与努力。苏州市自 2006 年以来的十年来,均实现了城市财政收入大于财政支出,由此也可看出,其财政资金实力雄厚与其积累了相当可观的资金。

南通市一般公共预算收入增幅与一般公共预算支出增幅的差值平均值为 0.26%,其 2001 年至 2016 年差值分布在 −16.48% 至 34.94% 之间。南通市作为苏中三市的代表,其数据反映出近年来苏中城市的迅速发展。尽管该市一般公共预算收入增幅与一般公共预算支出增幅的差值平均值为 0.26％,但其 2001 年至 2016 年差值分布在－16.48％至 34.94％之间,财政收支的增幅差值变化非常巨大,剧烈的波动也侧面在反映其城市建设发生着翻天覆地的变化。

徐州市一般公共预算收入增幅与一般公共预算支出增幅的差值平均值为－0.24％,其 2001 年至 2016 年差值分布在－9.63％至 17.84％之间。徐州市等苏北地区城市作为省内相对后发的城市,是在资金、交通、产业结构等各个方面都与苏南城市存在着不小的差距。从徐州市的相关数据来看,尽管其一般公共预算收入增幅与一般公共预算支出增幅的差值平均值为－0.24％,增幅的差值并不大,但其财政收支的差值绝对值是相对较大的,这也反映出苏北各市确是向收支平衡方向发展,但仍存在不小的收支缺口。

从此三市财政收支增幅比较的情况来看,三市近些年来总体上都在向财政收支平衡的方向上努力,其中,徐州市出现了一般公共预算收入增幅与一般公共预算支出增幅的差值平均值为负的情况,造成这一现象的原因可能有:其一,国家和江苏省对其有较多的转移支付资金的倾斜,用以缩小区域间的经济差距;其二,徐州市政府有较多的举债,从而加大财政支出。

通过参照表中苏州市、南通市、徐州市的情况,我们可以发现城市之间财政收支情况仍然存在着不小的差距。较为发达的城市之间,由于其产业结构与发展模式之间存在差异,其财政收支规模与增长速度存在一些差异。而后发城市与较发达城市之间,其财政收支规模与增长速度则会有较大不同。三座城市在这一指标上的表现,符合预期。苏州市具有明显的人才优势与地理优势,是高新技术产业人才的聚集地区,拥有一大批在各行各业掌握核心技术的人才、企业、高等院校及研究所,且人才、土地等成本要低于京沪等一线城市,在依托上海的辐射带动作用以及自身的不懈努力之下,经济总量、财政收入、财政支出等等各个方面都取得了瞩目的成就。南通市一直以来贯彻坚定不移地发展制造业,尤其是先进制造业的理念,并将这一理念与对接上海的理念相结合,提出"长期去推、深入去做、久久为功",其经济发展水平及财政收支情况都取得了不少成绩。徐州市作别苏北地区选取的代表城市,相较于苏州市及南通市,其城市财政支出要远超城市财政收入,这体现了不仅仅是徐州市自身在谋发展、谋建设,江苏省政府乃至中央政府都在重视这一地区的城市发展,苏北地区的各个城市近年来正赶上淮海经济区洼地崛起的新机遇。

(二)城市财政收支与地区生产总值的协调关系分析

城市财政收支与地区生产总值之间存在着相互依存、相互制约的关系,且都是衡量经济发展水平的核心指标。通过对城市财政收支增幅变化与地区 GDP 增幅变化关系的研究,可以科学地利用城市财政收支来促进城市经济的增长。为分析城市财政收支与地区生产总值的协调关系,此处将城市财政收入与城市财政支出差值同地区生产总值作比进行分析。综合前文中江苏省内各市的一般公共预算收入和支出增长率的情况,同一城市两者趋势基本一致,同一地区的收入增幅接近,同一地区的支出增幅也接近,但不同地区的城市财政收支增幅变化区别较大。所以,此处在比较时,采取了三个地区的城市中各选取一个进行比较的方式。城市财政收入规模占比=城市财政收入/城市生产总值;城市财政支出规模占比=城市财政支出/城市生产总值。

表2　城市财政收入规模占比

	2000年	2001年	2002年	2003年	2004年	2005年	2006年	2007年
苏州市	5.36%	6.34%	7.07%	8.44%	6.36%	7.87%	8.30%	9.50%
南通市	3.98%	4.54%	5.48%	6.96%	4.29%	4.89%	5.26%	6.05%
徐州市	3.67%	3.84%	4.26%	4.52%	3.90%	4.56%	4.97%	5.98%
2008年	2009年	2010年	2011年	2012年	2013年	2014年	2015年	2016年
9.98%	9.63%	9.76%	10.27%	10.03%	10.26%	10.49%	10.76%	11.18%
6.36%	6.93%	8.39%	9.16%	9.21%	9.43%	9.73%	10.18%	8.72%
6.27%	6.88%	7.55%	8.97%	9.13%	9.36%	9.52%	9.98%	8.88%

注:城市财政收入规模占比=一般公共预算收入/地区生产总值

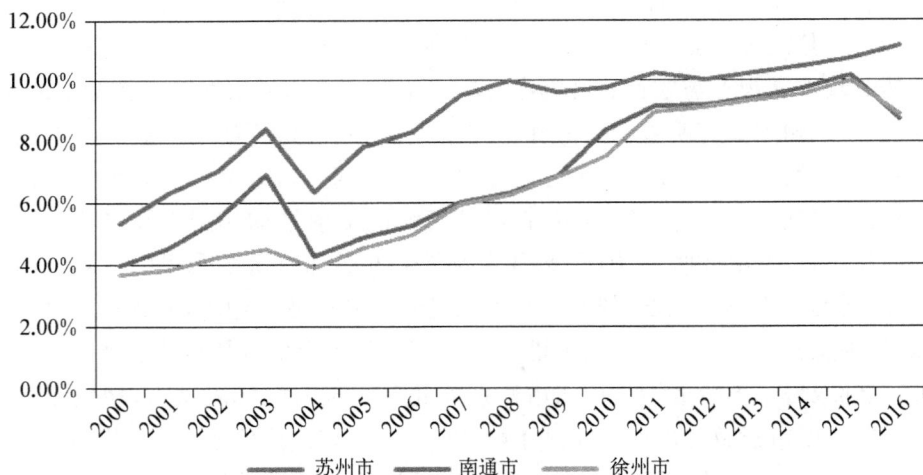

图13　城市财政收入规模占比

由2000年至2016年苏州市、南通市、徐州市的城市财政收入规模占地区生产总值比重的图表可以看出,三市财政收入呈现了明显的持续增长形势,并且在进入2010年后,基本都维持在10%左右,可见近年来中国宏观经济进入新常态后,城市财政收入增长水平也趋于稳定。从历年平均值来看,苏州市城市财政收入规模占比为8.92%,南通市为7.03%,徐州市为6.60%,苏州市的这一占比是较高的。

表3　城市财政支出规模占比

	2000 年	2001 年	2002 年	2003 年	2004 年	2005 年	2006 年	2007 年
苏州市	5.19%	6.46%	7.62%	8.28%	6.76%	8.33%	8.01%	8.72%
南通市	4.72%	5.40%	6.71%	8.21%	6.17%	6.09%	6.41%	6.99%
徐州市	5.36%	5.60%	6.57%	6.90%	6.11%	7.28%	7.51%	8.78%
2008 年	2009 年	2010 年	2011 年	2012 年	2013 年	2014 年	2015 年	2016 年
9.29%	8.87%	8.95%	9.36%	9.27%	9.35%	9.48%	10.53%	10.45%
7.82%	8.27%	9.14%	10.28%	11.25%	11.19%	11.49%	12.18%	11.07%
9.92%	10.73%	11.07%	12.79%	13.20%	13.18%	13.33%	14.14%	13.74%

注：城市财政支出规模占比＝一般公共预算支出/地区生产总值

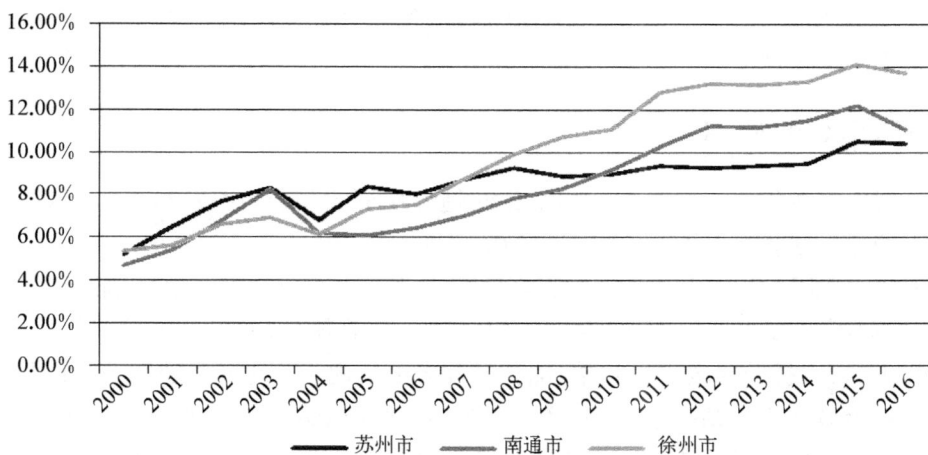

图 14　城市财政支出规模占比

由 2000 年至 2016 年苏州市、南通市、徐州市的城市财政支出规模占地区生产总值比重的图表可以看出，三市财政支出规模占比也呈现出逐步上升趋势。从历年平均值来看，苏州市城市财政收入规模占比为 8.52%，南通市为 8.44%，徐州市为 9.78%，三市中地区生产总值和财政收入最低的徐州市反而在财政支出方面占比更多。从分析中可以看出，城市财政收入和支出规模占地区生产总值的比重是逐渐增大的，这一现象也反映出城市财政收入和支出的增长率是超过地区生产总值增长率的。

综合上述城市财政收支与地区生产总值之间的关系，我们可以发现：

苏州市财政收支与地区生产总值的比例合理。这一合理性不仅体现在城市财政收入规模占比和城市财政支出规模占比的单个指标的合理区间上，也体现在两个指标比较接近地维持在同一水平上。

南通市财政收支与地区生产总值的比例也比较合理。其城市财政收入规模占比低于苏州市，略高于徐州市；城市财政支出规模占比与苏州市接近，低于徐州市较多。

徐州市财政收支与地区生产总值的比例有部分不相匹配之处。从两个数据指标的比较来看,财政支出占地区生产总值的比例长年高于财政收入占地区生产总值的比例,且这一差距具有加大的趋势。与其他两市相比,徐州市财政收入规模占比偏低,财政支出规模占比又偏高,会导致其财政压力和财政风险增大,需要加以重视。

从此三市财政收支与地区生产总值的关系来看,两者间具有较强的关联性,财政收支明显随生产总值的增长而增长,使得其占比维持在一定的水平上。这一结果与预期吻合。由前文中江苏省内各市的一般公共预算收入和支出增长率的情况,同一地区的收入增幅接近,同一地区的支出增幅也接近,但不同地区的城市财政收支增幅变化区别较大的情况,以三座苏南、苏中、苏北地区的重要城市为典型代表,可以看出:苏北、苏中地区城市的财政收入规模占比明显低于苏南地区,但其城市的财政支出规模占比又高于苏南地区,出现了收支规模占比不相适应的情况。尽管这符合后发城市进行赶超的一般做法,但也应该引起重视并时刻警惕其可能引发的政府债务风险等方面的问题。

四、政策建议

通过对江苏城市财政收支增幅变化的趋势特征的判断、比较、分析,可以得到一些对城市进一步发展具有一定意义的政策启示:

其一,应主动适应经济发展的新常态,致力于保持经济平稳发展,在收入预算上,改善预算控制方式,不以一般公共预算收入作为预算任务,而是转为预期目标;在支出预算上,大力提升财政支出效率,优化财政支出结构。苏北苏中地区的城市其财政支出远超财政收入的情况下,应依靠现有转移支付资金尽快充实自身财政实力,实现赶超。苏南地区的城市应进一步完善自身的财政收支平衡水平,保持经济发展水平与财政收支相匹配。

其二,应对城市财政收入增速长时间超过地区生产总值增速的情况加以重视,逐步协调居民收入、财政收入占地区总产值的比重,处理好"国"与"民"的收入分配问题。在保持城市财政收支的平衡性与城市财政收支与地区生产总值的协调性的前提下,做大城市的可支配财力规模。同时,严格把控好债务依赖程度,利用好财政转移支付资金。

其三,重视城市间的协调发展,制定差异化发展策略,改善和促进城市均衡发展。苏北苏中地区的城市作为相对后发的城市,应在借鉴苏南各市的情况下,依照自身的实际情况,总结其发展的经验与教训,实行因地制宜的发展战略。不同城市财政收入和支出增长存在差异,必须有的放矢,明确城市的定位、发展优势、发展短板,凭借差异化发展战略,打造城市的新增长点。

其四,各城市应立足于自身经济发展的实际,依照自身的经济发展状况、经济发展模式以及经济发展的预期,制定合理且行之有效的短期、长期相结合的财政收支增长政策,财政支出对城市经济增长的积极作用。

第三章　江苏省财政收入质量影响因素研究

一、研究背景

党的十九大报告提出,我国经济发展目前已经迈入了高质量发展阶段,处在要将发展方式进行转变、经济结构进行优化、增长动力进行转化的攻坚期,我国发展的战略目标是建设现代化经济体系,它要求我们在发展过程中坚持质量第一、效益优先。于是质量成为重中之重。财政收入及其增长质量也属于经济体系质量的范畴,可以说是经济质量提升的一面镜子。

众所周知,反映一个地区经济状况的重要指标包括财政收入,而财政职能的发挥和相关财政政策的贯彻落实很大一部分的原因是由财政收入质量的高低来决定的,这对我们整个经济社会的长远发展有巨大影响。正是由于它的重要性要求我们减小非税收入占比,同时还要让财政收入质量有所提升,借此来保持财政收入稳定有效增长,提高财政保障能力。

最近几年,关于财政收入质量相关的报道越来越多,这充分反映了越来越多的有识之士开始关注和重视财政收入质量问题。政府和领导决策者需要真实的财政收入作为正确决策的依据。相反,不真实的财政收入极易导致决策失误。

二、文献回顾

近些年财政收入质量问题在国内受到了较多的关注,国内相关研究大致可以梳理为以下三方面。

(一)有关财政收入总量即规模的研究

王国星(2002)指出财政收入的数量是财政收入质量的前提。收入数量过多或过少,只要超过与地方经济相适应的"度",就会引起收入质量的变化。换言之,从数量上说,财政收入规模的大小是反映财政收入质量的重要部分。要想让财政有效的发挥职能,经济发展得到促进,这就需要我们将财政收入总量控制在大小适宜的范围内,不能过于大和过于小①。

---

① 王国星.试论地方财政收入质量[J].当代财经,2002(12):40-43.

钟振强和宋丹兵(2006)认为财政收入规模需要与经济增长有一定的适应性。财政收入规模不适应,无论过大过小,都会产生不同程度的不良影响。过少对于财政支出而言,是很有可能得不到满足的;过多如果超过整个地区经济的负担,会损害地区经济,这也不利于财政收入本身的长远考虑与发展。衡量这方面质量的指标是地方财政收入占地区生产总值的比重[①]。

刘云(2017)通过对本溪市的财政收入质量问题现状分析,提出地方财政收入占地方生产总值比重可以用来衡量财政收入规模的适应性,并且指出在当前的财税政策下,该比重越大说明地方经济发展越好[②]。

(二)有关财政收入中税收与非税收入构成和成长性研究

关于财政收入结构方面,龚三乐(2011)提出税收收入占比越高也就是非税收入比重越低,则说明财政收入的来源是处在合理稳定的情况下,财政功能也趋于完备,进而也让财政收入结构也很合理。龚三乐(2011)把财政收入的成长性作为研究财政收入重要内容,他认为财政收入增长要与经济增长相协调,提出用财政收入增长率来评价[③]。

(三)有关财政收入增长真实性和筹集成本的研究

宋丽颖、徐志等(2017)基于对辽宁省财政收入的研究提出地方财政收入中有虚增的现象,并指出这将带来的一系列问题,例如影响中央对地方经济形势的判断和决策和对地方的转移支付规模,而这最终还是不利于当地经济和人民生活[④]。

钟振强、宋丹兵(2006)则从税收征管方面提出我国财政收入筹集成本很高。他们认为支出由于我国存在税收征管"条块分割",国税和地税分别征收中央税和地方税,分别对税源进行管理。为了保证应收尽收,还要求税务机关配套乡镇实行乡级核算,甚至出于方便服务地方政府的目的,还设立直属征收机构,这就在形式上将税务机构庞大化,加大了税收征收成本[⑤],形成高成本的财政收入,间接地影响了财政收入的质量

(四)对本文的启发

通过文献研究获得启发,在稳中求进和可持续发展的新时代背景下,研究财政收入质量可以从财政收入结构、财政收入增长与经济增长的协调性、财政收入成本(征

---

① 钟振强,宋丹兵.把脉中国财政收入质量[J].东北财经大学学报,2006,(01):22-25.

② 刘云.本溪市财政收入质量问题研究[J].中国乡镇企业会计,2017(7):9-10.

③ 龚三乐.地区财政收入水平与质量评价及影响因素分析——以广西为例[J].区域金融研究,2011,(04):78-83.

④ 宋丽颖,徐志,江庆,王光俊.如何强化财政收入质量监管?[J].财政监督,2017(06):38-44.

⑤ 钟振强,宋丹兵.把脉中国财政收入质量[J].东北财经大学学报,2006(01):22-25.

管水平)和财政收入真实性等方面去衡量。

三、地方财政收入质量主要衡量指标

财政收入质量无非就是"质"和"量"的问题,"质"需要我们从财政收入内部出发,可以从结构、与地方经济的适应程度及真实性考虑;"量"即数量,我们需要分析一个"度"以及潜在的空间,可以从财政收入与地方生产总值关系、财政收入增速协调性(拟用财政收入增长弹性系数指标)等方面考虑。

1. 评价财政收入的结构优劣,选取税收收入占财政收入的比重作为指标。税收是财政收入的主要来源和重要支柱,如果税收收入占有足够的比重,则意味着财政收入来源合理、稳定,财政功能越完备,因而财政收入结构越合理。如果非税收入占财政收入的比重过大,将导致不合理的财政收入结构,则财政收入质量下降。

2. 评价财政收入的规模,可以采用财政收入占地方生产总值比重作为指标。财政收入大多取之于民,适度的收入规模能够充分保证财政职能发挥,又不妨碍私人部门的投资和消费。收入过多,会成为国民经济负担,抑制经济发展;收入过少,入不敷出,不能保证必要的财政支出。

3. 评价财政收入的真实性,可以用财政收入虚增数(虚减数)占实际财政收入的比重作为指标,这个指标非常具有直观性,虚增(虚减)越多,则财政收入就越不真实,就会降低财政收入质量。

4. 评价财政收入的成长性,我们认为,有的学者建议采用财政收入增长率作为衡量指标是不够严谨的,单纯的增长率是不能说明任何问题的,财政收入的成长性反映出财政与经济之间的关系,它应该是建立在财政与经济之间良性循环基础上的财政收入的健康持续成长,而不应是大起大落,波动不定。一定时期内财政收入增长越稳定,与经济发展越协调、越适应,意味着财政收入的结构、内容等内在属性越合理、越完善,乃至于与经济一起形成一种互促互动的内在自增长、自发展机制。据此,我们认为,采用财政收入增长弹性系数作为考察和评价指标是比较适当的。

由于虚增(虚减)数据难以寻找和界定,需要在实际操作中财政监督部门以及审计部门去核实。因此,本文将主要运用税收收入占财政收入的比重、财政收入占GDP 比重、财政收入增长弹性等指标展开研究。

四、江苏省财政收入质量实证研究

(一)江苏省财政收入质量现状

1. 税收收入占财政收入比重

根据上述确定的评价指标体系,笔者选取江苏省 1998—2016 年共 19 年的财政收入数据,纵向地对江苏省财政收入质量进行了 Excel 图表的分析(如图 1)。

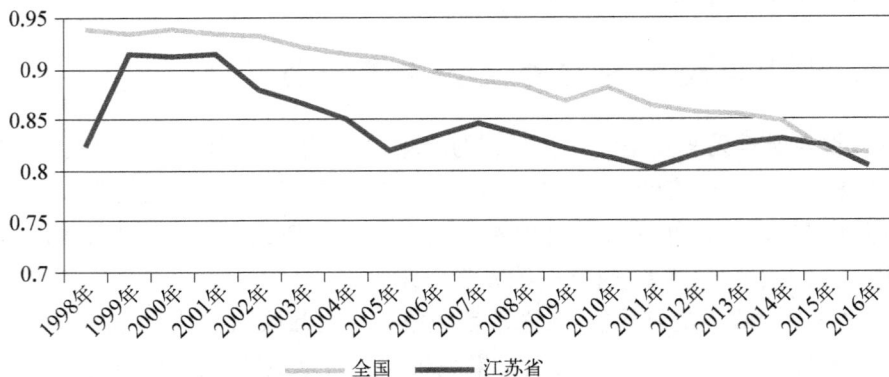

图1 江苏省税收收入占财政收入比重与全国水平比较

资料来源：根据国家统计局公布的资料整理而得。

从图1，我们可以清晰地看到，江苏省的税收收入占财政收入比重一直低于全国水平，且在0.8—0.92之间变化，变化幅度高达10个百分点，且呈现下降趋势，从1998年到2000年，由于经济体制和财税体制改革的深入，国民经济快速而稳定的增长，从而使财政收入也保持了较大幅度增长，税收收入也会随着企业经济发展而增加，致使江苏省税收收入占财政收入比重呈现上升趋势，而2000年之后直至目前，税收占比都是在波动中不断下降，非税收入占比相应上升，不论是从横向角度来看还是纵向角度来看，这样的财政收入结构是远远不够优化的，非税收入占比过高，是一种非正常的收入构成。

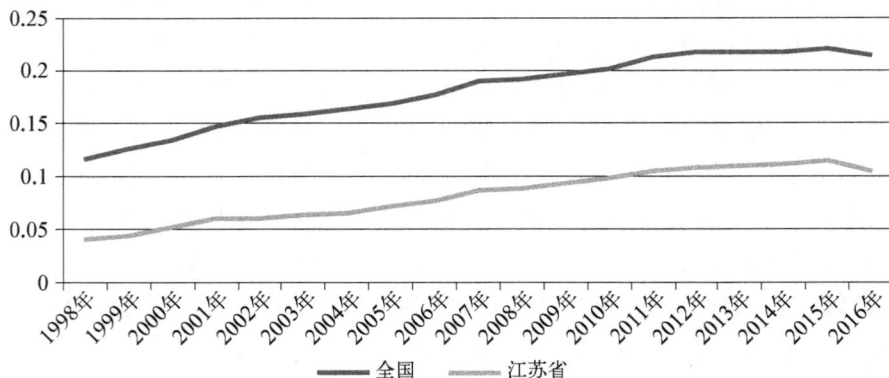

图2 江苏省财政收入占生产总值比重与全国水平比较

资料来源：根据国家统计局公布的资料整理而得。

2. 财政收入占国内生产总值比重

江苏省财政收入占江苏省生产总值比重呈现住上态势，但是低于全国水平（如图2），在2010年以前甚至没有到达10%。其原因一方面区域发展需要招商引资，需要引进技术和企业，另一方面引进技术和企业需要提升自身吸引力，这就需要提供税收优惠，比如三年免税等政策，这在一定程度上可以提高本地生产总值，但是以让却财政收入为代价的。因此,江苏省财政收入占江苏省生产总值,虽然在 2010 年之后比重超过 10 个百分点,但是在 2016 年依然有走低趋势,并且比重一直在 12 个百分点以内,这也能说明江苏省财政收入规模过低。

3. 财政收入增长弹性

财政收入增长弹性系数是财政收入的增长率与地区生产总值增长率之比。

如图 3 所示,江苏省财政收入增长率一直是在 1—35 个百分点之间浮动且变化较大,峰点和谷点较多,比如 2007 年就是一个峰点,2008 年金融危机财政收入又陷入下降趋势,2007 年可能存在资本泡沫等致使财政收入虚增,而在 2010 年之后,我国经济进入新常态状态财政收入增速也在放缓,自 2014 年营改增政策颁布以来,地方财政收入来源又被缩小,因此之后江苏省财政收入增速一路下滑,2016 年甚至呈现由正到负的趋势,这不会有利于当地发展,应该有所控制措施。

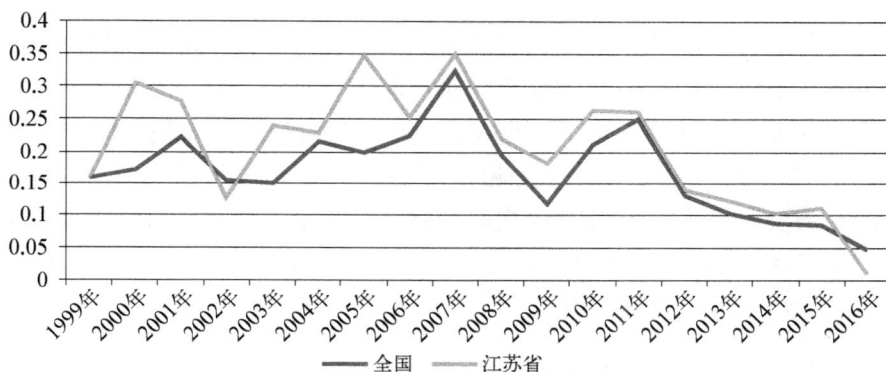

图 3　江苏省财政收入增长率与全国比较

资料来源:根据国家统计局公布的资料整理而得。

表 1　财政收入增长弹性

年　份	财政收入增长弹性
1999	2.28
2000	2.75
2001	2.62
2002	1.03
2003	1.39
2004	1.11
2005	1.46
2006	1.49
2007	1.78
2008	1.16

（续表）

年　份	财政收入增长弹性
2009	1.62
2010	1.30
2011	1.41
2012	1.37
2013	1.15
2014	1.13
2015	1.29
2016	0.66

资料来源：根据江苏省统计年鉴和江苏省统计局公布的资料整理而得。

如表1所示，江苏省财政收入的增长率占江苏省生产总值增长率即财政收入增长弹性系数几乎均是大于1的，这就意味着江苏省财政收入增长率是大于江苏省生产总值增长率的，即江苏省财政收入增长速度比江苏省经济增速快，2000年以后，基本处于1—1.5之间，与全国水平趋势相同，这在一定程度上可以说明江苏省财政收入与当地经济发展相适应，但是也应当看到财政收入增长过快会对经济造成抑制作用。2016年5月1日起全年实行"营改增"之后，对地方财政收入产生明显冲击，导致2016年财政收入弹性系数小于1。

（二）江苏省财政收入质量影响因素的协整检验

鉴于上述对于财政收入质量的衡量指标和江苏省的现状的描述，我们进一步从经济发展水平、税负水平和税收征收水平三个方面对影响因素进行分析。经济发展水平决定了财政收入来源的总量的大小和征收的范围，显而易见的，经济发展水平越高，财政收入来源越广。在经济发展中存在一、二、三产业之分，而第一产业如农业，几乎可征收的范围极小，二、三产业的财政收入创造能力一般而言是较强的，因此，经济发展水平对财政收入的影响可以从结构、总量、趋势上思考，因此可以选取二、三产业占生产总值的比重、人均GDP、GDP增长率来分别衡量结构、总量和趋势。对于税负水平，我们知道，税收是重要的宏观调控手段，税负水平过高过低都不利于地区经济发展，需要与地方经济水平相适应、相协调，对此，我们可以采取财政收入占GDP比重作为因素分析。鉴于税收征收水平难以获取资料、也难以进行深入了解，我们予以舍弃。

综上，我们将运用协整理论模型，结合上述原因，令江苏省人均财政收入作为被解释变量 Y，解释变量为二、三产值占比 X_1、财政收入占生产总值比重 X_2、人均生产总值 X_3、江苏省生产总值增长率 X_4。本文选取的是2001年至2016年的样本数据，数据来源为国家统计年鉴。

首先利用 Eviews 7.2 对解释变量和被解释变量做自回归分析,得出回归模型为:

$$Y = 18260.4 - 23114.93x_1 + 28331.49x_2 + 0.12x_3 - 765.14x_4$$
$$(2.74)(-2.91)(3.12)(20.6)(-0.52)$$
$$R^2 = 0.998 \quad DW = 1.39 \quad P = 0.0000$$

由此,我们可以清晰地看到这个模型存在一定的自相关,因此,我们将通过取对数令其为 I_1、I_2、I_3、I_4 分析,得到回归分析为:

$$Y = -121815.6 - 82726.65I_1 - 7331.22I_2 + 9472.15I_3 - 1086.41I_4$$
$$(-6.82)(-3.50)(-2.81)(8.24)(-2.20)$$
$$R^2 = 0.989 \quad DW = 2.03 \quad P = 0.0000$$

此时,模型可决系数达到了 0.989,说明拟合优度较高,同时也不存在序列相关与异方差。接下来我们运用 ADF 检验回归残差的平稳性,检验结果如下表 2 所示:

表 2　平稳性检验结果

Null Hypothesis：D(E1) has a unit root

Exogenous：None

Lag Length：0(Automatic-based on SIC, maxlag=3)

		t-Statistic	Prob. *
Augmented Dickey-Fuller test statistic		-2.762194	0.0095
Test critical values：	1% level	-2.740613	
	5% level	-1.968430	
	10% level	-1.604392	

* MacKinnon(1996) one-sided p-values.

Warning：Probabilities and critical values calculated for 20 observations and may not be accurate for a sample size of 14

由上述表可知 $t = -2.76$,均小于 1%、5%、10% 显著性水平下的临界值,因此可以认为残差数列是平稳的,这表明变量 Y、I_1、I_2、I_3 和 I_4 之间存在协整关系,而且是唯一的。以此来看,江苏省的人均财政收入与二、三产值占比、财政收入占生产总值比重、人均生产总值和江苏省生产总值增长率存在长期关系。从结果来看,I_1、I_2、I_4 相关系数均为负数,但是我们应当看到这 X_1、X_2、X_4 三个解释变量的数据均是小于 1 的,换一句话说,I_1、I_2、I_4 的值是小于 0 的,因此,当他们系数为负数时,恰巧证明 X_1、X_2、X_4 这三个解释变量对 Y 是正的影响。综合来看,二、三产值占比、财政收入占生产总值比重、人均生产总值和江苏省生产总值增长率对江苏省财政收入质量存在正向相关的关系。

五、结论与对策

（一）结论

根据江苏省财政收入质量现状及其影响因素的实证分析,针对江苏省财政收入质量中结构不够优化,规模过低的问题,从理论模型和现实管理水平来看,归根结底,原因主要有以下几点:

一是地区经济发展进入新常态,出现企业发展乏力、产能过剩等问题。这样使得 X_3 即人均 GDP、X_4 即 GDP 增长率出现降低趋势,则会影响财政收入质量。从现实情况来看,经济发展情况会影响企业效益、员工工资,进而影响到企业所得税、个人所得税的数额,虽然江苏省是经济大省,但是也不乏有企业尤其是国有大型企业入不敷出,出现欠税、有产值无税收等情况,这些都直接影响了当地税收来源,减少当地的财政收入。

二是江苏省省内区域经济发展不协调、不均衡。虽然自 2014 年以后江苏省迈进了"三、二、一"的产业结构,但是第三产业的发展基本集中在苏南的南京以及苏锡常地区,而苏北地区仍然以第二产业为重,且效益发展低下,为招商引资,常常设立好几年的免税等优惠政策,拉动了地区发展的同时,也使地区的税收来源减少,因此,二、三产值占比 X_1、财政收入占生产总值比重 X_2 自然处于较低状态,这对财政收入质量是不利的。

三是非税收入比例大。正所谓"税不够,费来凑",为了满足地区发展的要求,财政需要支出,当税收不够时,地方政府将会扩大地方基金类收入、规费的征收。通过土地财政等手段,来增加政府性基金收入,苏州、南京等地区房价上涨速度快,居民要买房要花几十年的积蓄,这无疑是挤压了百姓的生存空间,而征收规费,也会起到抑制经济发展的作用,也是消减了地方税收收入总量,影响了地方税收占地方财政收入比重的增长速度。

四是税收征管存在问题。税收收入与税收征管是第一手最直接的关系,税收征管质量与水平对整个财政收入质量有重要影响。在一定税源的前提下,加强税收征收与管理,减少税收收入流失,实现应收尽收是地方税收增长和提高地方税收占地方财政收入比重的有力保障。地方税本身就有细碎分散、难以征管、征管手段落后等等先天不足,再加上人力不足、人员素质良莠不齐以及行政干预、执法不严、公民纳税意识差等多种因素影响,江苏省税收的增长也就受到了限制,不利于占地方财政收入比重的增幅。

（二）对策建议

1. 大力发展地方经济,保证财政收入来源

发展三大产业,培育和支持第三产业,优化产业结构。积极打通第二产业命脉,发挥龙头企业的带头作用,完善创业园、产业园建设,给予二、三产业肥沃的政策土壤。挖掘具有观赏价值和文化价值的景点,比如吴承恩故居、周恩来纪念馆、苏州乐

园等等,鼓励各单位打造自身特色,与此同时还应做好宣传工作,推动旅游业、文化业的协调发展。

鼓励创新,贯彻落实"三去一降一补"政策,出台对于企业研发新产品的研发费用加计扣除的实施细则和规范,去产能、去库存,不盲目追求生产,激发企业尤其是国有企业的生产活力,倒逼企业改革,建造完善的知识产权制度,为创新提供制度保证。

区域内部要向协调发展、平衡发展努力,一方面通过产业合作等方式经济发达的苏南地区要带动苏北地区发展,苏北地区努力向苏南地区靠拢,另一方面,打铁还需自身硬,苏北地区也要寻求自身发展的突破口,发现自身发展优势,建立合理的人才培养制度,从长远的眼光为积极发展储备人才资源,在招商引资时,除了给予税收政策优惠,还应该完善公路等基础设施来留住企业,留住人才。

2. 提高纳税遵从度,提升税收收入占比

做好税收收入政策的宣传工作,进企业、进社区,让民众明白申报纳税的方式方法以及偷税漏税的后果,建立税收信用制度,约束纳税人失信行为。财政、税务各部门要加强合作,对不同行业、不同层次、不同税种采取不同的征管监督方法,实时动态更新税源变化,杜绝各种偷税、逃税、漏税的行为。

为了让纳税人更好地做好纳税工作,税务部门还应该提升工作效率,积极加快转变政府职能步伐,建立服务型政府。政府工作部门要制定合理的工作方案,加大政策公示力度,对相关尤其是重点人群进行宣讲解读,真正让政策受惠于民,此外,还要简化申报等程序,降低相关行政性收费,利用网上税务厅、微信公众号等信息化技术,方便纳税人办理业务。

3. 加强非税收入管理,加大财政统筹力度

刷新政府非税收入管理的理念,将深化税费、"收支两条线"改革作为重头戏,将实行"单位开票、银行代收、实时入库"征收方式列入地方征税部门章程,要把控票据管理,对乱收费和征税单位是否贯彻执行"收支两条线管理"规定的监督起到有效的控制作用。稳步推进部门综合预算改革,统筹安排好政府财力。

4. 转变政绩化思想,建全政绩考核机制

简化或取消一些GDP、财政收入等的单纯性数量指标,政绩考核不应单单以数字作为唯一衡量指标,应当注重财政收入质量、注重民意,以工作考核、当地民生状况、群众评价为主要依据。政府好不好,要看群众是哭脸还是笑脸,因此,要最大限度地将本地居民收入、就业发展情况、对政府的满意度等群众性内容作为政绩考核依据,注重本地经济发展质量。对征税相关人员进行职业道德培训,要坚持实事求是的原则,挤掉GDP、财政收入等政绩指标中的水分。

5. 健全质量监督机制,杜绝收入虚增现象

完善内部监督机制,促进上下级之间的监督,将财政收入质量监督纳入工作职责之中,建立负责人制度,实现事前、事中、事后监督,并设立明确对相关人员以及单位的处理处罚措施,加大造假成本,营造风清气正的财政收入管理环境。

第四章 江苏省财政支出规模与结构变化分析及调整方向研究

财政是国家治理的基础和重要支柱。财政支出的规模及结构对公共事业发展、基础设施建设以及社会经济增长等都具有重大影响。科学运用财政资金,满足政府履行各项职能的需要,制定科学合理的财政政策是实现国家治理和社会发展的应有之义。为此,本文通过研究江苏省当前财政支出规模和结构的动态变化以及产生的绩效,为财政政策调整提供依据。

一、理论基础

(一)瓦格纳法则

德国经济学家瓦格纳在 19 世纪提出了政府活动扩张论,主要有以下三方面。(1)市场失灵和外部性的存在需要政府的活动增加。随着经济的工业化,不断扩张的市场与这些市场中的行为主体之间的关系更加复杂化,这需要政府完善司法体系和管理制度,以规范行为主体的社会经济活动,这一需要意味着政府必须要不断增加财政支出,以适应经济发展的需要。

(2)政府对经济活动的干预以及从事的生产性活动,也会随着经济的工业化而不断扩大。因为随着工业化经济的发展,不完全竞争市场结构更加突出,市场机制不可能完全有效地配置整个社会资源,需要政府对资源进行再配置,实现资源配置的高效率。而政府要对市场资源进行调控,就必须承担相应的人员和物质的支出。

(3)教育、娱乐、文化、保健以及福利服务的需求收入弹性较大,要求政府在这些方面增加支出。这就是说,随着人均收入的增加,人们对上述服务的需求增加得更快,在市场无法及时调整以满足人们物质文化需求的增长,这意味着政府要为此增加支出,保障人民的物质文化需求。

(二)凯恩斯主义

凯恩斯的经济政策观点的核心是反对自由放任,主张国家干预。凯恩斯所说的扩大政府职能,主要是指扩大政府调节消费倾向和投资引诱的职能。调节消费倾向,目的在于刺激消费。调节投资引诱,目的在于刺激投资。有效需求是由消费需求和投资需求组成的,刺激消费和投资,就是刺激有效需求。刺激消费和投资,可以采用货币政策和财政政策,凯恩斯认为,仅仅依靠货币政策很难奏效,主要应当依靠财政政策。关于财政政策,凯恩斯不同意传统经济学保持国家预算平衡的观点,而是认为赤字财政有益。

(三)冈纳·缪尔达尔的循环累积因果论

缪尔达尔等认为,在一个动态的社会过程中,社会经济各因素之间存在着循环累积的因果关系。某一社会经济因素的变化,会引起另一社会经济因素的变化,这后一因素的变化,反过来又加强了前一个因素的那个变化,并导致社会经济过程沿着最初那个因素变化的方向发展,从而形成累积性的循环发展趋势。市场力量的作用一般趋向于强化而不是弱化区域间的不平衡,即如果某一地区由于初始的优势而比别的地区发展得快一些,那么它凭借已有优势,在以后的日子里会发展得更快一些。

循环累积因果论认为,经济发展过程首先是从一些较好的地区开始,一旦这些区域由于初始发展优势而比其他区域超前发展时,这些区域就通过累积因果过程,不断积累有利因素继续超前发展,导致增长区域和滞后区域之间发生空间相互作用。

(四)内生经济增长理论

罗莫和卢卡斯的内生经济增长理论认为,长期增长率是由内生因素解释的,也就是说,在劳动投入过程中包含着因正规教育、培训、在职学习等而形成的人力资本,在物质资本积累过程中包含着因研究与开发、发明、创新等活动而形成的技术进步,从而把技术进步等要素内生化,得到因技术进步的存在要素收益会递增而长期增长率是正的结论。即技术进步推动经济增长。

二、江苏省财政支出规模变动分析

在经济快速发展的当代,江苏省地方政府的财政实力不断加强,公共支出保障能力得到了明显的提升。表1列出了2007年至2016年江苏省地区生产总值、财政收入、财政支出、GDP增长率、财政支出增长率以及财政支出占GDP比重。

表1　江苏省财政支出相关指标①

指标	2007年	2008年	2009年	2010年	2011年	2012年	2013年	2014年	2015年	2016年
江苏省地区生产总值(亿元)	26018	30982	34457	41425	49110	54058	59753	65088	70116	77388
财政收入(亿元)	2238	2731	3228.8	4080	5148.9	5861	6568	7233	8029	8121
财政支出(亿元)	2554	3247	4017	4914	6222	7028	7798	8472	9688	9982

---

① 为完整、准确地反映政府收支活动,经国务院同意,财政部制定了《政府收支分类改革方案》,据此制定了《2007年政府收支分类科目》,并于2007年1月1日起执行。《2007年政府收支分类科目》与《2006年政府预算收支科目》相比,收支分类范围、分类体系和具体科目设置办法等都有较大变化,且由于2017年部分财政数据未更新,本文一致使用2007—2016年财政数据。

（续表）

指标	2007年	2008年	2009年	2010年	2011年	2012年	2013年	2014年	2015年	2016年
GDP增长率(%)	—	19.08%	11.22%	20.22%	18.56%	10.08%	10.54%	8.93%	7.73%	10.37%
财政支出增长率(%)	—	27.17%	23.71%	22.32%	26.61%	12.95%	10.97%	8.64%	14.34%	3.04%
财政支出/GDP	9.82%	10.48%	11.66%	11.86%	12.67%	13.00%	13.05%	13.02%	13.82%	12.90%

数据来源：中国统计年鉴 2017

以下通过折线图来具体分析近十年江苏省财政支出规模的变化趋势：

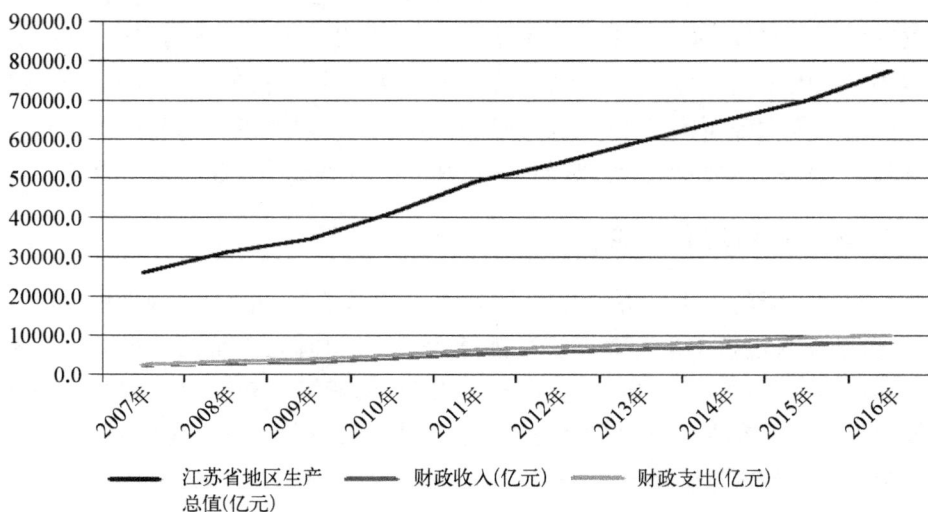

图1　江苏省财政收支与地区生产总值趋势图

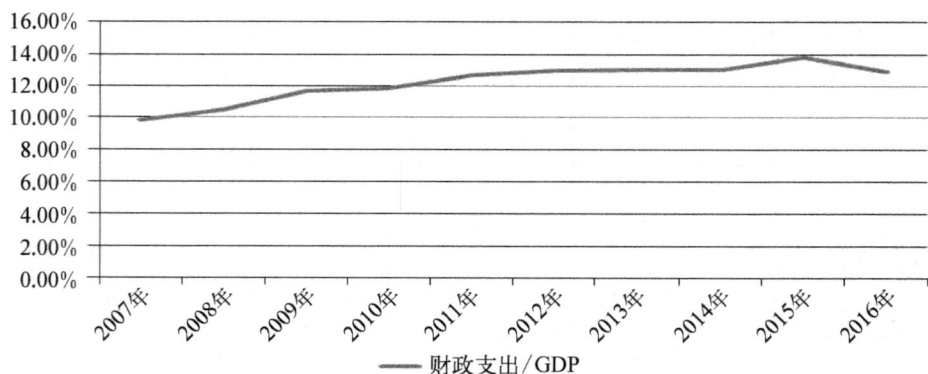

图2　江苏省财政支出相对规模趋势图

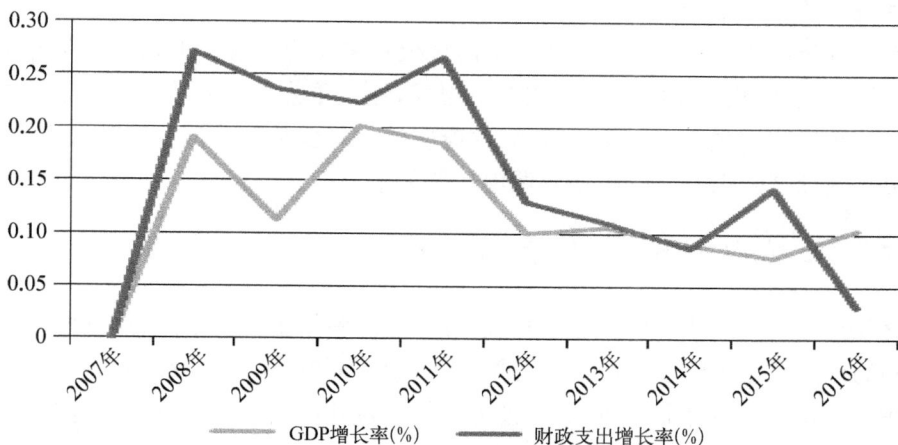

图3　江苏省 GDP 与财政支出增长率趋势图

分析 2007 年至 2016 年江苏省财政支出情况,可以得出:

不管从绝对规模还是相对规模出发,2007 年至 2016 年江苏省财政支出都在不断增长,这符合财政支出增长理论。2016 年江苏省财政支出更是达到 9982 亿元,是 2007 年 2554 亿元的近四倍,且财政支出增长率呈现大幅度波动,但是从整体上看,增速在渐渐放缓,这一方面是因为计算基数在不断增大,更重要的原因是我国经济社会进入新常态时期①。在新常态下,不仅经济从高速增长转为中高速增长,经济结构也更为优化,政府大力简政放权,市场活力进一步释放,这也越来越符合市场经济发展方向。

值得注意的是,从图3 可以看到,在 2014 年之前,财政支出增长率与地区生产总值增长率起伏变化大体一致,且财政支出增长率一直高于 GDP 增长率。但在 14 年之后,财政支出增长率变化与地区生产总值增长率变化之间没有很大的一致性,这与瓦格纳法则——当国民收入增长时,财政支出会以更大比例增长不相符。瓦格纳认为,只有经济发展水平的提高,才有财政支出规模的扩大,而江苏省这一现象体现出我国"财政支出不再与 GDP 增速挂钩"②这项改革措施。这项改革措施意味着财政部门在管理与计划国家资金时会更加高效、定位会更加精准。之前"财政支出挂钩 GDP"的模式目的是保证各项财政支出能够保证其所投入的比重,但这种模式缺乏灵活性,造成了财政资金的闲置和浪费,尤其是中国各地经济状况差异较大,若一味追求各省模式一致,反而可能得不偿失。财政支出与 GDP 脱钩减少了我国的财政风险,缓解了财政收支矛盾、打破了存量固化格局,部门预算编

---

① 经济新常态指在经济结构对称态基础上的经济可持续发展,包括经济可持续稳增长。经济新常态是强调结构稳增长的经济,而不是总量经济;着眼于经济结构的对称态及在对称态基础上的可持续发展,而不仅仅是 GDP、人均 GDP 增长与经济规模最大化。

② 华政.财政支出不再与 GDP 增速挂钩[N].中国青年报,2016 - 3 - 21(10).

制和管理权得到了合理配置。

上述分析说明,目前,江苏省财政支出规模越来越趋于缓慢扩大。要促进江苏省经济的持续发展,仍应继续扩大财政支出规模,但是重点要控制在合理的范围之内。要想进一步优化财政支出规模,江苏省政府应处理好公共财政与经济增长的关系、财政支出与区域之间以及财政收支协调增长的关系等。

三、江苏省财政支出结构分析

财政支出结构在实践中具有多样性,在理论和政策上可从不同方向进行研究,依据不同的标准对地方财政支出进行分类,会形成不同的支出结构类型。

我国分税制财政体制改革以来,地方政府经过几次大的政府收支分类改革,财政支出结构也随之发生变化。按照政府职能标准,地方政府一般预算支出可以划分为一般公共服务支出、公共安全支出、社会事业支出①、社会保障和就业支出、农林水事务支出、环境保护支出、城乡社区事务支出以及交通运输支出等。

(一) 各项财政支出主要占比

为了比较清晰地分析江苏省财政支出结构变化情况,表2列出2007—2016年江苏省财政支出中各主要项目支出比重:

表2 江苏省各项财政支出百分比

指标	2007 年	2008 年	2009 年	2010 年	2011 年	2012 年	2013 年	2014 年	2015 年	2016 年
地方财政一般公共服务支出	17.16%	15.92%	14.15%	12.85%	12.03%	11.67%	11.02%	10.11%	8.73%	9.23%
地方财政国防支出	0.16%	0.16%	0.28%	0.26%	0.30%	0.25%	0.29%	0.26%	0.19%	0.15%
地方财政公共安全支出	8.25%	7.79%	7.09%	6.65%	5.97%	5.80%	5.81%	5.59%	5.37%	6.36%
地方财政科学技术支出	2.69%	2.82%	2.91%	3.06%	3.43%	3.66%	3.88%	3.86%	3.84%	3.82%
地方财政教育支出	19.30%	18.25%	16.94%	17.61%	17.57%	19.22%	18.40%	17.76%	18.03%	18.46%
地方财政文化体育与传媒支出	1.89%	2.06%	1.92%	1.80%	1.88%	2.15%	2.23%	2.25%	2.02%	1.94%
地方财政医疗卫生支出	4.51%	4.58%	4.93%	5.08%	5.62%	5.95%	6.10%	6.62%	6.70%	7.14%
地方财政社会保障和就业支出	8.32%	7.13%	7.45%	7.42%	7.74%	7.94%	8.09%	8.38%	8.65%	9.00%

---

① 社会事业支出又可细分为科学技术支出、教育支出、文化体育与传媒支出以及医疗卫生支出。

（续表）

指标	2007年	2008年	2009年	2010年	2011年	2012年	2013年	2014年	2015年	2016年
地方财政农林水事务支出	7.58%	8.50%	10.04%	9.95%	9.94%	10.73%	11.13%	10.61%	10.41%	9.87%
地方财政环境保护支出	1.89%	2.93%	3.67%	2.85%	2.74%	2.76%	2.94%	2.81%	3.18%	2.86%
地方财政城乡社区事务支出	12.19%	11.14%	11.82%	12.71%	13.05%	12.21%	12.91%	14.42%	15.85%	14.43%
地方财政交通运输支出	3.10%	3.61%	5.75%	5.62%	6.30%	6.21%	5.75%	5.87%	5.65%	5.13%

数据来源：中国统计年鉴

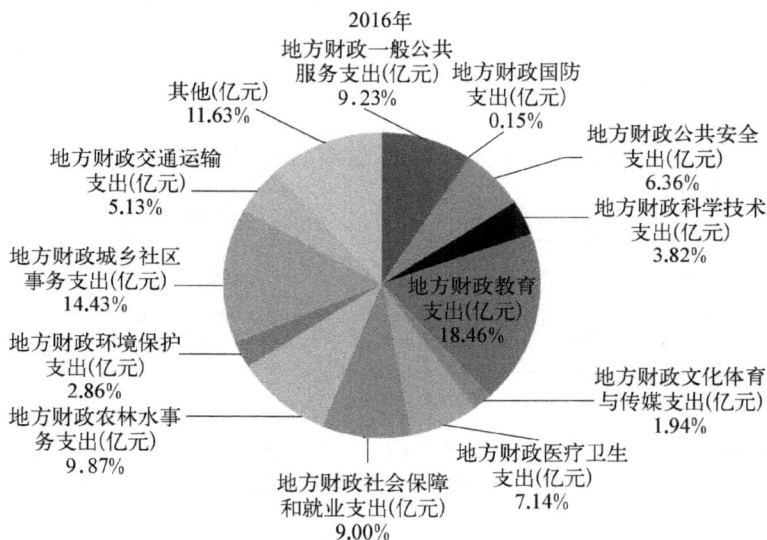

图4　江苏省各项财政支出占比饼状图①

　　从表2以及图4可以看出，江苏省地方政府用于社会事业、城乡社区事务、一般公共服务、农林水事务支出、公共安全与社会保障和就业方面的支出占比较大。社会事业支出中很大比重是用于教育，从表中也可以看出，教育支出在江苏省每一年财政支出中占比都是最大的，说明江苏省地方政府高度重视教育事业的发展；城乡社区事务支出占比排名第二位，这体现江苏省在民生投入、完善公共设施、服务群众方面投入了大量财力；其次，农林水务、一般公共服务、社会保障与就业方面，在江苏省财政支出中也占不少比重，而农业、基础设施建设以及社会福利也是考察政府运行效率的重要标准之一。总的来说，根据2007—2016年各项财政支出百分比，江苏省财政支出分布情况大致如下：社会事业支出一般用于教育支出，占比在18.2%左右，而医疗卫生支出、科学技术支出、文化体育与传媒支出占比在5.7%、3.4%、2.0%左右；

————————

　　①　2017年江苏省财政支出中，公共安全支出、地方教育支出、医疗卫生支出、社会保障和就业支出分别占比6.75%、18.86%、7.50%、9.86%。数据来源于江苏省统计局。

城乡社区服务支出占比在 13.1%左右,一般公共服务支出占比在 12.3%左右,农林水务支出占比在 9.9%左右,社会保障与就业支出占比在 8.01%左右,其余的公共安全支出、交通运输支出、环境保护支出以及国防支出所占比重较小,分别在 6.5%、5.3%、2.9%、0.23%左右。

(二)各项财政支出变动分析

以下通过折线图来具体分析各财政支出结构变化趋势,如图 5 所示:

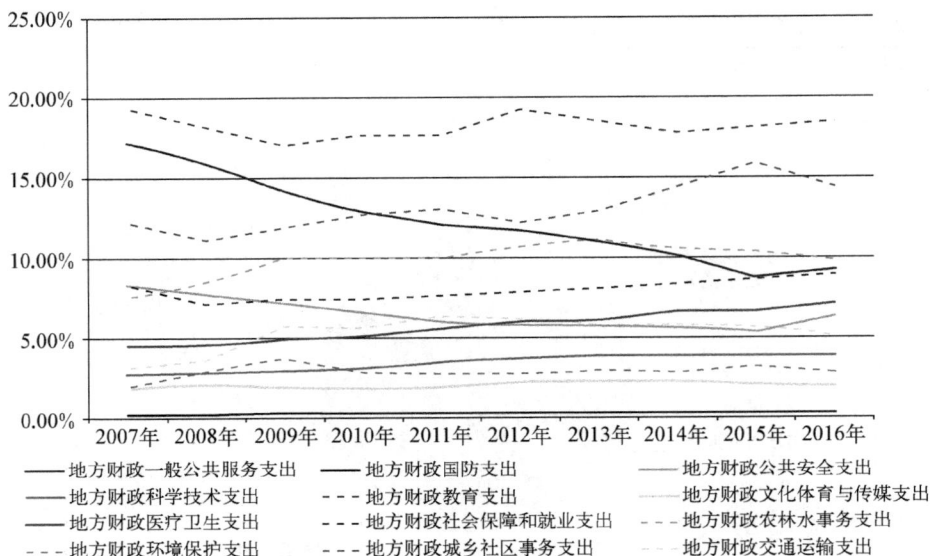

图 5 江苏省各项财政支出变化图

从图 5 可以看出,国防支出、文化体育与传媒支出、环境保护支出近十多年占比较小且变化不显著;农林水务事务支出除了在 2007 年从 7.6%增加到 10.03%这一显著增加之外,之后变化均较为不显著;科技支出、医疗卫生支出以及社会保障与就业支出近些年稳中有升;地方教育支出占比最大,但近十年变化不显著;城乡社区事务变化不稳定,但整体上占比越来越大;与各项财政支出变化不同的是,一般公共服务支出占比越来越小,从 2007 年占比 17.2%急剧下降到 2016 年的 9.2%,一般公共服务支出主要用于政府机关的正常运作,保障各机关单位履行职能等,说明近年来江苏省政府机构运行越来越趋于精简化、办事效率越来越高。

(三)财政支出结构绩效分析

为了进一步判断江苏省财政支出结构的合理化程度以及各项支出的绩效结果,本文选取的与各支出相关的数据进行回归分析。①

---

① 回归分析是确定两种或两种以上变量间相互依赖的定量关系的一种计量分析方法。

1. 一般公共服务支出

为了分析一般公共服务支出比重变化是否有效率，此处选取经济指标地区生产总值来与之作相关线性回归。以一般公共服务支出为自变量 X_1，以江苏省地区生产总值为因变量 Y_1，输出结果见表3、图6：

表3　江苏省一般公共服务支出与地区生产总值

年份	江苏省地区生产总值（亿元）	地方财政一般公共服务支出（亿元）
2007	26018.48	438.27
2008	30981.98	516.86
2009	34457.3	568.48
2010	41425.48	631.24
2011	49110.27	748.45
2012	54058.22	820.43
2013	59753.37	859.41
2014	65088.32	856.7
2015	70116.38	845.68
2016	77388.28	920.93

数据来源：中国统计年鉴

Dependent Variable: Y_1

Method: Least Squares

Sample: 2007 2016

Included observations: 10

Variable	Coefficient	Std. Error	t-Statistic	Prob.
C	-20945.63	7156.544	-2.926779	0.0191
X_1	99.61275	9.694092	10.27561	0.0000

R-squared	0.929570	Mean dependent var		50839.81
Adjusted R-squared	0.920766	S.D. dependent var		17447.31
S.E. of regression	4911.147	Akaike info criterion		20.01326
Sum squared resid	1.93E+08	Schwarz criterion		20.07378
Log likelihood	-98.06630	Hannan-Quinn criter.		19.94687
F-statistic	105.5883	Durbin-Watson stat		0.542298
Prob(F-statistic)	0.000007			

图6　一般公共服务支出线性回归结果

一般公共服务支出与地区生产总值的一元线性回归方程为:

$$Y_1 = 99.61X_1 - 20945.63$$

从可决系数 $R^2 = 0.930$,检验统计量 $F = 105.5883$,检验的 P 值为 0 来看,所建模型数据拟合度较好,回归方程高度相关,说明一般公共服务支出与地区生产总值之间线性关系显著。从回归方程可以看出,一般公共服务支出与经济收入之间正相关,当一般公共服务支出每增加一个单位时,地区生产总值会增加 99.61 个单位。一般公共服务支出主要用于政府机关的正常运作,保障各机关单位履行职能等。回归方程表明,优化政府机关行政职能,有利于促进经济的快速发展。而从折线图中我们可以看出,江苏省公共服务支出绝对量除 2015 年之外都在逐年增加,但其所占比重确实逐年递减,说明江苏省一般公共服务支出日趋完善精简,政府办事效率越来越经济化,综合看来,一般公共服务支出具有经济效益,一般公共服务支出的结构变化是有效的。

2. 一般教育支出

为了分析一般教育支出比重变化是否有效率,此处选取普通高等学校招生数来与之作相关线性回归。以普通高等学校招生数为因变量 Y_2,以一般教育支出为自变量 X_2,输出结果见表 4、图 7:

表 4 江苏省地方教育支出与普通高等学校招生数

年份	普通高等学校招生数(万人)	地方财政教育支出(亿元)
2007	40.95	492.9
2008	41.07	592.6
2009	42.98	680.63
2010	44.86	865.36
2011	43.61	1093.22
2012	43.5	1350.61
2013	43.95	1434.99
2014	44.49	1504.86
2015	44.86	1746.22
2016	45.27	1842.94

数据来源:中国统计年鉴

Dependent Variable: Y_2
Method: Least Squares
Sample: 2007 2016
Included observations: 10

Variable	Coefficient	Std. Error	t-Statistic	Prob.
C	40.61495	0.801667	50.66310	0.0000
X_2	0.002533	0.000642	3.945354	0.0043

R-squared	0.660525	Mean dependent var		43.55400
Adjusted R-squared	0.618091	S.D. dependent var		1.515675
S.E. of regression	0.936669	Akaike info criterion		2.883883
Sum squared resid	7.018791	Schwarz criterion		2.944400
Log likelihood	-12.41941	Hannan-Quinn criter.		2.817496
F-statistic	15.56581	Durbin-Watson stat		1.289351
Prob(F-statistic)	0.004264			

图7　江苏省一般教育支出线性回归结果

一般教育支出与普通高等学校招生数的一元线性回归方程为：

$$Y_2 = 0.0025X_2 + 40.61495$$

从可决系数 $R^2 = 0.665$，检验统计量 $F = 15.57$，检验的 P 值为 0.043 看来，所建模型数据拟合度较好，回归方程相关，说明一般教育支出与普通高等学校招生数之间存在相关性。但从回归方程可以看出，当一般教育支出每增加一亿元，普通高等学校招生数仅增加 25 人，说明教育支出对高等学校招生影响不大。从表4可以看出，近十年来江苏省高等学校招生数都在递增，但增幅缓慢。这与近年来江苏省出生率低[①]、老龄化程度加剧、中小学生数量下降等有关。普通高等学校招生数只是从侧面也反映出一个区域的教育水平，据悉，江苏省近些年在实施学前教育普及提高工程，切实解决进城务工人员子女入园难、全面为义务教育阶段学生安排公用经费补助和教科书采购资金以及实施农村义务教育薄弱学校改造计划等方面投入较大比重。[②]这说明江苏省教育支出占财政支出比重上较为合理，今后应继续保持其结构占比，教育支出改革的重点在于教育支出如何在城乡之间、不同教育阶段之间合理分配来达到教育公平、提高教育水准。

3. 医疗卫生支出

为了分析医疗卫生支出比重变化是否有效率，此处选取医疗卫生机构数来与之

---

① 近十年来，江苏省出生率保持在 9‰—10‰ 之间，出生率较低，数据来源于国家数据网。

② 资料来源于中华人民共和国教育部网。

作相关回归。以医疗卫生机构数为因变量记为 Y_3,以医疗卫生支出为自变量 X_3,输出结果见表5、图8:

表5　江苏省医疗卫生支出与医疗卫生机构数

年份	医疗卫生机构数(个)	地方财政医疗卫生支出(亿元)
2007	19116	115.29
2008	13357	148.61
2009	30571	198.21
2010	30956	249.69
2011	31680	349.86
2012	31050	418.14
2013	30998	475.86
2014	31995	560.93
2015	31925	649.31
2016	32117	712.77

数据来源:中国统计年鉴

Dependent Variable: Y_3
Method: Least Squares
Sample: 2007 2016
Included observations: 10

Variable	Coefficient	Std. Error	t-Statistic	Prob.
C	20339.40	3578.565	5.683675	0.0005
X_3	20.72128	8.199049	2.527278	0.0354

R-squared	0.443948	Mean dependent var		28376.50
Adjusted R-squared	0.374441	S.D. dependent var		6561.009
S.E. of regression	5189.252	Akaike info criterion		20.12342
Sum squared resid	2.15E+08	Schwarz criterion		20.18394
Log likelihood	-98.61712	Hannan-Quinn criter.		20.05704
F-statistic	6.387136	Durbin-Watson stat		1.471881
Prob(F-statistic)	0.035405			

图8　医疗卫生支出线性回归结果

医疗卫生支出与医疗卫生机构数的一元线性回归方程为：

$$Y_3 = 20.72X_3 + 20339.40$$

从可决系数 $R^2 = 0.444$，检验统计量 $F = 6.39$，检验的 P 值为 0.035 来看，所建模型数据拟合度较好，回归方程高度相关，说明医疗卫生支出与医疗卫生机构数之间线性关系显著。从回归方程可以看出，当医疗卫生支出每增加一亿元，医疗卫生机构数会增加 20.72 个单位。从上述分析可以看出，医疗卫生支出从绝对量与相对量上都在不断增长，这表明江苏省政府在保障民生方面日趋注重。评价一个政府绩效的高低，国民收入是一个很好的经济指标，但近年来，人民的生活幸福指数高低、医疗保障是否到位也越来越成为大众关注的焦点。2009 年国务院新医改意见发布以来，如何有效减轻居民就医费用负担，切实缓解"看病难、看病贵"以及建立健全覆盖城乡居民的基本医疗卫生制度，为群众提供安全、有效、方便、价廉的医疗卫生服务成为各地政府医疗卫生支出结构改革的重点与方向。[1] 江苏省医疗卫生保障支出近十年在不断增长，但其所占比重大约在 7% 左右，对于民众的需求来说，仍然占比较低，江苏省政府仍应继续加大对医疗卫生支出的投入，真正让大众生得起病、就得起医。

4. 社会保障和就业支出

为了分析社会保障和就业支出比重变化是否有效率，此处选取城镇登记失业人数来与之作相关回归。以城镇登记失业人数为因变量 Y_4，以社会保障和就业支出为自变量 X_4，输出结果见表 6、图 9：

表 6　江苏省社会保障和就业支出与失业人数

年份	城镇登记失业人数（万人）	地方社会保障和就业支出（亿元）
2007	39.26	212.53
2008	41.09	231.52
2009	40.74	299.17
2010	40.65	364.48
2011	41.45	481.65
2012	40.47	557.77
2013	37.61	631.15
2014	36.57	709.59
2015	36.01	838.06
2016	35.21	897.93

数据来源：中国统计年鉴

---

[1]　资料来源于《中共中央国务院关于深化医药卫生体制改革的意见》。

```
Dependent Variable: Y4
Method: Least Squares
Sample: 2007 2016
Included observations: 10
```

Variable	Coefficient	Std. Error	t-Statistic	Prob.
X4	-88.22445	20.20349	-4.366792	0.0024
C	3954.845	787.3187	5.023182	0.0010

R-squared	0.704458	Mean dependent var	522.3850
Adjusted R-squared	0.667515	S.D. dependent var	246.2707
S.E. of regression	142.0034	Akaike info criterion	12.92644
Sum squared resid	161319.8	Schwarz criterion	12.98695
Log likelihood	-62.63218	Hannan-Quinn criter.	12.86005
F-statistic	19.06887	Durbin-Watson stat	0.688833
Prob(F-statistic)	0.002391		

图 9　社会保障和就业支出线性回归结果

社会保障和就业支出与城镇登记失业人数的一元线性回归方程为：

$$Y_4 = -88.22X_4 + 3954.85$$

从可决系数 $R^2 = 0.704$，检验统计量 $F = 19.07$，检验的 P 值为 0.002 来看，所建模型数据拟合度较好，回归方程高度相关，说明社会保障和就业支出与城镇登记失业人数之间线性关系显著。从回归方程可以看出，当社会保障和就业支出每增加 1000 元，城镇登记失业人数会减少 88.22 人，可见社会保障支出对减少社会失业率来说十分有效。失业率是衡量政府是否为民执政的一个很重要的标准，近十年来，江苏省社会保障与就业支出都在不断增长，在 2017 年占比达到 9.9% 左右。从全球平均角度来说，世界平均社会保障与就业支出占比约 30%，江苏省社会保障支出虽在逐年增长，但其仍远远低于世界水平。因此，今后仍应继续加大对社会福利方面的支出，积极推进城乡一体化、完善社会保险制度、提高城乡居民生活水平、促进就业、完善收入分配制度等，做到让民众老有所终，壮有所用。

总体而言，江苏省财政支出结构越来越趋于合理化，政府近年来降低了一般公共服务与公共安全的支出，同时加大了在医疗卫生、社会保障、城乡事务等方面比重。在上述主要财政支出占比项目分析中，社会保障与就业支出增加最有效率，这是由于近年来江苏省社会保障与就业支出整体偏低，人民大众对社会福利需求紧张，后期仍需大力增加社会保障的支出；其次较有效率的是医疗卫生支出，随着生活收入水平的提高，民众对健康的需求越来越大，要解决"看病难、看病贵"，江苏省政府仍应继续加大对医疗卫生支出投入的比重;教育支出作为江苏省最大财政支出,从高等院校招生人数方面来说效果不是很明显,教育支出应在保持目前占比的前提下,进一步优化各种教育支出结构,力求做到公平教育、提高素质教育水平。

除以上分析之外,对于科学技术支、文化体育与传媒支出来说,几年来都在不断增长,但都保持在5%以下,在现代社会,寻找科技突破口、加强文化事业发展对促进经济增长、增强国家综合实力、丰富群众精神生活来说尤为重要,江苏省政府应进一步提高科技与文化方面的支出;环保支出近年来比重变化不大,但从绝对规模角度出发,江苏省环保支出从2007年的48.31亿元增加到2016年的285.11亿元,增长了近五倍左右。此外,在"十二五"规划以来,江苏省政府着力加大生态文明建设,不断创新环境经济政策,完善环境制度建设,在这些方面领先于其他省市。

四、江苏省财政支出规模与结构调整方向

习近平在十九大报告中指出,为适应新时代中国特色社会主义现代化,要进一步深化财税体制改革。我国从1998年开始积极实施财政政策,财政支出规模不断扩大。在合理范围内,政府支出规模增加,会促进经济增长,但若政府支出过大,则会产生挤出效应,在一定意义上削弱资源优化配置的格局,造成重复投资、资源浪费。因此,探究政府财政支出对经济增长的作用以及其最优财政支出规模具有重要的意义。另一方面,财政支出结构的不同对经济发展也具有不同的效应,合理的财政支出结构能够促进经济发展、社会公平、提高人民生活水平等;若财政支出结构不合理,那么即使规模增加,也会造成效率低下、资源浪费等问题。

财政支出规模与结构的变动应该满足经济社会发展的需求,让"所费"与"所得"之间具有低投入、高产出的特点。依据上文分析结果,江苏省财政支出规模与结构可从以下几个方向进行调整:

(一)保持财政支出规模合理增长

总的来说,不管从绝对规模还是从相对规模来说,江苏省的财政支出规模都在不断增长,这也符合经济社会发展的要求。但是,财政支出规模的增加应该兼顾经济与社会效益,若一味追求支出规模的增加来达到刺激经济的目的,这无疑会产生民众负担加重。因此,今后财政支出的重点应该是在保持财政支出规模在合理增加的前提下,优化财政支出结构,从而最大限度地发挥财政资金使用效率、发挥财税体制对经济增长的推动作用。

(二)提高行政服务效率

行政服务支出是政府与社会存在与发展所必不可少的支出,但是从另一方面来看,它也是非生产性、纯消费性支出,对经济社会的发展没有明显的刺激作用。而且,如果其增长速度快于财政支出增速,那么,行政服务支出会挤占用于经济与社会事业

的支出，从而阻碍经济增长。江苏省行政服务支出占有较大比重，但近些年来一直在精简财政，从上述分析也可以看出其所占比重在逐年递减。今后，江苏省政府仍应严格控制与管理行政服务支出，让财政支出真正做到取之于民、用之为民。

（三）加大社会保障与医疗卫生支出

江苏省医疗卫生支出以及社会保障与就业支出都在不断增长，这一方面值得肯定。但其所占比重仍然不高，尤其在江苏省这一经济较为发达的地区，政府不应该只满足于经济的增长，要想优化财政体制改革、更好的发挥财政支出的绩效，以后的调整方向应该将大众民众福利纳入改革的重点，不断加大民生投入，通过优化医疗卫生与社会保障支出来加强社会福利、社会保障、促进社会公平、降低失业率更具有现实意义。

（四）进一步优化科技、环保支出

2007—2016 年，江苏省科技支出与环保支出在绝对量上呈现数倍增长，但是结构占比仍然较低，都在 5％之下。今后，江苏省政府应进一步优化科技与环保支出，重视科技与环保给经济带来的长期效应，用科技带动产业发展，让环保支出跑赢GDP，实现经济社会的绿色可持续发展。

第五章　江苏省减税降费对经济增长和财政收入影响分析

在经济增速变慢、结构性供需矛盾的背景下,减税降费作为供给侧结构性改革的重要举措面世。减税降费旨在降低企业经营成本,改善市场的供求,加快推进供给侧改革,促进经济更好的发展。但另一方面,减税降费又会直接地和间接地影响到财政收入规模的变化。实施减税降费政策以来,这一举措是否促进的经济增长?对财政收入究竟带来了什么方向的影响?在促进经济增长和财政收入变动之间是否形成了辩证统一关系?带着这几个问题,本文对江苏省实施减税降费的政策效果展开了研究。

一、文献回顾

国内关于减税降费对经济增长和财政收入的影响的研究主要集中于路径选择、政府税收和收费结构、现状经济数据分析三个方面。

首先,张志强(2013)在《完善我国结构性减税政策的研究》中认为结构性减税政策对财政收入的影响基本上是促进的,但是作用甚微,由于这些政策主要是临时的调控手段且具有时滞性,所以要在路径选择思考,减税配套降费进行。另外,胡媛媛(2014)《结构性减税政策对小微企业发展影响的实证研究》中提出减税降费对小微企业有重要意义,提出优化税制改革重点关注营改增[1]。

其次,政府税收和收费结构方面,冯俏彬(2017)在《中国制度性交易成本与减税降费策略》中指出推进减税降费要结合中国政府收入的结构来看,我国政府收入呈现非税收入占比相较于税收收入占比过高的局面,应该加快税制转型,对收费进行全面清理;张凡(2017)在《中国:减轻企业税费负担是当务之急》指出90%以上的各种税费是由中国企业承担的,税制结构的主体是流转税,使得企业在经济下行压力加大,企业盈利能力变弱的环境下税费负担很重,提出中国应该出台富人税,继续推进营改增,减轻企业负担。

最后,在现状经济数据分析方面,曾金华(2017)《减税降费效应显现财政收入增速趋缓》中用2017年1到6月的财政部统计数据研究分析得出因减税降费政策的实

---

① 胡媛媛.结构性减税政策对小微企业发展影响的实证研究[D].兰州商学院,2014.

施降低了财政收入的增幅。俞军,杨富荣,徐天明(2012)在《关于江苏省减轻企业税费负担的调查》中对江苏省企业税收状况做了全面调查的基础上,通过与周边省市的比较,得出江苏企业收费项目总数比周边省市少,但收费总额、涉企收费数却居首位[①],提出减轻企业税收负担、行政事业性收费及其他费用负担。

国外在中小企业资信评估方面的研究侧重于探索最佳税率、减税导致资本盈利变化等方面。Arnold Zellner 和 Jacques KibambeNgoie(2014)《Evaluation of the Effects of Reduced Personal and Corporate Tax Rates on the Growth Rates of the U. S. Economy》旨在研究减少个人和公司税率对增长率影响的评价,以美国为例探究不同的税率削减如何有助于刺激美国经济而不会对美国的总债务产生不利影响,刺激了联邦税收基础的增长,有助于减少年度预算赤字和联邦债务。

综上,减税降费对经济增长和财政收入发挥了一定的有利作用,亦存在局限性,结合国内外研究理论,分析其带来的影响,为我国进一步推进减税降费政策提供帮助。

二、减税降费的理论基础与实践措施

在新常态的经济情况下,我国政府实行了减税降费的政策,以下论述为实行减税降费的理论基础,进而对经济增长和财政收入的影响分析提供理论依据。

(一)实施积极财政政策的重要方式

在凯恩斯的经典理论提出,在经济不景气时,运用财政政策可以刺激经济发展,公共支出的增加会刺激社会总需求,减税降费成为解决经济危机的主要方式。

减税降费是"相机抉择"财政政策的重要组成部分,降低企业的税费负担和用工成本,使消费需求和投资需求变化,让社会的总需求曲线向右移动,实现总供给和总需求的平衡,社会的经济产出进而得到增加。

(二)供给学派的核心政策

供给学派认为,供给能创造需求,经济刺激能增加供给,提出减税降费是经济刺激的主要方法,是一项核心的经济政策。

税率的变动是经济刺激最有效的因素,过高的税率会抑制生产要素的供给,对此学者提出要减小税率,无论是对家庭个人还是对企业群体,都能降低其成本,进一步扩大经济效益。

---

① 俞军,杨富荣,徐天明.关于江苏省减轻税费负担的调查——江苏与部分省市企业税费负担的比较[J].价格理论与实践,2012(6):20-23.

（三）供给侧改革的重要助推力

由于我国当前国情条件的约束,政府实施减税降费,推进供给侧改革,由生产端开始,对税制结构进行优化,使边际税率降低,解决目前供给总量和结构存在的问题[①]。

供给侧改革是我国宏观经济政策从需求管理到供给管理的一个转变,从生产端解决供给与需求的关系,而减税降费刚好能满足这个条件,一方面减税降费降低了企业经营成本,另一方面又能通过优惠政策促进创新型企业发展,既增加供给总量,又改善需求的结构。

（四）减税降费的政策措施

近年来,各级政府采取了一系列减税降费措施。第一,"营改增"政策在各行业内的全面展开,覆盖生产、流通和消费的环节;第二,提高小微企业减半征收企业所得税的年应纳税所得额,上限由 50 万元加至 100 万元;第三,研发费用加计扣除政策的比例由 50％增加到 75％,取消企业委托境外研发费用不得加计扣除的限制;四是全面清理规范政府性基金和取消停征行政事业性收费,实施后行政事业性收费减少 35 项,全国性政府基金剩余 21 项,中央涉企收费项目剩余 33 项。

从 2018 年 5 月 1 日起,实行财税〔2018〕32 号文件,将制造业等行业增值税税率从 17％降至 16％,将交通运输、建筑、基础电信服务等行业及农产品等货物的增值税税率从 11％降至 10％。统一增值税小规模纳税人标准。已登记为一般纳税人的企业在一定期限内满足条件可以转为小规模纳税人,让更多企业享受到较低征收率计税的优惠。

这些措施实施成效显著,能有效为企业减轻税负,为政府净化财政收入,对经济增长和财政收入带来有利影响。

三、江苏省减税降费成效的实证研究

（一）减税降费对经济增长的影响

对税率和经济增长之间的关系进行理论分析和实证研究。选取 2007—2016 年的江苏地区 GDP 为 Y,税收收入较上一年的差额为 X_1,非税收入较上一年的差额为 X_2,通过 Eviews 建立模型进行研究,表 1 数据计算出差额,表 2 为模型建立的结果分析。

---

① 　杨灿明.减税降费:成效、问题与路径选择[J].财贸经济,2017(9):5-17.

表1　江苏省生产总值、税收收入、非税收入　　　　　　　单位:亿元

年度	地区生产总值	地方税收收入	地方公共财政非税收入	税收收入较上年差额	非税收入较上年差额
2007	26018.48	1,894.77	342.96	516.54	64.51
2008	30981.98	2,278.71	452.70	383.94	109.74
2009	34457.3	2,654.75	574.03	376.04	121.33
2010	41425.48	3,312.61	767.25	657.86	193.22
2011	49110.27	4,124.62	1,024.29	812.01	257.04
2012	54058.22	4,782.59	1,078.10	657.97	53.81
2013	59753.37	5,419.49	1,148.98	636.90	70.88
2014	65088.32	6,006.05	1,227.10	586.56	78.12
2015	70116.38	6,610.12	1,418.47	604.07	191.37
2016	77388.28	6,531.83	1,589.40	−78.29	170.93

数据来源:中经网统计数据库;《江苏省统计年鉴》(2007—2016)。

表2　Eviews回归分析

因变量:Y

方法:最小二乘法

日期:04/23/18　时间:12:42

样本:2007—2016

观测值:10

	系数	标准	t统计量	概率
税收收入 X_1	−16.53163	25.56935	−0.646541	0.5385
非税收入 X_2	53.78342	91.78420	0.585977	0.5763
C	52308.81	18256.39	2.865232	0.0242
可决系数	0.092688	因变量均值		50839.81
调整可决系数	−0.166544	被解释变量标准差		17447.31
标准误差	18844.25	赤池信息准则		22.76913
残差平方和	2.49E+09	施瓦茨准则		22.85990
对数似然比	−110.8456	汉南—奎因准则		22.66955
F 统计量	0.357549	德宾—沃森统计		0.135706
概率(F 统计量)	0.711456			

由以上数据可得，　　$Y = 52308.81 - 16.53163X_1 + 53.78342X_2$

　　　　　　　　　　$(2.865232)(-0.646541)(0.585977)$

　　　　　　　　　　$\overline{R}^2 = 0.092688 \quad F = 0.357549$

从分析结果可以看到,当税收收入每年的差额为负即下年较上年下降时,每减少1个单位,经济 GDP 增长随之增长 16.53 个单位,从 2016 年开始税收收入呈现差额变负的态势。但非税收入从模型上看效果不理想,近年来还是差额持续不降,虽然非税收入增长的同时地方生产总值也是增加,但是在实体经济会背负越来越大的压力。

减税降费一方面减少企业的税费成本,另一方面增强企业经济活力,为稳增长提供动力。国家统计局发布数据显示,我国经济发展态势良好。2018 年 1 月份至 3 月份工业增值税、商业增值税、改征增值税、国内消费税、进口环节税同比分别增长 16.6%、21.1%、22.9%、28%、14.4%,拉高全国财政收入 10 个百分点左右。可见工业、市场消费、进出口行业发展都较快。

当前企业面临着发展和转型的挑战,经营困难日渐加重,减税降费为企业减轻税费负担以实现持续经营发展起到了积极作用。减税降费能刺激经济活动主体进行生产和投资,扩大税基,促进政府财政收入增加与经济增长[1]。

(二)减税降费对财政收入的影响

减税降费对企业产生显著的效果。但是,这项政策也一定程度上导致了地方税收收入的减少,让全国一般公共预算收入增收空间受到限制,影响到了地方财政收入的增长[2]。

表 3　江苏省一般预算公共收入、税收收入、非税收入　　　　　单位:亿元

年度	地方一般公共预算收入(本级)	地方税收收入	地方公共财政非税收入	税收收入占比	非税收入占比
2007	2237.73	1894.77	342.96	84.67%	15.33%
2008	2731.41	2278.71	452.7	83.43%	16.57%
2009	3228.78	2654.75	574.03	82.22%	17.78%
2010	4079.86	3312.61	767.25	81.19%	18.81%
2011	5148.91	4124.62	1024.29	80.11%	19.89%
2012	5860.69	4782.59	1078.1	81.60%	18.40%
2013	6568.46	5419.49	1148.98	82.51%	17.49%
2014	7233.14	6006.05	1227.1	83.04%	16.96%
2015	8028.59	6610.12	1418.47	82.33%	17.67%
2016	8121.23	6531.83	1589.4	80.43%	19.57%

数据来源:中经网统计数据库;《江苏省统计年鉴》(2007—2016)财政收支模块。

基于上表,对表中的数据进行分析,一般公共预算由税收收入和非税收入组成,

---

[1]　王远鸿.2016 年中国财政收支分析及 2017 年展望[J].发展研究,2017(2):22-26.

[2]　曾金华.减税降费效应显现财政收入增速趋缓[N].经济日报,2017-6-13.

作为变量本身有自相关性,计算税收收入和非税收入占总预算收入的占比,财政收入每年呈现总量增长趋势,但是其中的税收收入从 2016 年开始有下降趋势,而非税收入居高不下,2016 年非税收入占财政收入的比重有明显上升。

四、减税降费的制约因素与江苏现状

（一）企业反馈"获得感"不强

我国实行减税降费后,企业普遍反馈其"获得感"不强,主要是因为税负和成本等要素居高不下,政策出台的滞缓,企业享受税收优惠的成本也较高,这样造成政策效果不佳;个别行业在"营改增"实施后税负不降反升,在税收征收环节中重复征税仍然存在;企业现金流由于增值税留抵税款的存在而不畅,公路收费财政票据不能抵扣使得企业物流成本不降[①]。另外,当下中国 90％以上的各种税费是企业承担的,中国的税制结构是以流转税为主体,企业对税费负担率的变化尤其敏感,在当前经济不景气的环境下企业会感觉到税负重[②]。

（二）减税降费加剧财政收支矛盾

减税降费实施后可能会加剧财政收支矛盾。政府要关注到减税、增加支出、赤字和债务几个要素的变化,陷入"三元悖论"的困局[③]。

财政支出方面,财政收入在实施减税降费后增速放缓,同时民生、基础建设项目等支出并不会随之减少,则会让地方财政收入更加艰难。目前地方政府债务仍在增加,财政赤字率也是上升状态。财政收入方面,经济发展的不稳定性和国际环境对财政增收产生一些压力和挑战,新老减税降费措施叠加让财政大量减收。国家重点发展项目都需要财政支持。教育、医疗、养老等领域存在不少短缺,需要加大投入去保障民生。所以,减税降费的实施要处理好财政收支的矛盾,才能发挥最大的效用。

（三）江苏省涉企收费高于周边省份

江苏省的税收规模与周边省份相比较大,但宏观税收负担则较轻,即以税收收入、财政收入计算的宏观税负并不高。但问题在于以政府收入计算的宏观税负偏高[④]。江苏省的收费项目总数和收费项目数与上述省、市相比较少,但是收费总额和涉企收费数与上述省市相比却居首位,可见江苏省一方面应该进一步完善税收制度,

---

① 王朝才,马洪范,封北麟,梁季,陈龙,赵治纲.关于山东、福建两省实体经济减税降费的调查报告[J].财政科学,2017(09):1-12.

② 张凡.中国:减轻企业税费负担是当务之急[J].税收征纳,2017(3):4-6.

③ 邱峰,梁嘉明.减税降费进展及其推进路径[J].国际金融,2017(5):75-80.

④ 俞军,杨富荣,徐天明.关于江苏省减轻税费负担的调查——江苏与部分省市企业税费负担的比较[J].价格理论与实践,2012(6):20-23.

但其空间已经不大,未来应该偏向于出台相关税收优惠政策辅助,另一方面针对政府收费冗余的现象,政府应该侧重于正清税费,降费的空间仍然较大。

五、江苏省推进减税降费的路径选择

(一)积极推进税制改革,进一步减税

对于税制改革,应该综合考虑企业税收负担和财政支出压力,保持积极的财政政策。按照三档并两档的方向,调整增值税税率,重点降低制造业、交通运输等行业税率,降低企业税负,填补现行税制中要素配置的缺陷①。我国政府应继续贯彻营改增政策,出台更多利于民生的税收优惠政策。

税制改革不仅在企业税制方面,更加要惠民生,推进个税改革,将部分项目如工资、劳务报酬等纳入实行年汇总纳税的范围。同时增加与家庭生计有关的开支扣除项目,比如"二孩"家庭的教育支出等,个税改革是财税改革新的突破口。

另外,房产税立法的问题也是税制改革中的关注点,房产税的立法不是用来打压房地产的价格,也不是为了增加地方税种,当下需要整合房地产占交易环节的税收,现在政府应该通过科学民主立法,让房产税成为行业的规范,不能使其成为"恶税"。

(二)加大降费力度,有效降低制度性交易成本

"降成本"是供给侧结构性改革的重点任务之一。制度性成本的降低是当前政府的目标。制度运行的费用一定程度上讲就是政府运行的费用,具体表现为政府支出。从财政的角度而言,当下制度性交易成本量化为政府收入。

近年来,企业反映涉企收费偏多,制度性交易成本偏高。当前,江苏省涉企收费仍存在不小的降费空间,财政部出台了一系列的降费减负政策,同时,国家开展专项检查确保政策的有效实施。在当前形势下,为企业减负尤其重要。企业成本包括制度成本、财务成本、管理成本等,政府可以鼓励帮助企业降低其管理成本;通过减少审批环节、行政体制改革等方式减少制度成本;财务成本包括银行利息和收费等,需要严格控制财政收支预算来解决②。

推进降费改革要以"正税清费"思路进行。对不同性质的费用应该采取不同的方法整合。属于一般性收费的应经过审批;具有税收性质的基金可合并纳入税收管理体系;对于价外加收和付费性质的应通过归到价格中让价格来体现;对于重复收取、搭车收取的应取消停征。同时要推进行政审批制度改革,利于民生又防止不必要收费的滋生。同时降费应关注行政性收费和政府性基金,减少不必要的收费。

---

① 刘伟,蔡志洲.经济增长新常态与供给侧结构性改革[J].求是学刊,2016(1):56-65.
② 蒋冬梅.减税降费激活实体经济[N].中国商报,2017-3-9.

(三)重点促进创新创业

除了减税和降费两方面,还可以通过其他辅助方式推进。促进创新创业是一个路径,"大众创业、万众创新"这一战略性举措①的出台,针对小微企业,政府提出优化税制改革,扩大营改增②,完善税收优惠政策,让小微企业的发展有后盾。另外,应该出台一些对创业投资的税收支持政策,增强对创新性企业的税费减免力度,为其营造良好的政策环境。

除此之外,国家还应重点支持高新技术产业的发展,用一定的税收优惠政策鼓励企业向创新型、研发技术型转型。创新创业是一个契机,作为辅助方式促进减税降费政策进一步落实。

综上所述,减税降费政策的实行让我国经济结构优化升级,经济运行保持稳中向好的态势,同时优化税收收入质量,财政收入增长。本文就目前的研究总结,有不尽完善的地方,需要日后多看多思考去补充。

---

① 张蕊.减税降费政府收入"减法"换来经济发展新功能[J].中国财政,2017(4):8 - 10.
② 胡媛媛.结构性减税政策对小微企业发展影响的实证研究[D].兰州商学院,2014.

第六章 "营改增"对江苏财政收入的影响研究

一、"营改增"的改革背景

所谓的"营改增"指的就是把营业税改为增值税，扩大增值税的征收范围。1994年工商税制改革建立起增值税和营业税并行的流转税制度，对于销售或者进口货物、提供应税劳务、加工和修理修配劳务等范围内的征收增值税，而对于不动产转让、无形资产转让以及除加工和修理修配以外的其他劳务则征收营业税。随着我国经济市场化和国际化程度日益提高，新的经济形态不断涌现，货物和劳务的界限日趋模糊。与制造业的增值税相比，对服务业征收营业税的负面效应也变得日益突出起来。

（一）服务业的税负较高

服务业除了交通运输业、建筑业、邮电通信业和文化体育业的营业税税率为3%以外，餐饮业、广告业等其余服务业的税率为5%，而部分娱乐业税率竟然高达20%。相比制造业，服务业税负明显偏高，制约了服务业的发展。

（二）存在重复征税，不利于专业化分工

服务业按照营业额缴税，但是提供劳务也需要消耗其它货物和劳务，这部分消耗实际上已经缴纳了增值税或营业税，因此存在重复计税问题。

营业税与增值税两税并行的混乱管理，对于我国财政税收体系，经济结构转型、经济健康快速发展都造成了极大的不利影响。因此，"营改增"发展服务业，激活市场的必然之路。

从2012年1月1日起，在上海交通运输业和部分现代服务业开展营业税改征增值税试点。2013年8月1日起"营改增"全国推行后，"营改增"范围推广到对"1+7"行业全面推开。"1"即交通运输业；"7"即现代服务业的七个行业，包括研发和技术服务、信息技术服务、文化创意服务、物流辅助服务、有形动产租赁服务、鉴证咨询服务、广播影视服务。税率将在现行增值税17%标准税率和13%低税率基础上，新增11%和6%两档低税率；有形动产租赁适用17%税率，交通运输业适用11%税率，其他部分现代服务业适用6%税率；小规模纳税人提供应税服务增值税征收率为3%。从2016年5月1日起，我国全面实施营业税改征增值税，试点范围扩大到建筑业、房

地产业、金融业、生活服务业，并将所有企业新增不动产所含增值税纳入抵扣范围，确保所有行业税负只减不增。

二、"营改增"影响地方财政的理论分析

"营改增"后，服务业企业的购进货物或劳务可以抵扣，重复征税消除，企业税收负担减轻。而作为财政收入的主力军—税收将产生变化，从而对财政收入，尤其是地方财政收入将产生影响。

（一）对地方财政收入的不利影响

税收能够增加财政收入，提高国家宏观调控的能力。根据现行分税制体制，我国的营业税是地方税，主要对第三产业征收，税收收入归地方所有，是地方政府的主要税收收入；增值税是中央地方共享税，主要对第一和第二产业征收，分享比例是中央75％、地方25％。对于征收来说，营业税由地税局征收，增值税则由国税局征收。而"营改增"将服务业的营业税改为增值税征收，将会使地方财政收入减少，对地方财政收入产生影响。这种不利的影响形象地说就是，被收上去的营业税多，被重新分到的增值税少。

"营改增"后，对增值税一般纳税人而言，可以进行进项税抵扣。这将会鼓励更多企业从企业利益最大化方面考虑而改变企业组织结构，减少缴纳增值税，从而减少地方政府收入。同时原增值税一般纳税人企业在"营改增"后，购进服务可获得较以前更多的进项税抵扣，如运费抵扣由原来的7％上升到11％，因而会减少缴纳的增值税，相应减少地方财政收入。随着增值税收入的下降，城建税和教育费附加作为流转税的附税，其收入也会相应降低。

营业税是地税收入增长的主力军。"营改增"扩大范围后，地税收入中营业税将全部或大部分丧失，企业所得税因新增企业随着"营改增"变为国税征管而失去新的增长空间。如：广告业的文化建设事业费将发生转移。随着"营改增"后，主体税种增值税征收权转移到国税，文化建设事业费也转移到国税，减少地方税收。

由此可见，"营改增"对地方财政收入的影响，与改革范围、不同地区的服务业发展水平和结构，以及地方经济发展水平和财政承担能力密切相关。推广过程中，对税负增加的企业，地方政府采取由地方财政设立专项资金、给予财政补贴的做法，缓解和消化改革增加的税负，顺利推进改革。但财政补贴将加重了财政负担，增加财政支出。发达地区服务业较为发达，财政承担能力较强，补贴能力较强，服务业发展潜力大。而欠发达地区财政承担能力相对较弱，改革后通过服务业发展来增加税收收入的潜力也较弱。

（二）有利影响

"营改增"能够减少营业税重复征税，使市场细化和分工协作不受税制影响，减轻

企业税负,增强企业活力,从而带动其他税种的增税。"营改增"的实施能够降低重复征税,这样可以减少税收制度对市场细分和分工的影响,降低企业的税收负担,增强企业的活力,从而导致其他税收收入增加。所以说,长期来看,营改增优势明显。"营改增"后将加大服务业的发展力度,促进企业调整产业结构,完善和延伸二、三产业增值税抵扣链条,促进二、三产业融合发展,带动试点行业及上下游企业互相作用、共同发展,促进各类投资和生产要素向现代服务业聚集,减少财政收入随工业经济的波动性,增强地方财政收入的稳定性。调整产业结构,促进企业发展转型,并且能够使财政收入稳定增长。

三、江苏省"营改增"对地方财政收入影响分析

自 2016 年 5 月份开始,江苏省四大行业开始被纳入"营改增"试点,分别为房地产业、金融业、服务业和建筑业。而到了 2017 年 4 月底为止,这四大行业在"营改增"的推动下,累计减税 170 多亿元,"营改增"成为推动我省经济转型升级的新动能。根据江苏省国税局公布的数据,2016 年江苏省营改增四大试点行业 5—12 月累计减税 120 多亿元,税负下降 14.3%,真正做到了"所有行业税负只减不增"。营改增减税降负为江苏经济发展增添了新的动力。从 2012 年"营改增"试点正式启动到 2016 年底,江苏省"营改增"减税效应明显,减税规模超过 1000 亿元。根据数据显示,减税规模中试点纳税人达到了 430 亿元,另外一些非试点纳税人利用扩大增值税抵扣范围的方式,也达到减税600 多亿元。目前,营改增的减税效应还在持续释放。

(一)分行业"营改增"财政收入变动分析

自 2012 年之后,新一轮税制改革进一步深入,"营改增"政策试点稳步推进,并在 2016 年 5 月全面实施。江苏作为中国首批试点省份之一,积极配合政策的实施。截至 2016 年底,江苏省"营改增"累计税收减免已超过 1000 亿元,仅 2016 年就已明显减税,减税 469.8 亿元。实施"营改增"政策,有效降低了实体经济的经营成本和税负,对减少江苏产业链发挥了巨大的积极作用。虽然有效的减税措施迅速推进,但江苏的财政收入持续稳定增长,总量继续上升。2016 年,全省一般公共预算收入较 2012 年增长近 40%,2013 年到 2015 年这三年,公共预算收入分别超过 6000 亿元、7000 亿元、8000 亿元,年均增长 8.5%。

表 1 江苏省 2011 年—2016 年税收收入及其构成 单位:亿元

年份	税收收入	增值税	增值税占比	营业税	营业税占比	一般公共预算收入	税收占一般公共预算收入比重
2011	4123.52	650.8	15.80%	1260.6	30.60%	5147.89	80.10%
2012	4782.59	708.75	14.80%	1659.67	34.70%	5860.69	81.60%

（续表）

年份	税收收入	增值税	增值税占比	营业税	营业税占比	一般公共预算收入	税收占一般公共预算收入比重
2013	5419.49	859.26	15.90%	1872.41	34.50%	6568.46	82.50%
2014	6006.05	987.54	16.40%	2084.66	34.70%	7233.14	83.00%
2015	6610.12	1046.92	15.80%	2442.82	37.00%	8028.59	82.30%
2016	6531.83	1974.58	30.20%	1325.14	20.30%	8121.23	80.40%

图1 2011年—2016年一般公共预算收入

根据表1，营业税是江苏省的主要税收收入，营业税在江苏省的税收占比超过30%。2016年改革后，增值税收入显著增加到30%，大大超越了营业税，成为江苏省税收的主要税收收入。但是从2016年开始，税收收入也有所下降，结构性减税也起到了一定作用，减缓了财政收入的稳步增长。

表2 2011年—2016年江苏省一般预算收入及其同比增长速度

	2011年	2012年	2013年	2014年	2015年	2016年
一般预算收入	5148.91	5860.69	6568.46	7233.14	8028.59	8121.23
同比增长速度	26.20%	13.82%	12.08%	10.12%	11.00%	1.15%

根据表2的计算结果可知，2012年江苏省开始实施营改增试点，2012年江苏省财政收入同比增长速度降低至近一半，而后保持11%—13%的增长速度，直至2016年"营改增"全面实施后，同比增长速度直线下降。财政收入与上年相比几乎无明显变化。可见，"营改增"的实施对于江苏省财政收入的影响非常大。

服务业的税收量高于房地产业和金融业。党的十八大以来，我省加速经济转型，加快服务业发展速度，提高第三产业在江苏省经济和产业中的比重，江苏省地方税收收入稳步增长，2014年突破1万亿元（不包括海关代征两税，车辆购置税）。2016年全省税收收入 11855 亿元。据行业统计,第一产业的税收收入为 7.6 亿元,第二和第三产业分别为 6178.4 亿元和 5669 亿元。第二产业仍然是收入最高的行业,在总税收占比超过 1/2,比 2012 年下降了 2.7 个百分点。第三产业的税收贡献逐年增加,从 2012 年的 45% 上升到 2016 年的 48%。其中,房地产业和金融业显著增长。

(二)不同性质企业的"营改增"财政收入变动分析

随着经济结构调整的加速推进、非公经济日渐成为江苏经济增长的主要推动力量,股份企业税收实现快速增长。2016 年,全省股份企业税收收入 4721.1 亿元,四年间年均增长 11.4%,比重由 2012 年的 30.7% 提高到 2016 年的 36.2%。受国内外经济形势影响,江苏外商港澳台投资企业及私营个体税收增势放缓,比重回落。2013—2016 年,江苏外商及港澳台投资企业、私营个体税收年均分别增长 4.4% 和 6.2%,2016 年占国地税税收收入的比重分别为 26.1% 和 22%,比 2012 年分别回落了 2.6 个和 0.6 个百分点。国有集体企业税收比重继续下降,2016 年占全部税收比重为 15.5%,比 2012 年下降 2.1 个百分点。

(三)不同产业分地区"营改增"财政收入变动比较分析

"营改增"在全国范围内全面实施,推动了第三产业的发展,促进产业优化升级,但是江苏省不同地区经济发展水平和基础存在较大差距,苏南和苏北地区贫富差距较大,苏南和苏北贫困县的比例约为 1:4,营改增的财政收入效应也因此得到了不同程度的体现。在一定程度上对产业结构的优化和经济的增长起到推动作用,

根据江苏省 2010—2015 年统计年鉴所得的数据分别分析江苏省全省 GDP 和江苏省三大产业的 GDP,整合如表 3 所示:

表 3　2010—2015 年江苏省 GDP 和江苏三大产业值

年份	全省 GDP	第一产业		第二产业		第三产业	
		生产总值(亿元)	占比(%)	生产总值(亿元)	占比(%)	生产总值(亿元)	占比(%)
2010	41425.48	2540.1	6.1	21753.93	52.5	17131.45	41.4
2011	49110.27	3064.78	6.3	25203.28	51.3	20842.21	42.4
2012	54058.22	3418.29	6.3	27121.95	50.2	23517.98	43.5
2013	59753.37	3469.86	5.8	29086.08	48.7	27197.43	45.5
2014	65088.32	3634.33	5.6	30854.5	47.4	30599.49	47
2015	70116.38	3986.05	5.7	32044.45	45.7	34085.88	48.6

根据表 3,2012 年实施"营改增"政策之后,第一、第二产业生产总值和 GDP 占比逐年下降,而第三产业 GDP 占比逐年上升,并且在 2015 年超过了第二产业生产总值,成为江苏省经济发展的主力。由此可见,"营改增"有效促进了第三产业的发展,

调整江苏省产业结构,促进产业结构升级。

1. 苏南、苏北地区产业结构比较

江苏省主要划分为苏南和苏北两个区域,苏南较于苏北,在经济和现代化程度上都略微突出,一方面是由于地理位置,另一方面也受历史因素和产业的发展情况影响。根据江苏省 2010—2015 年的统计年鉴,通过整合计算江苏省苏南和苏北两大不同区域的产业结构及其对应占比,得出如下结果,如表4和表5所示。

表4 2010—2015 年江苏省苏南地区产业结构

年份	第一产业		第二产业		第三产业	
	生产总值(亿元)	占比(%)	生产总值(亿元)	占比(%)	生产总值(亿元)	占比(%)
2010	584.33	2.32	13594.77	53.98	11006.28	43.7
2011	677.56	2.29	15669.93	52.88	13287.61	44.84
2012	759.5	2.28	17205.36	51.54	15416.8	46.18
2013	834.79	2.29	18307.79	50.32	17243.29	47.39
2014	816.27	2.1	18651.56	47.9	19473.43	50.01
2015	865.26	2.08	19402.3	46.73	21251.2	51.18

表5 2010—2015 年江苏省苏北地区产业结构

年份	第一产业		第二产业		第三产业	
	生产总值(亿元)	占比(%)	生产总值(亿元)	占比(%)	生产总值(亿元)	占比(%)
2010	1222.69	13.71	4258.78	47.74	3438.9	38.55
2011	1388.65	12.92	5146.24	47.9	4209.43	39.18
2012	1545.77	12.69	5783.58	47.47	4853.59	39.84
2013	1688.31	12.45	6360.48	46.91	5510.09	40.64
2014	1758.38	11.61	6937.53	45.79	6455.58	42.61
2015	1869.76	11.29	7445.52	44.95	7249.03	43.76

根据表4和表5江苏省苏南和苏北的产业结构对比,可以看出,苏南地区第一产业生产总值占比较小,在 2% 左右,并且逐年下降,而第三产业在营改增之后占比逐年上升并且在 2014 年首次突破第二产业生产总值,达到了 51.18%,第二产业为46.73%,三大产业结构较为合理。将其与苏北地区产业结构相比较,苏北地区第一产业在三大产业中的占比始终高于 10%,占据一定经济地位,"营改增"政策实施后,虽然第一第二产业生产占比持续下降,第三产业逐年上升,但是仍未超过第二产业,第二产业占比略高于第三产业,苏北地区的产业结构仍然存在一定的不合理性。虽然苏北地区第三产业发展不如苏南地区,但是仍以较快速度发展,在这种发展趋势

下,苏北地区的产业结构调整能够为以后打下良好的基础,进一步带动经济发展。

2. 苏南、苏北地区服务业增长速度比较

根据2010—2015年江苏省统计年鉴,分析计算江苏省苏南地区和苏北地区服务业的生产总值及其增长速度,得出数据如下表。

表6 2010—2015年江苏省苏南和苏北第三产业产值和增长速度

年份	苏南服务业		苏北服务业	
	生产总值(亿元)	增长速度(%)	生产总值(亿元)	增长速度(%)
2011	13287.61	1.21	4209.43	1.22
2012	15416.8	1.16	4853.59	1.15
2013	17243.29	1.12	5510.09	1.14
2014	19473.43	1.13	6455.58	1.17
2015	21251.2	1.09	7249.03	1.12

根据表6计算所得的数据来看,苏南服务业生产总值大大高于苏北地区的服务业,甚至达到了苏北地区的3倍以上,苏南地区和苏北地区经济存在一定差距,这种情况受到很多方面的影响,比如说不同发达程度地区的人们的观念、地理位置、自然资源和历史因素。但是,由于"营改增"的实施,苏南地区和苏北地区的服务业都在快速发展,生产总值迅速提高。苏南和苏北服务业发展速度基本保持持平,但是仍有略微差别。2013年,苏北地区服务业生产总值增长速度开始超过苏南地区的速度,可以看出,对于苏南和苏北这两个经济水平有一定差距的区域来说,"营改增"对于第三产业的影响使得服务业快速发展,并且在苏北地区的增长更为明显,效应更好,长此以往,有利于今后苏南、苏北地区经济差距的减小,促进苏南苏北共同发展,缩小两地贫富差距。

(四)"营改增"对地方财政收入的影响分析

根据江苏省统计局的数据分析,财政收入一般主要由税收收入和非税收收入构成,税收收入占江苏省收入超过百分之八十。在营业税被取消之前,作为地方税收的主要构成部分,它在江苏省的地方税收中占有重要的地位。

江苏省营业税,在2012年以前税收收入占比逐年上升,但2012年营改增,使得营业税占地方税收比重开始呈现下降趋势。因此,"营改增"对江苏省财政收入和经济发展具有重要影响。2015年,全省营业税收入高达2442.82亿元,同比增长17.2%,占全省地税税收收入42.5%,占全国营业税总收入12.7%,增速高于全国近9个百分点。其中房地产业、建筑业、金融业、生活服务业及其他营业税分别完成928.07亿元、665.81亿元、346.12亿元、502.8亿元。

2012年国地税税收结构

国内增值税(含营业税)
国内消费税
企业所得税
个人所得税
其他

2016年国地税税收结构

含营业税
国内消费税
企业所得税
个人所得税
其他

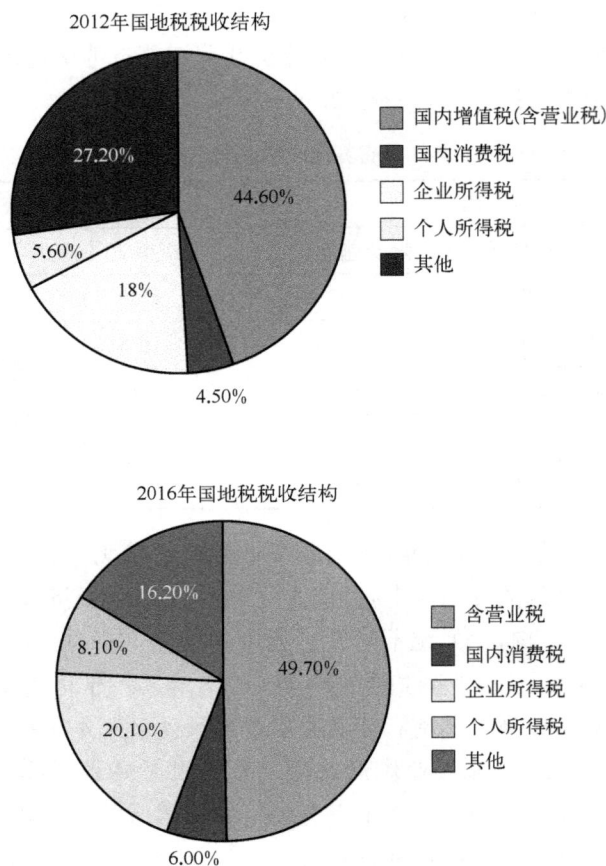

图2 2012—2016 年国地税税收结构

"营改增"之后地方税收结构主要表现在主体税种贡献提升,流转税稳步增长。

一是流转税中国内消费税较快增长,增值税(含营业税)贡献明显提升。2016年,全省国内消费税收入 710.3 亿元,四年间年均增长 11.9%;国内增值税(含营业税)收入 5890.2 亿元,年均增长 7.2%,在"营改增"政策性因素影响下仍保持了较好增长,2016 年国内增值税(含营业税)占国地税税收的比重达到 49.7%,比 2012 年提高了 5.1 个百分点,对税收增长的贡献显著提升。二是收益类税收收入中个人所得税增势较好,企业所得税个位数增长。2016 年,全省个人所得税收入 955.9 亿元,四年间年均增长 14.3%;企业所得税收入 2378.8 亿元,年均增长 7.3%。这两项合计占公共预算收入的 28%左右,较 2012 年来说,增长了约 4.6 个百分点。三是小税种税收较快增长。2016 年,房产税、土地增值税分别完成 256.6 亿元、480.6 亿元,四年间年均分别增长 12.4%和 10.9%。

表7 2011—2016年江苏省主要税收收入及其税收比重　　　　单位:亿元

指标	2011 年	2012 年	2013 年	2014 年	2015 年	2016 年
一般预算收入	5148.91	5860.69	6568.46	7233.14	8028.59	8121.23
税收收入	4124.62	4782.59	5419.49	6006.05	6610.12	6531.83
增值税	650.8	708.75	859.26	987.54	1046.92	1974.58
营业税	1260.6	1659.67	1872.41	2084.66	2442.82	1325.14
企业所得税	731.17	745.88	763.66	821.04	917.58	978.81
个人所得税	237.74	224.22	264.88	306.33	360.89	382.37
城市维护建设税	270.82	309.93	339.53	376.15	421.46	433.98
房产税	121.39	160.88	192.84	228.73	248.01	256.6
土地增值税	256.97	317.17	405.79	444.89	437.01	480.58
耕地占用税	54.33	57.96	42.91	34.74	31.76	26.63
契税	319.78	332.84	383.75	401.69	370.11	335.4
增税比重	15.80%	14.80%	15.90%	16.40%	15.80%	30.20%
营税比重	30.60%	34.70%	34.50%	34.70%	37.00%	20.30%
企所比重	17.70%	15.60%	14.10%	13.70%	13.90%	15.00%
个所比重	5.70%	4.70%	4.90%	5.10%	5.50%	5.90%

　　如表7所示,营业税在2015年以前,一直是江苏省所占比重最大的税种。在2011年至2015年这五年中,营业税比重逐渐增大,并且增长速度较快,可见营业税在财政收入中是重要的一部分。2016年营改增在江苏省全面实施,营业税比重骤减至20%,增值税比重增长近两倍,首次超过营业税,成为江苏省税收收入的主体税种。虽然营改增全面实施,但是由于增值税属于中央地方共享税,中央分享和地方分享之比为3:1,地方分成比例仅占据了1/4,这在一定程度上会造成地方政府财政收入的减少,为了弥补地方财政收入的损失,缓解"营改增"对地方财政的冲击,2016年5月1日后,国家将增值税中央地方分享比例调整为1:1,即五五分成。

四、政策建议

　　"营改增"最直接的影响是对地方财政收入的影响,一方面,地方政府要积极推动地方经济发展,赋予区域产业更多自治权和优先地位,另一方面,保持政府的适度干预和监管,同时又要加强宏观调控,让市场经济自由发展,促进区域经济发展将来推动整个经济的发展,抓住"营改增"的发展机遇,制定配套发展战略。

(一)重建地方主体税种

　　"营改增"政策全面实施之后,作为地方主体税种的营业税由增值税替代,此时必然面临着地方主体税种缺失的问题。而增值税由于中央地方分享，并且存在进项税抵扣等，管理较为混乱，可能会减缓地方财政收入的增长速度。因此，重建地方主体税种，弥补地方财政收入缺口迫在眉睫。而由于江苏省属于我国东部经济发达地区，考虑到江苏省经济发展情况和实际情况，除了增值税以外，可以增加消费税、企业所得税作为地方主体税种，保持财政收支平衡，促进财政收入稳定增长。同时，为了兼顾地方的利益，江苏省政府应当做到加强管理。

（二）拉动江苏省经济快速发展

江苏具有地理位置、历史人文等多方面优势，处于长江中下游，资源丰富，文化久远，水网纵横。因此，江苏应该利用这些优势寻求发展。"营改增"政策的实施一定程度上会影响地方财政收入的增长，甚至可能会造成财政收入下降，为了弥补财政收入缺口，宏观上可以拉动江苏省的经济快速发展，从而带动财政收入的增长，我们要优先发展金融服务业，大力发展现代服务业和企业，实现从单一现代化到全面现代化的转变。

（三）切实加快增值税立法进程

增值税立法是"营改增"成功运行的根本保证。"营改增"试点扩大必须与立法紧密结合。增值税立法能够保证"营改增"政策快速、有效地开展开来。一是加强参考。增值税是世界上使用最广泛的税种之一。对各国增值税立法现状进行深入调查和分析，并认真借鉴实践经验。第二，完善制度。我们将认真总结试点实践中的成功实践和经验，努力形成科学的标准和统一高效的管理体系。三是加快立法步伐。使发展和改革能够结合起来，互相融合，共同加快增值税立法进程，加快"营改增"的步伐，在法治、科学的轨道上，为发展模式的根本转变提供强有力的支持。

（四）缩小苏南、苏北地区经济差距

"营改增"政策能够减轻企业税收负担，促进产业结构调整优化升级，协调地区经济的发展，从而达到保持财政收入稳定增长的作用。根据江苏省的实际情况，苏南苏北两地区经济还存在一定差距，苏北地区经济仍处于较为落后的状态，由于苏北地区第一产业还存在一定比重，在今后的发展中，应当做到大力扶持苏北地区产业和经济，加速一些企业的转型升级，提供一定的优惠政策，有效对现代服务业实现降负，争取缩小苏南、苏北地区的经济差距，完善产业结构，保持江苏省经济和财政收入的稳定增长，让"营改增"带来的财政收入的正面效应得到最大化的体现。

第二篇　财政民生篇

第七章 江苏省2016年教育支出分析

一、2016年教育事业进展情况

(一)2016年江苏教育发展规模、整体水平和综合实力稳居全国前列

截至2016年底,江苏全省有幼儿园6867所,在园幼儿数257.22万人,招生数90.2万人。小学4036所,在校生522.2万人;招生数93.5万人。普通初中2121所,在校生194.95万人;招生数70.2万人。普通高中571所,在校生95.15万人。中等职业学校(不含技工学校)235所,在校生65.25万人。普通高等教育学校141所,在校生190.74万人,其中研究生16.15万人,普通本专科174.58万人;招生数50.6万人,其中研究生5.3万人。

(二)2016年江苏全方位推进教育改革发展,教育质量和教育公平进一步提升

1. 人均受教育年限达9.5年,各级入学率稳步提高

2016年,全省6岁及以上人口平均受教育年限达9.5年。学龄儿童入学率、小学在校生巩固率、初中阶段毛入学率、九年义务教育巩固率多年来一直保持100%,男女生接受义务教育的性别差异已消除。高中阶段毛入学率达99.2%,高等教育毛入学率达54.7%,学前三年毛入园率达97.8%。

2. 基础教育优质发展实现新突破

学前教育规模持续扩大。全面实施第二期学前教育五年行动计划,新建改扩建幼儿园606所,新增省优质园349所。公办幼儿园占全部幼儿园比例一直稳定在65%左右。义务教育优质均衡发展。义务教育城乡间、学校间条件均衡化比例达100%。推进义务教育学校标准化建设和监测工作,新开工改薄项目学校741所,新增竣工项目学校160所,32万名中小学教师参与"一师一优课、一课一名师"活动,部级优课获奖数蝉联全国第一。

3. 职业教育和社会教育创新发展取得新成绩

公布中高职"3+3"分段培养项目390个、中职与本科"3+4"分段培养项目96个,首批认定44个职业学校现代化专业群,实现信息化教学大赛"六连冠"。在2016年全国职业院校技能大赛中,江苏省中职、高职金牌数和总分双双获全国第一,实现

"八连冠"。新增全国社区教育示范区 3 个、实验区 5 个,建设首批教育服务"三农"高水平示范基地 23 个。建成市级开放大学 12 所、县级开放大学 57 所,开放大学挂牌率达 95%。

4. 高等教育稳步提高,内涵发展迈上新台阶

82 所高校招收 3.26 万名外国留学生,同比增长 26%,为历年最高。新增本科专业(点)110 个,23 所高校的 97 个学科进入 ESI 全球同类学科前 1%,进入机构数和学科数分列全国第一和第二。全省高校获教育部高校科学研究优秀成果奖(科学技术)86 项,跃居全国第一。2016 年,江苏省高等教育内涵建设核心指标在全国名列前茅,13 个一级学科位列全国同类学科第一,占全国的 13.7%。

5. 教师学历得到提升,创新能力不断加强

建设一支素质高、业务精的专任教师队伍。2016 年,江苏普通高等学校专任教师中博士研究生占 31.8%,副高级以上职称教师比例 47.2%,普通高中专任教师中研究生占 14.2%;普通初中专任教师中本科生占 95%。高校在创新驱动发展中发挥引领支撑作用。2016 年江苏高校共有研发机构 702 个,出版科学专著 418 部,全省高校获教育部高校科学研究优秀成果奖(科学技术)86 项,跃居全国第一。高校应用研究开发成果转化率 80% 以上。

6. 教育体系制度建设不断推进完善

2016 年 3 月新世纪第三次江苏省教育工作会议召开,印发了《关于深入推进教育现代化建设,努力办好人民满意教育的意见》,提出"一达到、两提高"目标,到 2020 年要实现:教育主要发展指标达到教育现代化水平,人民群众对教育的满意度显著提高,教育对经济社会发展的贡献度显著提高。6 月《江苏高水平大学建设方案》正式印发,方案既对接国家层面的"双一流"方案,同时积极适应全省经济社会发展和高等教育改革发展实际,体现江苏特色,明确提出到 2020 年,15 所以上高校进入全国百强。省政府要求各地在 2016 年 6 月底前必须出台本行政区域内《乡村教师支持计划实施方案》,并报上一级教育体制改革领导小组备案。

《江苏省"十三五"教育发展规划》8 月份印发,涵盖教育发展面临的形势、指导思想和战略目标、主要任务、重大试验区与工程建设、保障措施等五个部分。同月,《江苏教育现代化监测指标》再次修订并出台,将教育保障度列为 8 个一级指标之一,财政教育支出预算增长比例、财政教育支出占公共财政支出的比例、全社会教育投入增长比例、各级教育生均公共财政教育事业费在全国省份排名等 4 个二级指标共计在百分考核机制中占 7 分。省教育投入在全国率先实现了各教育阶段生均财政拨款标准和经费保障机制的全覆盖,先后制定了各个教育阶段的生均财政拨款(或生均公用经费财政拨款)省定基准定额,并根据发展需要、物价变动、财力可能等因素建立动态调整机制,要求县级财政制定本地执行标准时不低于省定基准定额等,有效促进了各级财政加大教育投入。

二、2016 年教育投入分析

（一）2016 年江苏省地方教育经费执行情况

1. 全省地方教育经费情况

2016 年,全省地方教育经费总投入 2402.09 亿元,比上年增加 155.71 亿元,增长 6.93%。

（1）2016 年全省国家财政性教育经费（主要包括公共财政预算安排的教育经费、政府性基金预算安排的教育经费、企业办学中的企业拨款、校办产业和社会服务收入用于教育的经费等）1923.37 亿元,比上年增加 104.28 亿元,增长 5.73%。其中,公共财政预算安排的教育经费 1902.86 亿元,占 98.93%;政府性基金预算安排的教育经费 9.87 亿元,占 0.51%;企业办学中的企业拨款 0.25 亿元,占 0.01%;校办产业和社会服务收入用于教育的经费 2.49 亿元,占 0.13%;其他属于财政性教育经费 7.89 亿元,占 0.41%。列表如下:

表 1　2016 年全省国家财政性教育经费情况表　　　　　　单位:亿元

年份	合计	公共财政预算安排的教育经费	政府性基金预算安排的教育经费	企业办学中的企业拨款	校办产业和社会服务收入用于教育的经费	其他属于财政性教育经费
2015	1819.09	1805.95	4.62	0.32	1.40	6.80
2016	1923.37	1902.86	9.87	0.25	2.49	7.89
增长（%）	5.73	5.37	113.64	−21.88	77.86	16.03

（2）民办学校中举办者投入 13.69 亿元,比上年增加 9.18 亿元,增长 203.55%。

（3）捐赠收入 9.21 亿元,比上年增加 2.73 亿元,增长 42.13%。

（4）事业收入 382.85 亿元,比上年增加 27.18 亿元,增长 7.64%。其中:学费收入 305.41 亿元,比上年增长 29.27 亿元,增长 10.60%。

（5）其他收入 72.98 亿元,比上年增加 12.36 亿元,增长 20.39%。

2. 落实教育法规定的"三个增长"情况

（1）各级政府公共财政教育支出增长情况

2016 年,全省公共财政教育支出（包括教育事业费、基建经费、教育费附加）1841.94 亿元,比上年增长 5.64%;全省财政经常性收入为 7288.32 亿元,比上年增长 3.57%,公共财政教育支出增长高于财政经常性收入增长 2.07 个百分点。有 3 个设区市和 4 个县（市）公共财政教育支出的增长低于财政经常性收入的增长。

（2）各类教育生均公共财政预算教育事业费支出增长情况

2016 年,全省各级教育生均公共财政预算教育事业费支出全面增长。

幼儿园生均支出 4792 元,比上年 4384 元增加 408 元,增长 9.29％。其中:农村幼儿园生均支出 3235 元,比上年减少 46 元,下降 1.40％。增长较快的是溧阳市、新沂市,下降的有 3 个设区市和 18 个县(市)。

普通小学生均支出 12503 元,比上年 11989 元增加 514 元,增长 4.29％。其中:农村小学生均支出 11770 元,比上年 11533 元增加 237 元,增长 2.05％。增长较快的是宝应县、仪征市,下降的有 5 个设区市和 13 个县(市)。

普通初中生均支出 21195 元,比上年 19049 元增加 2146 元,增长 11.27％。其中:农村初中生均支出 20537 元,比上年增加 1332 元,增长 6.94％。增长较快的是仪征市、金湖县,下降的有 2 个设区市和 8 个县(市)。

普通高中生均支出 21134 元,比上年 18039 元增加 3095 元,增长 17.16％。增长较快的是盱眙县、响水县,下降的有 1 设区市和 4 个县(市)。

中等职业学校生均支出 13668 元,比上年 12551 元增加 1117 元,增长 8.90％。其中:普通中等职业学校生均支出 13859 元,比上年增加 1225 元,增长 9.70％。增长较快的是句容市、扬中市,下降的有 5 个设区市和 10 个县(市)。

地方普通高校生均支出 19057 元,比上年 17765 元增加 1292 元,增长 7.28％。其中:普通本科 21105 元,比上年增加 1252 元,增长 6.31％;高职高专 16131 元,比上年增加 1333 元,增长 9.01％。省属高校为 19089 元,比上年增加 1218 元,增长 6.82％;市县属高校为 18906 元,比上年增加 1649 元,增长 9.56％。

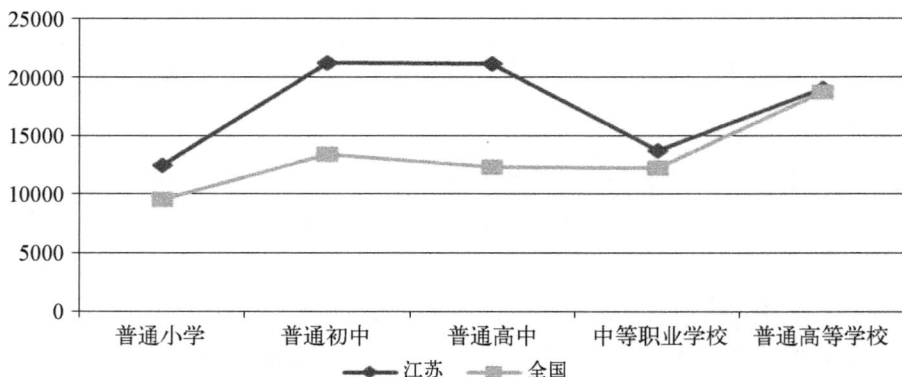

图 1　2016 年江苏和全国生均公共财政预算教育事业费支出对比图(单位:元)

数据来源:2016 年江苏和全国教育经费执行情况统计公告

由图 1 可看出:在生均公共财政预算教育事业费支出上,江苏省超出全国水平明显的是高中、初中和小学,主要是基础教育阶段。

(3)各类教育生均公共财政预算公用经费支出增长情况

幼儿园生均支出 1756 元,比上年 1838 元减少 82 元,下降 4.47％。其中:农村幼儿园生均支出 1284 元,比上年减少 358 元,下降 21.80％。增长较快的是溧阳市、徐州市,下降的有 3 个设区市和 23 个县(市)。

普通小学生均支出 2844 元,比上年 3081 元减少 237 元,下降 7.69％。其中:农村小学生均支出 2519 元,比上年减少 435 元,下降 14.72%。增长较快的是仪征市、宝应县,下降的有 8 个设区市和 19 个县(市)。

普通初中生均支出 4076 元,比上年 4246 元减少 170 元,下降 4.00%。其中:农村初中生均支出 3539 元,比上年减少 507 元,下降 12.54%。增长较快的是仪征市、高邮市,下降的有 4 个设区市和 20 个县(市)。

普通高中生均支出 4108 元,比上年 4009 元增加 99 元,增长 2.46%。增长较快的是盱眙县、宿迁市,下降的有 7 个设区市和 19 个县(市)。

中等职业学校生均支出 4321 元,比上年 4642 元减少 321 元,下降 6.92%。其中:普通中等职业学校 4391 元,比上年减少 297 元,下降 6.35%。增长较快的是句容市、扬中市,下降的有 9 个设区市和 17 个县(市)。

地方普通高校生均支出 7895 元,比上年 8324 元减少 429 元,下降 5.15%。其中:普通本科 8335 元,比上年减少 749 元,下降 8.25%;普通高职高专 7267 元,比上年增加 21 元,增长 0.30%。省属高校为 7806 元,比上年减少 592 元,下降 7.05%;市县属高校为 8329 元,比上年增加 352 元,增长 4.41%。

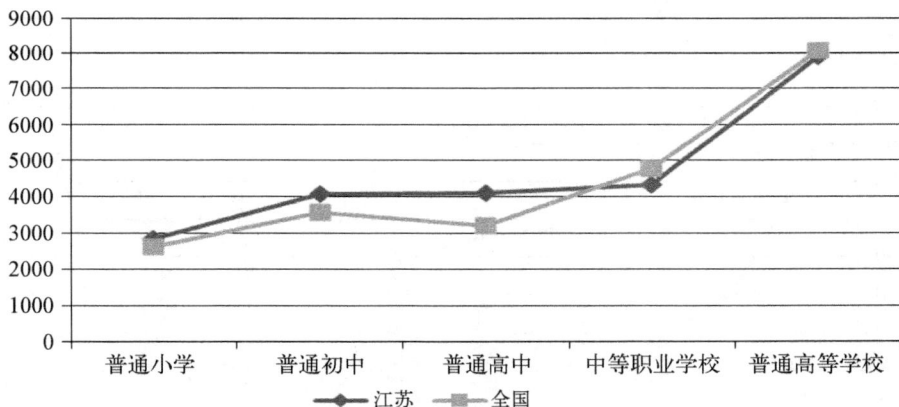

图2 2016 年江苏和全国生均公共财政预算公用经费支出对比图(单位:元)

数据来源:2016 年江苏和全国教育经费执行情况统计公告

由图 2 可看出:在生均公共财政预算公用经费支出上,江苏和全国水平较为接近,有所超出的是高中、初中和小学阶段。

3. 公共财政教育支出占公共财政预算支出比例情况

2016 年全省公共财政预算支出 9981.96 亿元,当年公共财政教育支出 1841.94 亿元(包括教育事业费、基建经费、教育费附加),占公共财政支出的比例为 18.45%,比上年的 18.00% 提高 0.45 个百分点。

4. 全社会教育投入增长与国内生产总值增长比较情况

2016 年,全省地方教育经费总投入 2402.09 亿元,比上年增长 6.93%;全省地区生产总值 76086.20 亿元,比上年增长 8.51%;全社会教育投入增长低于同期全省地区生产总值增长 1.58 个百分点。

（二）2016 年江苏省一般公共预算教育支出分析

表 2 2007—2016 年江苏省一般公共预算教育支出情况

年份	教育支出（亿元）	增长率%	占一般公共预算支出比重%
2007	492.90	35.40	19.30
2008	592.60	20.23	18.25
2009	680.63	14.85	16.94
2010	865.36	27.14	17.61
2011	1093.22	26.33	17.57
2012	1350.61	23.54	19.22
2013	1434.99	6.25	18.40
2014	1504.86	4.87	17.76
2015	1746.22	16.04	18.03
2016	1842.94	5.54	18.46

数据来源：江苏统计年鉴 2008—2017

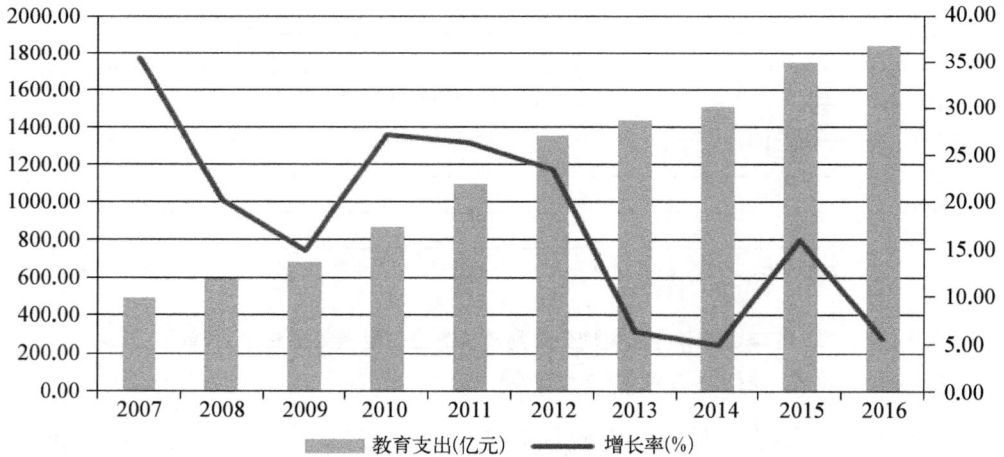

图 3 2007—2016 年江苏省一般公共预算教育支出以及增长率

表 3 2008—2016 年全国一般公共预算教育支出情况

年份	教育支出（亿元）	增长率%	占一般公共预算支出比重%
2008	9010.21	26.51	14.39
2009	10437.54	15.84	13.68
2010	12550.02	20.24	13.96
2011	16497.33	31.45	15.10

（续表）

年份	教育支出（亿元）	增长率%	占一般公共预算支出比重%
2012	21242.10	28.76	16.87
2013	22001.76	3.58	15.69
2014	23041.71	4.73	15.18
2015	26271.88	14.02	14.94
2016	28072.78	6.85	14.95

数据来源：中国统计年鉴 2009—2017

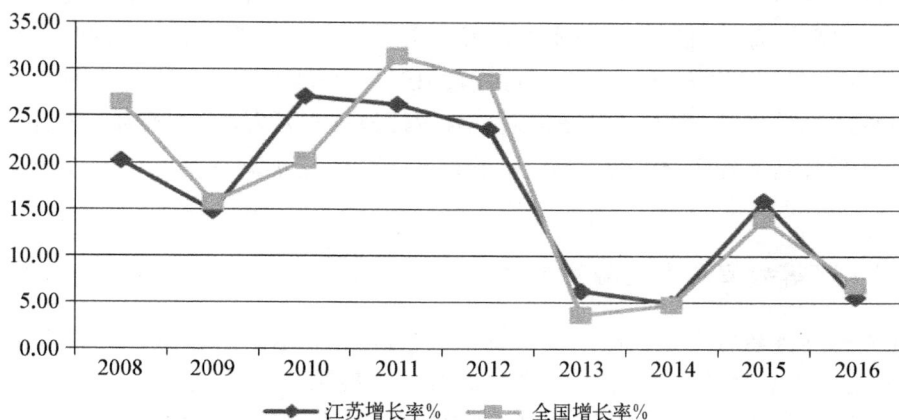

图 4　2008—2016 年江苏和全国一般公共预算教育支出增长率对比图

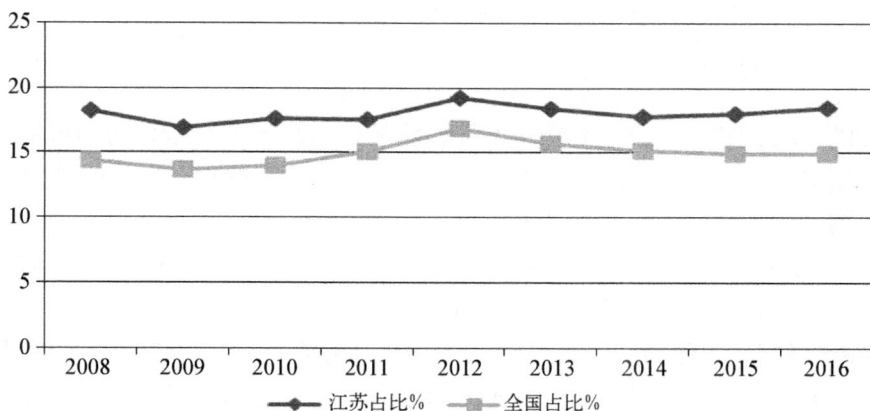

图 5　2008—2016 年江苏和全国一般公共预算教育支出占一般公共预算支出比重对比图

由以上图表可以看出：2016 年江苏一般公共预算教育支出在绝对规模上持续增加，在增长率上则放缓；而在一般公共预算教育支出占一般公共预算支出比重上，江苏省保持总体高于全国水平的态势。

三、2016 年江苏省公共财政支持教育具体安排

教育是江苏省公共财政第一大支出,坚持教育优先投入,支持教育强省建设。江苏省覆盖各级各类教育的经费保障机制和扶困助学体系已基本建立。

(一)基础教育方面

在学前教育方面,省级安排 3.6 亿元,实施学前教育普及提高工程,不断优化幼教资源配置,切实解决进城务工人员子女入园难等问题。在义务教育方面,2016 年生均拨款标准达到每生每年小学 700 元、初中 1000 元,全年安排公用经费补助和免费教科书采购资金 48 亿元,为全省 686 万名义务教育阶段学生全部免除学杂费和教科书、作业本费用。为补齐教育发展短板,2016 年,安排 6.2 亿元实施农村义务教育薄弱学校改造计划,安排专项经费培训乡村教师超过 6 万人,江苏成为全国首个实现县域义务教育基本均衡全覆盖省份,外来务工人员随迁子女在公办学校就读比例达到 87%。

(二)高等教育和职业教育方面

在支持高等教育上,围绕"推进一流大学、有特色高水平大学和一流学科建设"的目标,省财政安排经费 157 亿元,将省属高校生均拨款基本标准提高到 11600 元,支持实施江苏高校优势学科建设工程、特聘教授计划、协同创新计划和品牌专业建设四大工程,不断提升高等教育内涵发展水平。在职业教育方面,全年安排 3.5 亿元,支持实训基地和示范院校建设,鼓励高职院校与企业深度合作。

(三)扶困助学体系方面

更加重视促进教育公平,不断完善从学前教育到高等教育全覆盖的政府助学体系,保证江苏每一个孩子不因贫失学。全年共下拨各类助学金、奖学金、免学费补助及助学贷款贴息等 30.3 亿元。具体如下:

对幼儿园家庭经济困难儿童按照每生每年 1000 元标准和 10% 的平均资助面发放政府资助经费,全年下达近 1 亿元,资助 21 万人次。

按照小学每生每年 1000 元、初中 1250 元的标准(城乡低保家庭学生补助标准分别为 1500 元、2000 元)和平均 8% 的比例,对义务教育阶段家庭经济困难学生发放生活费补助,全年下达 2.4 亿元,资助 59 万人次。

按照每生每年 2000 元的标准和 12% 的平均资助面为普通高中家庭经济困难学生发放国家助学金,全年下达 1.3 亿元,资助近 14 万人次。

按照每生每年 2000 元的标准和 10% 的平均资助面为中等职业学校家庭经济困难学生发放国家助学金(涉农专业全部享受),对全体中等职业学校实施免学费政策,全年下达 7 亿元,惠及 75.7 万人次。

　　按照在校生 3‰和 16‰的比例,向高校家庭经济困难学生发放标准为每生每年 5000 元的国家励志奖学金和平均标准为 3000 元的国家助学金,全年下达 10 亿元,资助 30 万人次。

　　按照每生每年博士 12000 元、硕士 6000 元的标准向全体研究生(有固定收入的除外)发放国家助学金,按研究生的一定比例发放学业奖学金,全年下达 6.4 亿元,资助 13.2 万人次。

四 、面临问题与应对建议

(一)面临的问题

　　优质教育资源供给与经济社会发展需要、群众迫切需求之间的矛盾仍然突出。新型城镇化和城乡发展一体化带来人口流动及生育政策调整导致生源数量增加,对给教育资源配置和学校布局带来难度。

　　区域、城乡、校际教育差距仍然突出。受经济发展水平、人口及城镇化等因素影响,各地教育发展基础不平衡。苏南地区受外来人口影响,公共教育服务供给压力较大。苏中、苏北等经济薄弱地区义务教育阶段城乡差距、校际差距仍较为突出,办学条件仍需改善。区域间实施素质教育、师资队伍建设和教育保障能力仍有明显差异。

　　以 2016 年人均国家财政性教育经费来看,江苏省为 2405 元。设区市本级及辖区中,相对高的南京市是 2447 元,低的宿迁市 1630 元。在县(市)中,最高的昆山市达 5399 元,最低的灌南县只有 958 元。

　　存在多处薄弱环节。学前教育和继续教育仍然是教育现代化建设的薄弱环节。义务教育均衡发展尤其是教师流动受多重制约,优质师资配置不够均衡。普通高中学校办学经费仍显不足,存在一定的负债压力。职业教育特色与吸引力有待增强,校企深度融合不够。高等教育同国际先进水平相比还有明显差距。

(二)应对建议

1. 合理确定教育投入的增幅和构成

　　测算对教育投入的增幅安排。作为全国教育规模大、地区间教育发展差距又较大的大省,教育经费安排和增长情况与教育要率先实现现代化的目标相匹配,要科学合理地研究确定省教育财政支出占财政总支出比重和逐步提高的幅度。为此需要科学测算生均培养成本,深入研究各级学校学生均培养成本,完善与办学成本、物价水平、财力情况相适应的生均公用经费财政拨款标准,合理调整各级各类教育生均经费基本标准和生均财政拨款标准。同时结合中期教育投入预算的研究编制和经济财政发展,测算全省教育经费每年应该递增的增幅。

　　完善各级各类教育投入保障机制。扩大普惠性学前教育资源,按照城乡一体、优质均衡的要求加快义务教育学校标准化建设步伐,推行产教深度融合的职业教育模式,以高水平大学建设为引领促进高等教育更好地服务经济社会发展,加快完善终身教育体系,进一步办好民办教育、社会教育、家庭教育、特殊教育。改进投入方式,优化投入结构,更加突出提高教育质量、加强内涵建设、提升人的发展能力等方面的投入。

建立城乡统一、重在农村的义务教育经费保障机制。进一步完善城乡义务教育经费保障机制,在财政拨款、教师配置、学校建设等方面向农村倾斜。健全"城乡统一、重在农村、以县为主"的义务教育经费保障机制。县级人民政府要切实履行主体责任,加大对义务教育的投入,完善城乡一体化的义务教育发展机制。进一步增强教育投入的精准度,经费投入重点向农村义务教育倾斜,使乡镇学校经费投入增幅总体高于城区学校经费投入增幅。

2. 提升教育投入的管理,以切实提升教育投入的绩效

明确对教育投入的责任主体。国务院《关于推进中央与地方财政事权和支出责任划分改革的指导意见》明确"逐步将义务教育、高等教育等体现中央战略意图、跨省(区、市)且具有地域管理信息优势的基本公共服务确定为中央与地方共同财政事权,并明确各承担主体的职责。"需要厘清中央和地方对共同教育财政事权各自承担的责任,并进一步明确省内各层级政府对教育财政事权各自承担的责任。省级层面加强协调,加大市县教育经费保障机制综合奖补力度。突出精准扶贫,完善市县转移支付制度,强化对经济薄弱地区的支持。适当提高小规模学校、寄宿制学校、淮河以北等地区学校的公用经费补助水平。

3. 完善教育经费绩效考评机制

强化教育经费审计监督,提高经费使用效益。各级教育行政部门和各类学校要全面落实财务管理领导责任,建立健全财务治理体制和运行机制,严格规范国有资产、政府采购、收入支出及会计核算管理,大力推进内部控制制度建设,全面加强预算管理,严格执行基本建设管理各项规定,严肃财经纪律和责任追究,加快推进教育财务管理信息化建设,探索实施互联网、云计算、大数据等与教育财务管理相结合的现代化管理模式,加快实现教育财务管理的科学化、现代化、精细化。

第八章 江苏省 2016 年社会保障支出分析

一、2016 年社会保障事业进展

（一）社会保险运行情况

企业职工基本养老、城镇职工基本医疗、失业、工伤和生育保险基金总收入 3358.18 亿元,比上年增加 217.07 亿元,增长 6.9%;基金总支出 2967.09 亿元,比上年增加 327.06 亿元,增长 12.4%。

1. 养老保险

（1）企业职工基本养老保险

年末全省企业职工基本养老保险参保人数 2725.94 万人,比上年末增加 72.36 万人,其中参保职工 2046.42 万人,参保离退休人员 679.52 万人,分别比上年末增加 32.93 万人和 39.43 万人。参保农民工 471.2 万人,比上年末增加 5.51 万人。年末纳入社区管理企业退休人员 647.39 万人,占企业退休人员总数的 95.5%。纳入社区管理企业退休人员全部接受第四轮免费健康体检,周期体检率 100%。企业退休人员人均基本养老金调整增幅 7.1%。

企业职工基本养老保险基金收入 2259.27 亿元,比上年增长 6.9%,其中征缴收入 1915.05 亿元,比上年增长 5.2%;基金支出 2006.7 亿元,比上年增长 11.9%,其中基本养老金支出(含丧葬抚恤补助费)1802.22 亿元,比上年增长 11%。

（2）机关事业单位基本养老保险

年末全省机关事业单位基本养老保险参保人数 135.82 万人,比上年末增加 9.5 万人,其中参保职工 91.04 万人,参保离退休人员 44.78 万人,分别比上年末增加 5.73 万人和 3.77 万人。机关事业单位退休人员人均基本养老金调整增幅 5.6%,机关事业单位退休人员养老金社会化发放率 99.37%。

机关事业单位基本养老保险基金收入 254.24 亿元,比上年增长 29.3%,其中征缴收入 182.69 亿元,比上年增长 28.2%;基金支出 267.88 亿元,比上年增长 28.4%。

（3）城乡居民基本养老保险

年末全省城乡居民基本养老保险参保人数 1289.54 万人,比上年末减少 28.25 万人,领取基础养老金人数 1045.79 万人,比上年末增加 21.23 万人。全省城乡居民基本养老保险基础养老金最低标准调整为每人每月 115 元,比上年增加 10 元。

城乡居民基本养老保险基金收入 288.09 亿元,比上年增长 4.8%,其中个人缴费 67.75 亿元,比上年增长 3.7%;基金支出 224.82 亿元,比上年增长 5.3%。

(4)被征地农民社会保障

年末全省被征地农民参加企业职工基本养老保险 304.14 万人,参加城乡居民基本养老保险 28 万人,享受被征地农民基本生活保障 259.41 万人。

2. 医疗保险

(1)城镇职工基本医疗保险

年末全省城镇职工基本医疗保险参保人数 2490.53 万人,比上年末增加 61.53 万人,其中参保职工 1849.36 万人,参保退休人员 641.16 万人,分别比上年末增加 31.16 万人和 30.36 万人。参保农民工 452.27 万人,比上年末增加 1.87 万人。

城镇职工基本医疗保险基金收入 869.39 亿元,比上年增长 11%,其中征缴收入 829.84 亿元,比上年增长 11.3%;基金支出 735.25 亿元,比上年增长 10.2%,其中基本医疗保险待遇支出 718.5 亿元,比上年增长 9.7%。

(2)城乡居民基本医疗保险

年末人社部门经办的全省城乡居民基本医疗保险参保人数 2002.05 万人,比上年末增加 416.75 万人。城乡居民基本医疗保险财政补助标准调整为每人每年不低于 425 元,比上年增加 45 元。

人社部门经办的城乡居民基本医疗保险基金收入 141.33 亿元,比上年增长 34.6%;基金总支出 126.19 亿元,比上年增长 31.1%。

3. 失业保险

年末全省失业保险参保人数 1538.22 万人,比上年末增加 47.31 万人,其中,参保农民工 430.68 万人,比上年末增加 6.13 万人。年末领取失业保险金人数 33.98 万人,比上年末减少 0.25 万人。

失业保险基金收入 112.44 亿元,比上年降低 13.6%,其中征缴收入 100.39 亿元,比上年降低 13.6%;基金支出 109.77 亿元,比上年增长 44.2%。

4. 工伤保险

年末全省工伤保险参保人数 1633.93 万人,比上年末增加 39.79 万人,其中,参保农民工 548.87 万人,比上年末减少 4.93 万人。认定工伤 11.07 万件,比上年减少 0.33 万件。劳动能力鉴定 7.55 万件,达到伤残等级 6.62 万人,分别比上年增加 0.39 万件和 0.34 万人。享受工伤保险待遇 15.1 万人,比上年增加 0.4 万人。

工伤保险基金收入 78.13 亿元,比上年降低 1.2%,其中征缴收入 75 亿元,比上年增长 1.8%;基金支出 55.24 亿元,比上年降低 9.6%。

5. 生育保险

年末全省生育保险参保人数 1510.32 万人,其中女职工 663.97 万人,分别比上年末增加 38.64 万人和 9.87 万人。享受生育保险待遇 170.3 万人次。

生育保险基金收入 38.95 亿元,比上年增长 11.9%,其中征缴收入 33.93 亿元,比上年增长 4.7%;基金支出 60.13 亿元,比上年增长 39.8%。

(二)实施《江苏省社会保险基金监督条例》

《江苏省社会保险基金监督条例》2016 年 7 月 1 日起施行,对于保障社保基金健康运行具有重要的意义。

1. 构建完善了社会保险基金监督体系

作为与社会保险法相配套的社会保险基金监督方面专门的地方性法规,其颁布实施是在"法治江苏"建设进程中迈出的重要一步,对于建立健全人大监督、行政监督、内部控制和社会监督"四位一体"社会保险基金监督体系,不断完善社会保险基金监督制度意义重大。通过依法规范社会保险基金收支行为,严厉查处违法违规行为,有利于防范和化解基金管理风险,更好地加强社会保险基金监督管理,保障社会保险基金的安全完整,从而维护广大参保人员的合法权益。该条例为社会保险基金安全管理设定了"高压线",要求社会保险基金专款专用,任何组织和个人不得侵占、挪用,各项社会保险基金之间也不得相互挤占和调剂使用。该条例明确了社会保险基金安全管理的主体责任,包括县级以上地方人民政府的主体责任和社会保险基金管理相关机构的主体责任;规定了社会保险基金监督的主要制度,指出社会保险基金监督所需经费由同级财政予以保障。

2. 明确了社会保险基金信息公开制度

目前,养老、医疗、工伤、失业、生育这"五险"明确纳入江苏省社会保险基金监督范围,符合一定条件的其他社会保险基金也适用于监督条例,为将来社会保险事业发展预留了空间。该条例规定,社会保险行政部门、社会保险经办机构、社会保险费征收机构等应当建立健全信息公开制度,要主动公开社会保险缴费基数和费率、社会保险待遇计发办法、待遇调整标准和个人账户记账利率、社会保险经办流程等。同时还要定期披露各项社会保险参保情况、各项社会保险基金收入、支出、结余和收益情况、基本养老保险基金投资运营情况、社会保险费征收情况和欠费情况。该条例规定,在确保社会保险基金安全和支付需要的前提下,按照国家规定投资运营,提高社会保险基金收益率,实现保值增值。财政部门应当向同级社会保险行政部门定期通报社会保险基金保值增值情况。国家对社会保险基金投资运营另有规定的,按照国家规定实施监督。

3. 明确了违法违规行为的处置等

该条例指出,参保单位、参保人员、社会保险服务机构、就业服务机构发生骗取社会保险基金支出和社会保险待遇、拒不履行社会保险费缴费义务或者恶意拖欠社会保险费等违法违规行为的,由社会保险行政部门、地税机关纳入单位或者个人信用档案,并提供给公共信用信息系统;情节严重的,向社会公布违法违规单位和个人的基本信息以及违法违规事实。政府对社会保险基金的监管不能缺位,但是完全依靠政府的监管也是不够的，所以组建由用人单位代表、参保人员代表、工会代表、社会保险服务机构代表、专家以及人大代表、政协委员等组成的社会保险监督委员会，可以聘请会计师事务所定期对本统筹地区社会保险基金的收支、管理和投资运营情况进行年度审计和专项审计，其审计结果应向社会公开。

（三）社会救助情况

省级层面形成由《江苏省社会救助办法》以及自然灾害救助、临时救助、医疗救助、"救急难"、特困人员救助供养、社会救助与扶贫开发相衔接等法规政策构成的社会救助制度体系，为困难群众提供了机制化保障。

城乡居民最低生活保障情况。2016年末，全省低保对象134.77万人，其中60周岁及以上老年低保对象50.85万人，占比37.7％。城市低保对象24.84万人，其中60周岁及以上老年低保对象6.82万人，占比27.5％；农村低保对象109.93万人，其中60周岁及以上老年低保对象44.03万人，占比40.1％。全省城乡低保平均保障标准分别达到每人每月611元、559元；人均补助水平分别达到每人每月403.0元和每人每月280.8元。农村低保最低标准为每人每月370元，达到新一轮扶贫开发时序进度要求；城乡低保标准之比达到1.1:1，49％的涉农县（市、区）实现城乡低保标准并轨。

其他社会救助。全年对624万人次困难群众实施医疗救助，对40万户次实施临时救助。全省摸排出24.2万农村留守儿童，启动"合力监护、相伴成长"专项行动。全年共救助城市生活无着流浪乞讨人员6.1万余人次。残疾人"两项补贴"政策有效落实。年满60周岁的独生子女伤残、死亡特别扶助对象扶助金标准分别从每人每月400元、每人每月500元提高到每人每月600元、每人每月700元。有力有序地应对盐城"6·23"特大龙卷风冰雹灾害，切实保障了受灾群众基本生活。

（四）老年人社会保障情况

持续的老龄化趋势。2016年末，全省60周岁以上老年人口达1719万，占户籍人口的22.1％，比全国高出5.4个百分点。从2010年到2016年，全省60周岁以上老年人口增加了421万，未来还将呈加速趋势。2016年末，全省80周岁以上老年人口占老年人口的15.66％，较上年增长14.21万人。据第四次中国城乡老年人生活状况抽样调查数据测算，全省空巢老人有872.8万人，占老年人口的50.77％。全省老龄化程度最高的设区市是南通市，老年人口比例为28.35％，最低的宿迁市为15.99％；全省老龄化程度最高的县（市、区）是如东县，老年人口比例为31.78％，最低的沭阳县为15.05％。

老年人社会保障总体优化提升。全省持续扩大老年人社会保险、社会福利、社会救助覆盖面，不断提升保障标准，增强养老服务能力，使老年人的基本生活、基本医疗、基本照护等需求得到切实保障。2016年4月7日，江苏省人力资源社会保障厅和江苏省财政厅公布了《江苏省省级机关事业单位工作人员养老保险制度改革实施办法》,并开始启动江苏省机关事业单位养老保险参保登记。《江苏省养老服务条例》及省"十三五"养老服务业发展规划正式实施,《关于进一步加强重点空巢独居老人关爱工作的通知》等出台,进一步加强养老设施建设,推动医养融合发展,加强专业队伍建设,提高养老服务水平,有效满足老年人服务需求,老年人的获得感和幸福感得到了提升。

1. 机构养老服务情况

2016 年末,全省各级财政共安排专项补助资金 22.7 亿元,用于城乡养老服务体系建设。全省共有各类养老床位 62 万张,较上年同期增长 4 万张,增幅达 6.9%;每千名老人拥有养老床位超过 36 张。全省共有各类养老机构 2305 家,其中公办养老机构达到 245 家,民办养老机构达到 1011 家,农村五保供养服务机构达到 1049 家。大力支持企业、社会组织、个人参与管理运营养老机构和社区养老服务,社会力量进入养老服务领域的积极性不断提高,全省社会力量举办或经营各类养老床位达到 34.7 万张,占养老床位总数的 56%。增加养老床位总量的同时,注重优化床位结构,重点支持服务失能、部分失能老人的护理机构建设,护理型床位达到 15.8 万张,占养老机构床位总数的 35.1%;经卫生计生部门批准设立的护理院达到 98 家。

2. 养老服务人员情况

2016 年末,全省养老机构、组织中专职从事养老服务人员 49084 人,其中养老护理员 26814 人,2016 年全省共培训养老护理员 9906 人。据全省 39 个县(市、区),数千个样本抽样调查测算:2016 年全省养老护理员年平均工资为 33866 元,城镇在岗职工年平均工资为 67711 元,养老护理员年平均工资占当地城镇在岗职工平均工资的 50.02%。设区市中,养老护理员年平均工资与当地城镇在岗职工年平均工资差距较大的前三位:常州市、扬州市和连云港市,占比分别为 41.37%、46.02% 和 46.14%。

3. 居家和社区养老服务情况

城市社区居家养老服务中心基本实现全覆盖。2016 年,全省新建 112 个街道老年人日间照料中心,2050 个社区老年人助餐点,社区老年人助餐点达到 4097 个。已建成城乡社区居家养老服务中心 2 万多家,提供助餐助浴、生活照料、康复护理、短期托养、精神关爱等服务。积极运用现代信息化手段,大力推进"虚拟养老院"、"一键通"、养老服务呼叫平台建设,使老年人足不出户就可以享受到专业化的服务。建成 95 个"虚拟养老院",辐射全省 90% 以上养老服务对象,为居家老人提供专业化、个性化及应急服务。社区养老服务设施建设纳入城乡社区配套用房建设范围。南京市、苏州市被确定为全国首批居家和社区养老服务试点市。

4. 注重养老服务均衡发展

在加快发展城市养老服务业的同时,统筹推进农村养老服务业发展。着力保障好城乡困难老年人的基本生活,建立实施城市"三无"老人和农村五保老人供养标准增长机制,保障标准与城镇居民人均可支配收入、农村居民人均纯收入保持同步增长。全省80周岁以上所有老年人不分城乡全部享受高龄补贴。全面实行尊老金制度,2016年共为230.82万人。在此基础上实施经济困难高龄、失能老人养老补贴制度。2016年全省对50万符合条件的老人发放养老服务、护理补贴共计3.71亿元。加快推进农村五保供养机构转型升级,全省所有农村五保供养机构升级改造任务全面完成,明显改善了农村五保供养条件。根据农村、农民特点,大力推动村办"养老院"、家办"托老所"和农村社区居家养老服务、"老年关爱之家"建设等,在全国产生了广泛影响。困难老年人保障进一步加强,苏南、苏中、苏北地区特困人员供养标准分别不低于当地上年度城乡居民人均可支配收入的40%、45%、50%。

5. 医养融合服务稳步推进

城乡基层医疗卫生机构开始为城乡60周岁以上老年人建立健康档案,并每年为65周岁以上老年人提供一次包括生活方式和健康状况评估、体格检查、健康教育指导在内的健康管理服务,覆盖率接近100%。同时逐步探索家庭病床服务模式。90%的乡镇和城市社区卫生服务中心开展家庭医生签约服务,以老年人、孕产妇、儿童、残疾人为重点逐步扩展到普通人群,家庭医生人群签约率32.14%、重点人群签约率达44.8%。老年人意外伤害保险"安康关爱行动"参保人数达到731.95万人。苏州、南通、南京三市先后被列为国家级医养结合试点单位。

(五)实施《江苏省养老服务条例》

《江苏省养老服务条例》2016年3月1日起施行,它在以下两方面发挥了重要作用。

第一,健全养老服务体系,支持社会力量参与。该条例构建了"以居家为基础、社区为依托、机构为补充、医养融合发展"的养老服务体系框架。有利于维护全省老年人合法权益,规范养老服务行为,促进养老服务业健康发展。该条例对引导社会力量参与提出了新措施,明确了一系列扶持和优惠措施,要求政府对符合条件的养老机构、其他养老服务组织给予相应的建设补贴和运营补贴。鼓励发展品牌化、连锁经营的养老机构和其他养老服务组织,鼓励合理规划、建设养老服务业集聚区和养老服务特色产业基地。规定对采用先进技术、创新能力强的养老机构和其他养老服务组织,可以按照省有关规定给予一次性奖励。要求政府通过贷款贴息、直接融资补贴、融资担保和风险补偿等措施,引导信贷资金和社会资金投向养老服务业。

第二,支持培养养老服务专业人员。近年来通过实施养老护理员免费培训工程、推进持证上岗等措施,省养老服务队伍专业化水平有所提升,但依然存在从业人员工资待遇偏低、专业技能不足、年龄结构偏大、社会认同感不高等状况。该条例对此做出可操作的应对措施:鼓励、支持高等学校、中等职业学校和培训机构设置养老服务相关专业或者培训项目,在养老机构设立实习基地,培养养老服务专业人才。规定符合条件的养老服务从业人员和从事养老服务的社区工作者参加相关技能培训,享受职业培训补贴。对取得养老护理员职业资格并从事养老护理岗位工作的人员,按照相应等级,按照省有关规定给予一次性补贴。对在本省连续从事养老护理岗位工作满五年的高等学校、中等职业学校毕业生,给予一次性入职奖励。

二、2016 年江苏省一般公共预算社会保障和就业支出分析

表 1　2007—2016 年江苏省一般公共预算社会保障和就业支出情况

年份	社会保障和就业支出(亿元)	增长率%	占一般公共预算支出比重%
2007	212.53	30.94	8.32
2008	231.52	8.94	7.13
2009	299.17	29.22	7.45
2010	364.48	21.83	7.42
2011	481.65	32.15	7.74
2012	557.77	15.80	7.94
2013	631.15	13.16	8.09
2014	709.59	12.43	8.38
2015	838.06	18.10	8.65
2016	897.93	7.14	9.00

数据来源:江苏统计年鉴 2008—2017

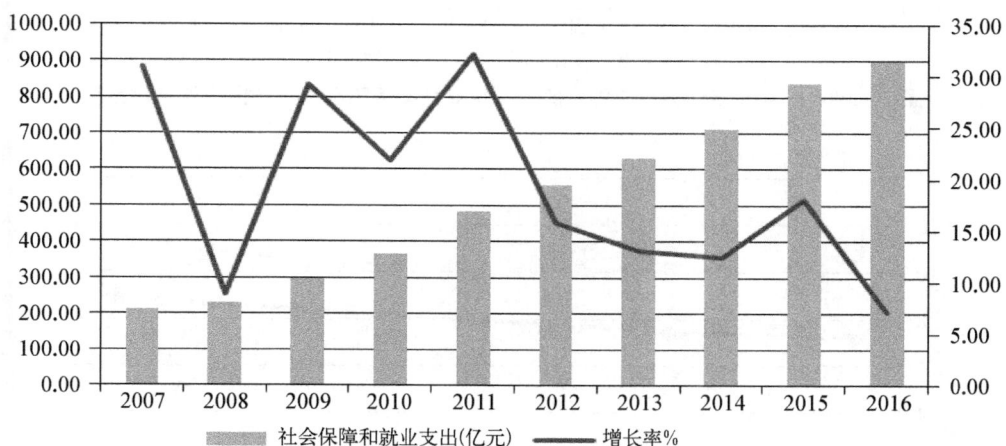

图 1　2007—2016 年江苏省一般公共预算社会保障和就业支出以及增长率

表 2 2008—2016 年全国一般公共预算社会保障和就业支出情况

年份	社会保障和就业支出(亿元)	增长率%	占一般公共预算支出比重%
2008	6804.29	24.91	10.87
2009	7606.68	11.79	9.97
2010	9130.62	20.03	10.16
2011	11109.4	21.67	10.17
2012	12585.52	13.29	9.99
2013	14490.54	15.14	10.33
2014	15968.85	10.20	10.52
2015	19018.69	19.10	10.81
2016	21591.45	13.53	11.50

数据来源:中国统计年鉴 2009—2017

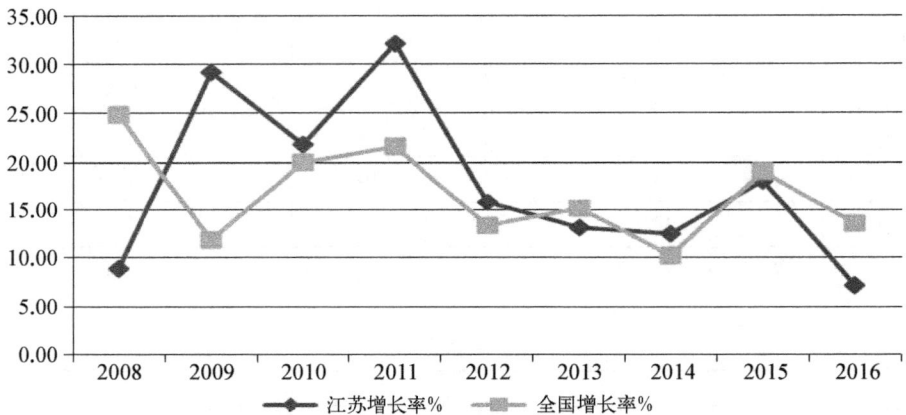

图 2 2008—2016 年江苏和全国一般公共预算社会保障和就业支出增长率对比图

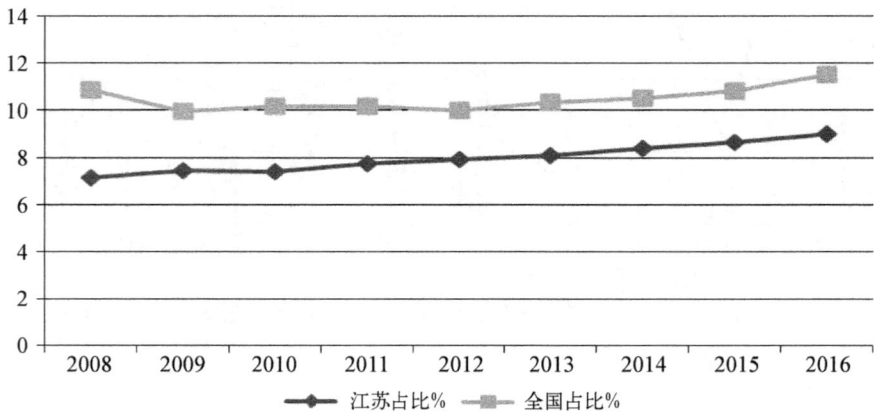

图 3 2008—2016 年江苏和全国社会保障和就业支出占一般公共预算支出比重对比图

由以上图表可以看出：2016 年，江苏一般公共预算社会保障和就业支出在绝对规模上持续增加，在增长率上则放缓，低于全国水平；在占一般公共预算支出比重上，江苏省有所提高，但仍低于全国水平。综上，可进一步增强其投入力度。

三、公共财政支持社会保障具体安排

2016 年，江苏省财政积极支持完善各项社会保障制度，有效增加资金投入，及时、足额落实各项提标、提档、提补政策，全力支持建设更加公平更可持续的社会保障体系。

（一）支持提高养老保障水平

2016 年，全省各级财政社会保障类投入养老事业资金约 530 亿元，其中省级财政约 130 亿元。继续支持提高企业退休职工基础养老金，人均增幅超过 7％，全省企业退休人员人均月养老金达到 2620 元。2016 年机关事业单位和企业退休人员同步调整。将城乡居民养老保险基础养老金最低标准从每人每月 105 元提高到 115 元。安排省级补助 8 亿元，支持各地养老机构建设和养老服务业发展，推进"以居家为基础、社区为依托、机构为补充、医养融合发展"的社会养老服务体系建设。

（二）强化养老服务资金保障

坚持以公共财政为导向，整合各类资源，引进社会资金，以持续性、常态化的资金投入，推动养老服务业发展。在全国率先统一公办、民办养老机构补贴标准，对符合条件的自有产权和租赁房产护理型床位分别给予不低于 1 万元和 5000 元每张的建设补贴。建立了养老服务补贴和政府购买养老服务制度，对低保家庭中的失能老人、低保家庭和分散供养的特困对象中 80 周岁以上老年人，分别给予每月 100 元和 60 元以上补贴。政府采用发放服务券等形式，为城乡低保对象等经济困难的失能、高龄等老年人入住养老机构、接受社区居家养老服务提供无偿或低收费的供养、护理服务。

（三）加大城乡居民医保补助力度

2016 年，对城镇居民医保和新农合财政补助标准提高到每人每年不低于 425 元。省财政进一步加大对市县的补助，江苏省参保总人数达到 5100 万人，在政策范围内的住院报销比例稳定在 75％以上。2016 年，全省各级财政共投入 255 亿元补助基本医疗保险基金，其中省级财政投入 80 亿元。

（四）支持阶段性降低社保费率

省人社厅、省财政厅《关于阶段性降低社会保险费率的通知》，决定从 2016 年 5 月 1 日起，企业职工基本养老保险单位缴费比例阶段性由 20％降低至 19％；失业保

险总费率在 2015 年已降低 1 个百分点基础上阶段性降低至 1%，其中：用人单位费率由 1.5% 降低至 0.5%，个人费率为 0.5%。暂按两年执行；以降低企业成本，增强企业活力。各地以开展全民参保登记计划为契机，加强扩面征缴，确保基金应收尽收，实现可持续发展，确保参保人员各项社保待遇标准不降低和待遇按时足额支付。

（五）加强对困难群众的救助，进一步保障困难群众基本生活

2016 年统筹中央资金安排困难群众各类保障资金 61.2 亿元，用于支持全省低保救助、特困人员供养、医疗救助、自然灾害救助、临时救助、残疾人事业发展等社会救助福利工作顺利开展，主要包括：

统筹安排低保、特困人员、流浪乞讨人员保障资金 31 亿元。自 2016 年 7 月 1 日起，进一步提高城乡最低生活保障标准，其中农村低保最低标准提高到每人每月 365 元以上。全省城乡低保平均标准分别为每人每月 611、559 元。

统筹安排孤儿、老年人社会福利保障资金 12.3 亿元。对苏南、苏中、苏北孤儿按照每人每月 100 元、150 元、200 元给予补助，及时向全省 200 多万城乡低保、优抚对象、特困人员、孤儿等人群发放节日慰问补助等，支持"以居家为基础、社区为依托、机构为补充、医养融合发展"的社会养老服务体系建设。

统筹安排残疾人事业发展经费 9 亿元。主要用于支持各地开展残疾人生活、康复、就业等方面的救助工作。自 2016 年 1 月 1 日起，对符合条件的困难家庭残疾人发放生活补贴，对符合条件的城乡重度残疾人分别按每人每月不低于 120、80 元的标准发放护理补贴。对 0—6 岁视力、听力语言、肢体（脑瘫）、智力、孤独症和多重残疾儿童以及 7—14 岁肢体（脑瘫）、孤独症儿童根据残疾情况给予每人每年 0.5—2 万元的基本康复训练项目补贴，免除贫困白内障患者复明手术费、贫困精神病残疾人基本用药费。落实按比例安排残疾人就业补贴及超比例安排残疾人就业奖励政策，提高残疾人就业率。

统筹安排医疗救助资金 3.8 亿元。重点医疗救助对象在医疗救助定点医疗机构发生的政策范围内门诊、住院费用，对经基本医疗保险、城乡居民大病保险及其他补充医疗保险报销后的个人负担部分，在年度最高限额内按 70% 以上的比例给予救助。医疗费用补助的年度最高限额原则上应当达到当地城乡基本医疗保险封顶线的 50% 以上。

统筹安排受灾群众基本生活救助资金 3.3 亿元。2016 年，及时统筹安排自然灾害生活救助资金，确保灾区救灾救济工作的顺利开展，并会同审计、民政部门制定救灾款物使用管理意见，切实规范救灾款物使用管理。

统筹安排临时救助资金 1.8 亿元。对急难型困难家庭、支出型困难家庭及遭受特殊困难暂时无法得到家庭支持的困境个人参照当地低保标准给予临时救助。省财政下达 4 亿元支持盐城"6.23"特大龙卷风冰雹灾害灾后重建，保障人民群众生产生活。

四、面临问题及应对建议

随着供给侧结构改革的推进、经济和社会的发展,公众对于社会保障的需求呈现多元化,对保障水平的要求不断提高。这需要进一步完善社会保障制度,增强整体保障功能,目前面临的突出问题主要是:社会保障基本公共服务均等化水平有待进一步提升以及社会保障体系可持续发展压力加大,如老龄化持续加深下的养老保障。建议如下:

(一)基于社会保障基本公共服务标准,均衡合理增强财政对社会保障的支持力度

建立健全社会保障公共服务标准体系,确立社会保险和社会救助保障标准与人均收入、物价上涨等因素相关联的动态调整机制。通过各项社会保障基本公共服务标准的制定修订,规范其服务范围、服务内容、服务流程,科学确定各项服务所需的设施设备、人员配备、经费保障等标准。在持续推进社会保障公共服务规范化、专业化发展的过程中,也科学合理确定了财政对社会保障的支持力度,便于对保障相对薄弱地区或领域强化财政支持,从而促进服务资源在城乡、区域之间均衡配置,缩小各群体社会保障基本服务水平间的差距。

(二)多管道、多方式创新优化社会保障供给,提升与需求的匹配度和适应度

构建完善政府主导、社会参与的社会保障多元供给格局。稳步提高退休人员和城乡居民基本养老保障标准,进一步提高财政对城乡居民基本医疗保险的最低补助标准,不断提高其他社会保障和社会救助水平,这些措施能够提高社会保障公共服务供给水平。但为促进经济发展、增强企业活力又需适当降低其社保缴费水平,同时经济新常态以来财政收支运行压力增加。这就需要发挥政府资金的引导作用,落实和完善鼓励政策,引导各类社会资金灵活有效参与社会保障供给,形成财政资金、民间资本、慈善基金等相结合的多元投入机制。

规范完善社会保障支出的管理、监督机制和绩效评价机制。建立健全与社会保障工作相匹配的政府预算安排机制,年度预算安排与中期相结合,加强中期财政社会保障与社会保障事业发展规划实施的衔接协调。完善社会保险基金运行监测预警机制,尤其对基本养老保险基金,需按规定加强投资运营,在风险管理中努力实现基金的保值增值。探索建立省级社会保障储备基金,资金来源由省财政预算拨款、国有资本划转、基金投资收益等构成,用于人口老龄化高峰时期的养老保险等社会保障支出的补充和调剂,缓解社保需求压力。健全政府购买社保服务机制,加大政府向社会力量购买基本养老服务的力度。构建与社会保障公共服务标准体系相匹配的绩效评估制度,充分纳入保障群体作为需求方的意思表达,以增进社会保障公共服务机构建设和正常运转以及社会保障重大改革、重点项目实施的供给效能。

第九章　江苏省 2016 年环保支出分析

一、2016 年环保事业推进情况

(一)全省环境质量基本情况

2016 年,环境保护和生态文明建设扎实推进,全省环境质量总体呈现"两升两降"(城市环境空气质量平均达标率、国考断面水质优Ⅲ类比例上升,细颗粒物年均浓度、国考断面水质劣Ⅴ类比例下降)向好态势,圆满完成国家下达的环保约束性指标。

全省环境空气质量总体有所改善。城市环境空气质量平均达标率为 70.2%,较 2015 年上升 3.4 个百分点,空气中主要污染物浓度同比均有不同程度下降或保持稳定,其中 PM2.5 年均浓度较 2015 年下降 12.1%、较 2013 年下降 30.1%,达到国家提出的"在 2013 年基础上下降 13%,同时比 2015 年下降 3%"的目标要求。但受颗粒物、臭氧及二氧化氮超标影响,13 个设区市环境空气质量均未达二级标准。

水环境质量继续稳中向好。列入国家《水污染防治行动计划》地表水环境质量考核的 104 个断面中,水质符合《地表水环境质量标准》(GB 3838—2002)Ⅲ类的断面比例为 68.3%,Ⅳ—Ⅴ类水质断面比例为 29.8%,劣Ⅴ类断面比例为 1.9%。与 2015 年相比,符合Ⅲ类断面比例上升 6.1 个百分点,劣Ⅴ类断面比例下降 5.2 个百分点。全省地表水环境质量总体处于轻度污染。太湖湖体总氮浓度同比下降,流域内重点断面水质达标率上升;长江、淮河流域水质保持稳定,流域地表水国考断面水质达 2016 年考核目标要求。

土壤环境质量总体稳定。共布设土壤环境质量国控点位 1687 个。根据国家要求对 216 个点位先行开展了监测,其中风险点位 163 个,对照点位 53 个。163 个风险点位中,有 121 个达到《土壤环境质量标准》(GB 15618—1995)二级标准,达标率为 74.2%。超标点位中,处于轻微、轻度、中度和重度污染的点位分别占 16.6%、3.1%、4.9% 和 1.2%。超标项目主要为镉、铅。

声环境质量达到较高水平。13 个设区市中,无锡、徐州、南通、盐城、宿迁五市昼间区域声环境质量为三级(一般)水平,其他 8 市均达二级(较好)水平。南京、徐州和常州 3 市昼间道路交通噪声强度为二级(较好)水平,其他十市均为一级(好)水平,有 17.3% 的路段交通噪声平均等效声级超过 70.0 分贝。全省各类功能区声环境质量昼间和夜间平均达标率分别为 96.9%、85.6%。各类声源声强及分布情况无明显变化,生活噪声和道路交通噪声仍是影响全省声环境质量的主要因素。

生态环境质量处于良好状态。生态遥感监测结果显示,2016年全省生态环境状况指数为66.8,各设区市生态环境状况指数处于61.1—70.4之间,生态环境状况均处于良好状态。与2015年相比,全省生态环境状况指数上升了0.3,生态环境状况无明显变化。生物环境方面,太湖、长江、京杭大运河等主要水体水生生物多样性调查结果显示,2016年全省生物环境状况总体保持稳定。

(二)治污减排,环保各项工作推进

2016年,治污减排各项工作全力开展。化学需氧量、氨氮、二氧化硫、氮氧化物排放总量分别削减3.02%、2.91%、9.24%和9.66%,国务院大气、水、土壤"三个十条"下达的年度目标如期实现,省政府年度十大主要任务百项重点工作确定的环保工作任务圆满完成。

1. 环保制度体系改革完善持续推进

《江苏省生态环境保护工作责任规定(试行)》、《江苏省生态环境损害赔偿制度改革试点工作实施方案》、《江苏省党政领导干部生态环境损害责任追究实施细则》、《江苏省生态环境保护制度综合改革方案》、《江苏省领导干部自然资源资产离任审计试点方案》等一系列重要法规制定实施,部署推进生态文明建设,明确重点改革任务。省以下环保机构监测监察执法垂直管理制度改革试点工作有序推进,改革方案基本形成。大力推动简政放权,除法律法规及环保部明确规定由省级审批的建设项目外,其他项目环评审批权限全部下放到市县。全省42家环保部门所属的环评机构全部完成脱钩改制。

开展排污许可制改革试点,建立与污染物排放总量直接挂钩的财政政策,无锡被列为国家流域排污许可证发放试点地区。深化水环境区域补偿制度,2016年度全省补偿资金共计3.6亿元,66个补偿断面氨氮、高锰酸盐指数年均浓度同比分别下降19.1%和1.5%。修订出台《江苏省水环境区域补偿工作方案》,将补偿断面从66个增加到112个,补偿标准每档提高25万元,太湖流域总磷补偿标准提高至其他地区的2倍。印发《关于在全省全面推行河长制的实施意见》,建立省市县乡村五级"河长"制体系,覆盖全省村级以上河道10万多条。修订《江苏省重污染天气应急预案》,圆满完成G20峰会空气质量保障任务。出台土壤污染防治工作方案,初步建立土壤环境监测网络。

2. 积极推动经济绿色转型

2016年,高新技术产业占规模以上工业产值比重达41.5%,新兴产业实现销售收入同比增长10.5%,服务业增加值占GDP比重从2015年的48.6%提高到2016年的50.1%。全年压减煤炭产能818万吨、钢铁产能580万吨、水泥产能512万吨、平板玻璃产能300万重量箱、船舶产能330万载重吨。完成国家下达的节能目标任务,单位地区生产总值建设用地下降6.39%。

3. 实施系列治污减排和生态保护项目

完成 1486 个年度大气治理重点项目，大型燃煤机组超低排放改造率超过八成，燃煤小锅炉整治率达到九成，淘汰黄标车和老旧车 28.82 万辆，秸秆火点数同比下降 80%。取缔"十小"企业 1254 家，基本完成全省禽畜养殖禁养区划定，城镇污水年处理能力提高至 1620 万立方米。全省危废安全处置能力提高到 62.2 万吨/年，同比增长 41%。与全省高风险辐射源使用单位签订安全责任书，在全国辐射环境监测质量考核中获得优秀等次。推进生态保护与修复，林木覆盖率提高到 22.8%，自然湿地保护率达 46%。

4. 推进主要水污染物总量减排

突出氮磷管控，在国家化学需氧量、氨氮两项约束性指标的基础上，率先增加总磷、总氮总量减排指标。明确减排目标并分解到 101 个国家控制单元，下达 2016 年度减排计划，制订省总量减排核算办法。全省 128 个省级以上工业园区全面实现废水集中处理和在线监控。全省化学需氧量、氨氮、总氮、总磷排放量同比削减 3.02%、2.91%、2.27%、2.35%，均完成年度减排任务。

5. 强化农村环境整治

完成 1200 个村庄的环境综合整治。继续推进全省覆盖拉网式农村环境综合整治试点工作，建成 1100 多套污水处理设施，铺设污水管网约 2800 公里；建成垃圾转运站 65 座，购置垃圾转运车、清运车 1000 多辆；建成非规模化畜禽养殖污染集中处置中心 4 座，蓄粪池 2000 多个。

6. 环境监管全方位强化

全力配合中央环境保护督察，督察组交办的 2451 个环境投诉问题 100%办结；移交的 11 个问题线索清单，已形成初步调查处理意见；制定实施督察整改《方案》、《清单》。环境信用参评企业增至 2 万多家，相关改革经验被环保部转发全国推广。执法方面，推动落实网格化环境监管体系，全省共划分四级以上网格 1.5 万多个，初步建立 8000 多人的巡查队伍。清理整顿 12.9 万个环保违法违规建设项目。开展化工、钢铁行业等 10 个专项执法行动，环保系统公开曝光典型环境违法案件 6 批 52 起，排污费征收总额达 24.5 亿元，连续 16 年位居全国第一。

7. 推进生态示范建设

全年新增 8 个地区通过国家生态市县考核验收，累计建成国家生态市县 45 个，占全国总数的 31.5%，数量位居全国首位。南京在全国副省级城市中率先建成"国家生态市"；扬州维扬经济开发区等 4 家园区建成国家生态工业示范园区，江苏省淮安高新技术产业开发区等 4 家开发区建成省级生态工业园区。国家生态工业示范园区 21 家，数量均居全国第一。

8. 支持公众参与环境保护

全省环保社会组织联盟成员增至 24 家，累计建成国家环保科普基地 9 个，数量全国第一。在"交汇点"新闻客户端开办"绿政"频道，在江苏卫视开设"263 在行动"

专栏,每周曝光突出问题,主动回应社会关切。全省各设区市、县开通举报电话以来,共收到 2169 起举报线索,曝光 726 个具体问题,对 517 家企业实施关停或整治。

二、2016 年江苏省一般公共预算节能环保支出分析

表 1　2007—2016 年江苏省一般公共预算节能环保支出情况

年份	节能环保支出(亿元)	增长率%	占一般公共预算支出比重%
2007	45.34	93.68	1.78
2008	95.18	109.93	2.93
2009	147.60	55.07	3.67
2010	139.89	−5.22	2.85
2011	170.37	21.79	2.74
2012	193.83	13.77	2.76
2013	229.18	18.24	2.94
2014	237.78	3.75	2.81
2015	308.45	29.72	3.18
2016	285.11	−7.57	2.86

数据来源:江苏统计年鉴 2008—2017

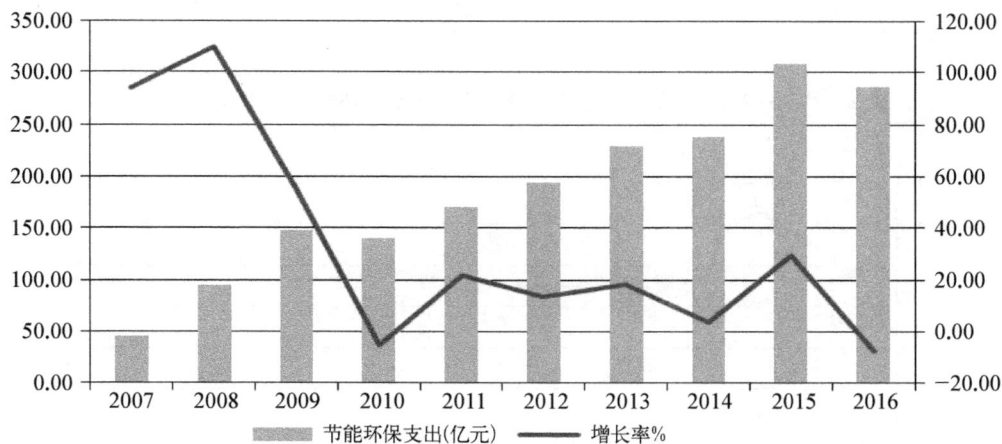

图 1　2007—2016 年江苏省一般公共预算节能环保支出以及增长率

表 2　2008—2016 年全国一般公共预算节能环保支出情况

年份	节能环保支出(亿元)	增长率%	占一般公共预算支出比重%
2008	1451.36	45.75	2.32
2009	1934.04	33.26	2.53
2010	2441.98	26.26	2.72

（续表）

年份	节能环保支出(亿元)	增长率%	占一般公共预算支出比重%
2011	2640.98	8.15	2.42
2012	2963.46	12.21	2.35
2013	3435.15	15.92	2.45
2014	3815.64	11.08	2.51
2015	4802.89	25.87	2.73
2016	4734.82	−1.42	2.52

数据来源:中国统计年鉴 2009—2017

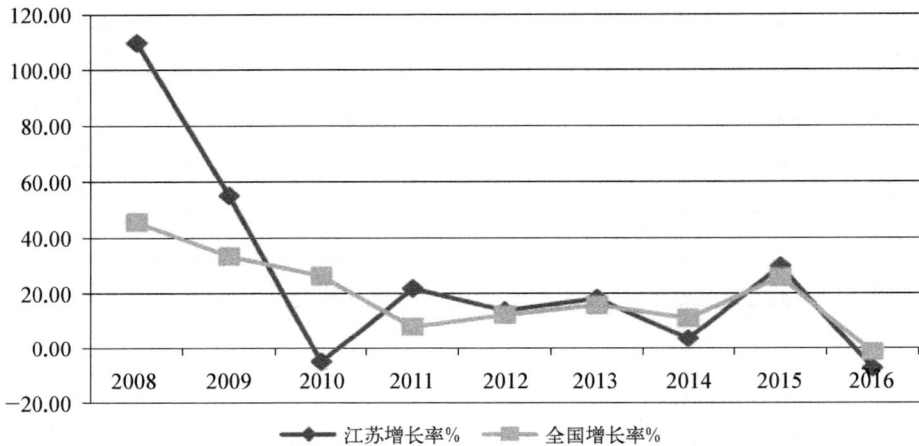

图2　2008—2016 年江苏和全国一般公共预算节能环保支出增长率对比图

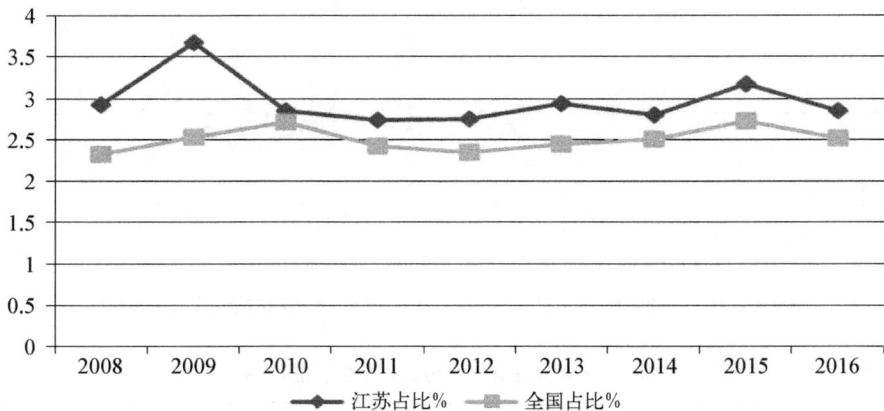

图3　2008—2016 年江苏和全国节能环保支出占一般公共预算支出比重对比图

　　由以上图表可以看出:2016 年江苏一般公共预算节能环保支出在绝对规模上有所降低,出现负增长率,这是受到 2015 年新能源汽车一次性推广补贴支出和中央转移支付较上年减少等因素所致；这也导致全国节能环保支出负增长。而在节能环保支出占一般公共预算支出比重上，江苏省保持总体高于全国水平的状态，但并不显著。

三、公共财政支持环保具体安排

深入贯彻绿色发展理念，坚持把良好的环境作为最普惠的民生福祉，加大用于生态环境保护的财政投入力度，推动环境质量持续改善。江苏省财政支持生态文明建设的做法获得中央环保督查组的充分肯定。

（一）支持治气、治水、治土攻坚战

从源头上抓好大气环境治理，安排资金11亿元，重点支持电力企业超低排放改造、高污染锅炉整治等项目，推动全省空气质量持续改善，确保江苏省PM2.5浓度下降比例达到国家考核要求。安排27.1亿元，推进流域水环境质量持续改善，污染严重水体明显减少，太湖水质连续9年实现"两个确保"。安排2亿元支持南京、宿迁等12个地区开展土壤污染综合治理。为进一步提高环保监测能力，2016年省财政安排1亿元，完善重污染天气空气质量预报预警等平台，支持25个水质自动监测站建设，保障全省环境自动监控等系统运行。

（二）支持城乡环境综合治理

省财政下达资金4.4亿元，重点支持城市河道、低洼易淹易涝和老旧小区改造项目573个，城郊结合部、城中村改造等项目779个，支持全省设区市建成区黑臭水体整治项目79个，整治黑臭河道173.6公里。安排省补资金6.3亿元，支持16个国家村庄生活污水治理试点示范县建设、50个传统村落保护项目和77个康居村庄建设。下达资金9.55亿元，支持全省1455个村庄开展覆盖拉网式环境综合整治试点。

（三）完善生态补偿转移支付制度，出台与污染物排放总量挂钩的财政政策

省级采取"负面清单"的办法，对各地生态红线区域实行监督考核，并引入第三方评估机构，对生态环境质量、生态补偿转移支付资金使用情况进行评估，把考核评估结果与补偿资金挂钩。2016年，省财政下达生态补偿转移支付资金15亿元。2016年度全省水环境区域补偿资金共计3.6亿元。为进一步强化各级政府环境保护责任，加大治污减排力度，提请省政府出台与污染物排放总量挂钩的财政政策，省财政依据考核挂钩标的收取污染排放统筹资金。

四、面临问题及应对建议

2016年环境保护工作取得了积极进展，但与群众对良好生态环境的期盼相比，

还存在问题和不足。主要是大气、水环境质量改善的难度进一步加大,长期形成的"煤炭型"能源结构、"重化型"产业结构和"开发密集型"空间结构尚未根本改变,少数地方环境违法问题突出。建议如下:

(一)加大并落实应用于环保重点环节的财政投入力度

各级财政保障同级生态环保重点支出。按照事权和支出责任划分的要求,加快建立完善与环保支出责任相适应的财政管理制度。以省级来说,省级财政加大对节能减排工作的资金支持力度,统筹安排相关专项资金,支持节能减排重点工程、能力建设和公益宣传。通过省级专项资金重点支持循环经济关键技术与装备研究开发、循环经济技术和产品示范与推广、重大循环经济项目实施、循环经济信息服务、园区循环化改造等。同时,加大财政转移支付对重点生态保护特区和生态保护引领区的支持力度。

各级财政重点支持的生态环保领域。支持能源绿色化改造实施,提高清洁能源消费比重,开展工业污染源全面达标排放行动,减少燃煤机组排放。支持大气污染防治行动计划实施,全面加强挥发性有机物治理,深入开展机动车船污染治理,大力推广新能源汽车,着力控制扬尘污染。支持水污染防治行动计划和水资源总量、强度"双控"行动深入实施,全面推行河长制,加强长江、淮河流域和近岸海域污染防治,推进新时期太湖治理,抓紧实施重点断面水质和水功能区达标整治。支持土壤污染防治行动计划落实,开展重金属重点防控区专项整治。支持农牧结合、种养结合生态循环模式积极发展,加强畜禽污染治理,严格实施化肥农药使用零增长行动。支持主体功能区规划严格落实,统筹实施山水林田湖生态保护和修复工程;按照山水林田湖系统治理的要求,整合生态保护修复相关资金。

(二)优化创新环保财政资金使用方式,强化节能环保支出的绩效约束

基于独立公正的生态环境损害评估制度,完善生态保护成效与资金分配挂钩机制。完善生态补偿机制,科学界定各方权利义务,加快建立健全生态损害者赔偿、受益者付费、保护者得到合理补偿的运行机制。继续实施与污染物排放总量直接挂钩的财政政策,全面推行排污权有偿使用和交易制度。完善全省环境资源区域补偿、生态红线补偿、基本农田补偿、跨区域废物处置补偿等生态补偿制度。规范落实节能环保产品政府强制采购和优先采购制度,推广节能环保服务政府采购。

加大对环境污染第三方治理、政府和社会资本合作模式的支持力度。多种方式积极推行政府和社会资本合作,以资源开发项目、资源综合利用等收益弥补污染防治项目投入和社会资本回报,吸引社会资本参与准公益性和公益性环境保护项目。支持经营类环境保护项目,鼓励社会资本以市场化方式设立环境保护基金,鼓励创业投资企业、股权投资企业和社会捐赠资金增加生态环保投入。

第十章　江苏省 2016 年新型农村合作医疗财政补贴分析

一、新型农村合作医疗的相关概念

（一）农村医疗保障制度

农村医疗保障制度是指一个国家以法律为规范，为全体农村居民提供医疗费用和服务，以减轻农村居民因疾病带来的经济风险并保障居民健康的一种社会保障制度。主要实现方式是国民收入的分配和再分配。我国农村人口占全国总人口的比重达到 42.6%[①]，农村医疗保障是我国社会保障的一项重要内容，对促进全国经济发展具有重要意义。

目前从实际建设情况来看，我国农村医疗保障制度主要指以农民为对象，由集体和个人共同筹资，按照一定比例补偿农民医药费用的医疗保障制度，主要形式包括医疗保险、统筹解决住院费用及预防保健合同等。

（二）农村合作医疗制度

农村合作医疗制度于 20 世纪 50 年代诞生，是一种互助合作的医疗形式，在集体经济的基础上，社员和集体共同筹集资金。社员的医疗费用由生产大队按照一定比例报销。到 20 世纪 70 年代末，农村合作医疗覆盖了全国农村地区的 90%[②]，尽管保障水平较低，但这一制度很大程度上满足了当时农民群众的日常医疗保健需求。

1985 年以后农村开始改革，集体经济开始走下坡路，无法再为农村合作医疗提供资金保障，农村合作医疗开始在全国大面积解体。集体经济解体后，合作医疗的筹资基本上依靠农民自身，基层政府财政困难，没有能力再为合作医疗发展提供足够的资金，这时在农村建立一种新型的合作医疗模式成为政府急需解决的问题，新型农村合作医疗制度随之而生。

（三）新型农村合作医疗制度

新型农村合作医疗制度（简称"新农合"）是由政府组织、引导和支持，农民自愿参

---

① 数据来源：中华人民共和国国家统计局网站，http://data.stats.gov.cn/easyquery.htm?cn=C01&zb=A0301&sj=2016

② 张永辉.中国农村合作医疗制度研究[D].陕西：西北农林科技大学.2009：10.

与,个人、集体和政府三方共同筹资所建立的农村医疗制度。

政府的扶持使得农村合作医疗制度再次得以运行,"新型农村合作医疗"的概念由中共中央和国务院做出的《关于进一步加强农村卫生工作的决定》第一次提出,自2003年起,开始在我国部分地区开展,中央财政和地方财政开始对参加新型农村合作医疗的农民安排合作医疗补助资金。补助标准为中央财政每年人均10元,地方财政不低于每年每人10元的标准。2006年初,中央财政补贴每年增加10元,增至20元,2007年底,全国实施新型农村合作医疗的县已达2451个,参合人数达到7.26亿人,参合率超过86%[①],新型农村合作医疗制度在我国取得了初步成功。

（四）财政介入新农合的理论基础

新型农村合作医疗具有非排他性和非竞争性,属于纯公共产品。其非排他性表现在:当一个农民在享受新农合带来的好处时,无法排斥其他农民也去享受新农合带来的好处,也即所有农村居民都能够从新农合中获益;其非竞争性表现在:某一个农村居民享受新农合带来的益处时,并不会减少其他农民享受到新农合带来的益处,即使农村人口不断增加,也没有任何人会因此而减少其所获得的新农合的益处。因此市场不愿提供,这就导致了新农合领域的市场失灵,故而新农合只能由政府来提供,必须由政府财政来负担新农合的大部分筹资费用,支撑新农合的运行。

二、江苏省新型农村合作医疗财政补贴存在的主要问题

（一）不同地区间筹资水平差异较大

江苏省共13个省辖市,截至2016年各个省辖市新农合情况统计如下表。

表1 2016年江苏省13个省辖市新农合情况统计表

城市	参合人数（万人）	参合率（%）	人均筹资标准（元）	财政补助（元）	财政补助占筹资总额百分比（%）
南京	175.85	100	980	720	73.47
无锡	55.0559	100	675	465	72.21
徐州	657.5	99.78	545	425	77.98
常州	175.37	100	650	475	77.48
苏州	153.67	100	650	475	73.14
南通	471.66	99.97	585	435	74.36
连云港	289.48	99.95	545	425	77.98
淮安	310.25	99.98	565	425	75.22

---

① 张永辉.中国农村合作医疗制度研究[D].陕西:西北农林科技大学.2009:13-14.

（续表）

城市	参合人数 （万人）	参合率 （％）	人均筹资标准 （元）	财政补助 （元）	财政补助占筹资总额 百分比（％）
盐城	356.3	99.5	545	425	74.53
扬州	275.86	99.61	559	425	76.03
镇江	160.78	100	626	450	71.88
泰州	263.9	99.59	559	425	75.62
宿迁	383.4	99.7	545	425	75.23

数据来源：《江苏卫生计生年鉴（2017）》

由以上数据可以看出，江苏省新农合整体发展水平较高，人均筹资标准较高，各级政府财政补贴占人均筹资的百分比全部在70％以上，财政补贴占比高的地区达77％以上，各级财政切实履行了对本市新农合补贴的职责，减少了农民个人出资负担。但是由于江苏省区域经济发展不平衡，不同地区经济发展的差异导致不同地区新农合筹资标准差距较大，严重影响了农民医疗服务的公平准则。故按照地理位置和经济发展情况将江苏省划分为苏南、苏中、苏北三个地区进行对比分析，每个地区选取两个具有代表性的城市，列表分析。

表2 2016年江苏省不同地区新农合筹资情况表

地区	苏南		苏中		苏北	
城市	南京	镇江	南通	扬州	淮安	徐州
人均筹资标准（元）	980	626	585	559	565	545
各级政府补贴（元）	720	450	435	425	425	425

数据来源：《江苏卫生计生年鉴（2017）》

由表可见，2016年南京市人均筹资标准为980元，各级政府补助720元，个人仅需缴纳260元；而徐州市2016年人均筹资标准仅为545元，各级财政补助为425元。南京地区仅财政补贴部分就比徐州、连云港等地人均筹资总额高出295元，差距可见一斑。可见，苏南地区新农合财政补贴水平和人均筹资水平高于苏中和苏北地区，位于苏南地区的南京市仅各级财政补助就比苏中地区的扬州市和苏北地区的徐州市的新农合筹资总额还要多，苏中地区的新农合财政补贴水平和人均筹资水平略高于苏北地区。苏南地区与江苏其他地区的差异十分显著，发展水平远远高于其他地区，过大的筹资和财政补贴差异不利于新农合稳定发展，发达地区凭借自身经济发展优势可以为本地居民提供较好的医疗保障，而经济发展欠发达地区只能紧跟政策提高筹资水平，并且会加重地方政府的财政负担。江苏省政府应该调节好各地区新农合的财政补贴差异，增加对苏中、苏北地区的财政补贴，逐渐缩小各个省辖市之间的新农合财政补贴差距。

（二）财政支持力度不够

江苏省近五年新农合财政补贴总额相差不大，均维持在 100 亿元左右。本文搜集了广东省、山东省、浙江省近五年的新农合财政补贴总额数据，将江苏省近五年的新农合财政补贴总额与以上三省相比较，并结合人口因素，从财政人均补贴额的角度将江苏省与以上三省进行比较，列表如下。

表 3　2012—2016 年江苏、广东、山东、浙江新农合财政补贴总额　　单位：亿元

	2016 年	2015 年	2014 年	2013 年	2012 年
江苏省	96	97	99	100	102
广东省	121	119	119	121	121
山东省	137	137	137	137	138
浙江省	89	90	90	90	90

数据来源：《中国统计年鉴（2013—2017）》

表 4　2012—2016 年江苏、广东、山东、浙江新农合人均财政补贴额　　单位：元

	2016 年	2015 年	2014 年	2013 年	2012 年
江苏省	120.01	121.61	124.37	125.96	128.79
广东省	110.01	109.69	110.97	113.68	114.22
山东省	137.73	139.13	139.95	140.76	142.49
浙江省	159.21	162.48	163.40	163.70	164.32

数据来源：根据《中国统计年鉴（2013—2017）》相关数据测算得出

可见江苏省近五年新农合人均财政补贴总体水平较高，人均补贴额比经济发展水平相近的广东省每年平均多出大约 14.2 元，但是与山东省和浙江省相比，江苏省新农合财政支持力度还不够大，山东省新农合人均财政补贴平均每年比江苏省多出 20.55 元，浙江省新农合人均财政补贴平均每年比江苏省更是多出 38.47 元，江苏省还需在新农合财政补贴上加大财政补贴额度，提高江苏省人均补贴标准，提高江苏省的新农合发展水平。

（三）资金筹集方式不合理

目前江苏省总共有三种资金筹集方式。一是专人上门收缴方式，政府组织一个筹资工作小组，去每个参合农民的家中收取参合费用。二是"三定"筹资方式，是指提前规定好筹资时间、缴纳地点、缴费金额，让农民主动送缴自己的参合费用。三是滚动筹资方式，是指参合农民在报销其医药费用的时候，利用报销所得的医药费为自己家庭成员预缴下年度的参合费用。

专人上门收缴方式不仅筹资效率低而且成本高，操作起来较为繁杂且容易出错。

目前苏南地区和大部分苏中地区一直是采用此种方式筹集资金。"三定"筹资方式实现了低成本高效率的目标,但是很难规定出让所有农民满意的时间、地点以及金额,在"三定"筹资前一定要把"三定"内容通知到家家户户,对宣传上的要求比较高。滚动筹资方式可操作性强,降低了筹资成本,但是滚动筹资不适用于那些没有得到报销的农民。

选择最节省时间和成本的筹资方式关系到新农合的进一步发展,筹资方式不完善将直接导致新农合的资金使用无效率,造成资金浪费,对筹资工作的开展也会产生负面效应。江苏省内区域新农合筹资水平差异大,对于经济较落后的苏北地区和部分苏中地区来说,不合理的筹资方式使得筹资效率低,筹资困难,不仅不能让新农合达到其应有的保障力度,还会加重当地政府的财政负担。

(四)政府间财政补助资金责任分摊不合理

从全国角度看,新农合基金绝大部分是由中央财政和地方财政补贴构成,其中中央财政补贴占一半,地方财政补贴不低于一半,但没有明确规定省级及以下各级政府如何分摊,导致省级及以下政府责任分担边界划分不明,筹资责任分摊不合理,省级政府没有建立一种与下级政府财政支持能力相适应的补贴分担制度,导致财政补贴资金责任分担的随意性。

低级财政如县财政每年的财政收入不过一两亿元左右,如果各级财政按人数进行定额补贴,那低级财政的新农合财政支出占其财政收入的比例必定要远远高于省市级财政对新农合的财政支出占其财政收入的比例,那么低级财政的支付压力就非常之大,相反,财政收入较多的省市级财政所承受的新农合财政支付压力则较小。对江苏省不同地区的财政补助资金负担进行比较,不难发现江苏省基层政府承担的新农合财政补助资金的负担较大,且各地各级政府间均存在上级政府将财政补助责任转移到下级政府头上的现象。

三、江苏省新型农村合作医疗财政补贴政策建议

(一)财政补助应重视地区均等化

针对江苏省不同地区之间新农合财政补助资金的显著差异,政府应合理统筹财政补助资金的分配,在不影响经济发达地区新农合参合农民的现有福利水平下,加大对经济欠发达地区的新农合财政补助力度,增加对苏北地区以及部分苏中地区新农合财政补助资金的投入,提高当地参合农民的福利水平,加快这些地区新农合的发展。

另外,新农合的保障水平依各统筹地区的制度而定,统筹地区制度的不同会导致各地区保障水平出现差异,会使补贴政策失了公平,统筹地区制度的不同也会导致补贴标准难以确定,补贴责任难以公平分摊。因此,应加快城乡统筹,逐步将新农合统

筹层次从市（县、镇）级过渡到省级，逐步改善因统筹层次过低、各统筹地区制度不同造成的保障水平差异。

（二）加大财政支持力度，提高财政补贴资金使用效率

江苏省新农合筹资水平虽处在全国前列，但是总体来看情势并不乐观。一方面，江苏省与排名在前的省市差距在扩大，追赶力度不足；另一方面，排在江苏省之后的省市正在日益缩小与江苏省的差距，逐步赶超。为了使江苏省新农合的保障效用达到更高水平，当务之急是江苏省财政部门要对新农合加大财政补助资金的投入。除此之外，应提高对基层医疗机构的重视程度，加大对基层医疗机构的投入比例，加快基层医疗设施的更新升级，并且重视对基层医疗人员的培养，加大资金投入为基层培养出优秀的医疗服务人员，使农村医疗人员的专业水平得到一定的提升，改善农村医疗水平。

在扩大财政补贴资金投入的同时，也要重视"有效投入"问题，即提高资金的使用效率。因此，需要建立起有效的财政支出绩效管理体系，提高新农合财政资金的使用效率，杜绝不必要的资金浪费。在此基础上要提高资金使用透明度，把每一分财政资金的支出方向和具体账目都公示于众，做到让公众对政府拨付款项的使用心中有数，要设立专门部门严格监督新农合财政补贴资金的下拨与使用情况，杜绝有人心存侥幸滥用私权私自占用新农合补贴资金的现象。

（三）完善筹资方式，建立多元化筹资渠道

江苏省目前使用的筹资方式均有一定缺点，应该制定科学的筹资方式，建立多元化筹资渠道，减少筹资困难，增加筹资数量。

首先要解决好农民的"自愿筹资"问题，应该对新农合做好宣传工作，向农民详细推广新农合的好处，并且让农民在参加新农合后都能获得实实在在的利益，获得公平公正的医疗服务，享受规定的费用补偿；其次是倡导社会资本对新农合的投入，这是现有新农村合作医疗资金筹集中发展潜力非常大的一块空间，在国际上大力宣传中国的新型农村合作医疗制度，争取国外资金的流入，鼓励国内大型企业、公司和高收入者为一些贫困地区新型农村合作医疗贡献力量；再次要提高筹资效率，减少工作人员工作量，减少筹资成本。如今银行网点在乡镇上比较健全，农民基本上都有银行储蓄账户，可以实行银行代扣的筹资模式，愿意参加此种方式缴纳参合费用的农民与银行签订协议，按代扣办法缴纳，如此既方便了外出务工人员缴纳参合费用，简化了筹资程序，又能保障资金的安全。

（四）构建合理的政府间责任分摊机制

江苏省新农合财政补贴存在的一大问题是政府间责任分摊不合理。为了公平合理地划分政府间责任，使新农合取得长效可持续发展，应该对各级政府的责任进行制

度化,即改变过去省级政府和下级政府之间的新农合财政补贴划分模式,省级政府在确定省、市、县分摊比例时要考虑到各方各面,比如要考虑每个市、县的财政支付能力,根据其支付能力确定其分摊责任,财政支付能力较低的地区负担较少的新农合补贴,补贴不足部分由省级财政补全,财政支付能力较高的地区则负担多一些的新农合补贴。总体来说省市财政应负担更大的比例,减轻县级财政负担。在进行补贴时,经济困难地区应该得到更多的新农合财政补贴。只有这样,市、县政府的财政负担才能够得到减轻,财政补贴的地区失衡问题也才能得到缓解。

第三篇　财政治理篇

第十一章　江苏省政府预算公开性现状与完善

一、实行政府预算公开的依据

（一）理论依据

1. 新制度经济学的委托—代理理论

现代意义上的委托—代理理论最早出现在 20 世纪 70 年代,由罗斯系统地提出。现代企业制度的特点是实现了所有权和管理权的分离,经营者作为代理人接受委托人即所有者的委托,并行使其赋予的某些决策权。这就产生了委托—代理关系。代理人接受委托人委托,其所作所为应以委托人的利益为主,然而很多时候代理人和委托人的利益会发生冲突。再加上代理人和委托人之间存在着明显的信息不对称,代理人得到的信息远多于委托人,就容易形成"逆向选择"以及"道德风险"等问题。因此,委托人实现自己的利益就需要建立监督机制,而这就必须要求代理人有关行为透明公开,以便委托人更好地监督。

按照委托—代理理论,政府预算也是一个委托—代理关系,公民与政府的关系实质上也是一个委托—代理关系。政府作为受委托的一方,通过政府预算形式即接受社会公众上缴的税收,然后为公民提供公共产品,满足公共需要,其行为最终是为了公民即委托人的利益。而在政府与公众间,信息不对称问题等必然存在,为了尽量减少这一风险,必须建立监督机制,公众必须政府预算公开。因此,政府预算的绝大多数来自税收,公民缴纳税收给政府,政府应当取之于民,用之于民,公民有权要求预算公开,监督政府行为,督促政府提高办事效率。

2. 新公共管理理论

新公共管理理论以经济学理论和私营经济的管理理论为理论基础,是国外行政管理改革的主要理论基础。新公共管理理论主张政府的公共部门应采用私营企业的管理方式和竞争机制来管理,简化政府的职能,以注重公共部门的效率和质量。在全球化、信息化的背景下,为解决财政赤字及政府信任危机等问题提供了理论依据。

新公共管理理论鼓励公民积极参与公共部门管理,非政府机构如非营利组织和私人机构等也可以参与到公共事务的治理中。政府预算从形式上看是政府的财政收支计划,实质是依法约束和规范政府活动,以使政府活动满足社会公众利益,从这一意义上看,政府预算信息必须向外公开。根据新公共管理理论,在公共事务的治理过程中，强调市场化改革，因此预算信息公开更有必要。20 世纪 80 年代西方国家进行新公共管理改革，随着财政管理的完善，各国政府对公开财政信息，提高财政透明度的需求增加。① 以新公共管理理论为基础的"新公共管理"运动对财务报表的要求不断提高，促进预算公开不断推进，极大地提高了政府的预算透明度。

（二）法律依据

1.《中华人民共和国宪法》是政府预算公开的根本依据

宪法作为一国的根本大法，具有最高的法律效力。《中华人民共和国宪法》第三条规定国家各级机关受人民代表大会监督，人民代表大会受人民监督。人民代表大会可以对政府预算进行监督，人民代表大会由人民选举产生，可见宪法赋予的公民参与中央和地方预算活动的权利。《中华人民共和国宪法》第四十一条规定公民拥有批评和建议，申诉、控告或检举的权利。这些权利实施的前提就是信息公开，当然也包括政府预算信息的公开，公民只有了解并参与了政府预算活动，才能履行对政府进行批评、建议的权利。只有政府预算信息的公开，公民才能有效监督政府行为，对政府的违法失职行为才能进行申诉、控告或检举，才能建立一个依法行政、执法为民、维护社会公众根本利益的政府。

2.《中华人民共和国预算法》是政府预算公开的执行依据

新修订的《中华人民共和国预算法》于 2015 年 1 月 1 日起开始实施。而在《中华人民共和国预算法》涉及预算公开的条文中，对预算公开的内容、主体、时限等做出了明确的法律规定，并对转移支付、政府债务、机关运行经费等事项要求做出公开说明，并规定了违反预算公开的法律责任。②

《中华人民共和国预算法》的第十四条对政府财政部门向社会公开的内容，公开主体以及信息在多长时间内公开都做了明确的规定。第四十四条规定了各财政部门或政府预算草案初步审核的时间，第四十五条规定各级人民代表大会在审查预算草案前应从不同渠道听取公民的意见。第九十二条还规定了违反预算公开相关要求所需承担的法律责任。

3. 其他法律法规是政府预算公开的重要推动力

2008 年 5 月 1 日起，我国实施《中华人民共和国政府信息公开条例》，该条例颁发的主要目的是为了保障公众依法获取信息，提高政府工作透明性。而政府预算信息公开是政府信息公开非常重要的部分，该条例颁布实施后，政府预算被纳入了政府主动公开信息之中，推动了我国政府预算公开进入了一个新的历史阶段。《中华人民共和国政府信息公开条例》第五条规定：政府行政机关公开政府信息应保证公正、公平和便民；第六条要求行政机关对政府信息公开工作做到及时准确；第九条到第十三

---

① 李燕,肖鹏.预算公开国际比较研究[M].北京:经济科学出版社,2016.182.
② 刘剑文,侯卓.预算公开:内涵、功能与保障[J].中国财政,2015,(01):34-38.

条中提到行政机关公开政府信息一方面依靠其主动公开,并列举了需重点公开的信息,另一方面还可依申请向公众公开;第十五、十六条规定政府信息的公开要便于公众知晓。

2013年党的十八届三中全会聚焦全面深化改革,明确要求实现"透明预算"。2014年《国务院关于深化预算管理制度改革的决定》(国发〔2014〕45号)强调要完善政府预算体系,积极推进预决算公开。2016年国务院办公厅颁布了《关于进一步推进预算公开工作的意见》强调对部门预算公开的重视,提出加快部门预算公开速度,扩大公开范围。

二、江苏省政府预算公开情况分析

表1　2009—2017年江苏省及全国平均财政透明度得分

	2009年	2010年	2011年	2012年	2013年	2014年	2015年	2016年	2017年
江苏省	26.83	20.39	25.57	25.2	25.12	18.77	22.82	23.71	55.1
全国平均	21.71	21.87	23.14	25.33	31.4	32.68	36.04	42.25	48.28

数据来源:《中国财政透明度报告(2009—2017)》上海财经大学出版社2018.

伴随着我国《政府信息公开条例》的实施,财政预算被纳入政府主动公开的信息之中。上海财经大学公共政策研究中心从2009年起连续9年发布了《中国财政透明度报告》,向我们展示了中国各个省级财政信息公开的情况。江苏省从经济发展水平来看,当然是经济发达地区,但从财政透明度指数来看,江苏省的得分不容乐观。2009年财政透明度指数得分是26.83分,到2015年为22.82分,即说明财政透明度不仅没有提高,反而明显降低。2016年财政透明度指数得分为23.71分,分数略有提高,但排名却从2009年的第6名到2015年的第25名(即倒数第7名),在2016年又掉到了最后一名,公开的信息内容不及省级财政透明度调查的四分之一。

从全国来看,我国省级财政透明度平均分在2009年为21.71,到了2015年达到36.04,2016年为42.25。可以看出,近几年我国省级财政透明度呈小幅度上升趋势,说明我国省级政府在预决算信息公开方面取得了一定的成效。据报道,财政收入比较高的省份排名并没有想象的高,其中就包含江苏省。在《2017中国财政透明度报告》中,江苏省的政府财政信息公开程度在被观察的31个省级政府中排名第十一位,得分为55.1分(如表1)。这显然说明,江苏省在预算信息公开方面仍然存在一些问题,财政透明度仍不理想。经过深入研究可见,预算公开方面存在以下问题:

(一)政府部门对预算公开的意识不强,预算公开不及时

在《2016年江苏省省级预决算公开工作方案》中,强调预决算公开的基本原则之一是坚持以公开为常态,不公开为例外,强调政府及部门对政府预决算的信息公开要积极主动。事实上,在2015年、2016年的财政透明度报告中江苏省的财政透明态度

得分就居于前列，也就是意味着相关部门回复信息公开申请情况较好。但从它 2015 年、2016 年的财政透明度排名情况来看，江苏省政府预算公开意识仍然不足，原因是虽然现在政府在向服务型政府转变，但鉴于多年的官本位思想，政府一时很难转变自己的工作态度，即使按照相关要求进行了预决算信息的公开，但只是以完成任务的态度，缺乏积极主动的意识。

政府预算公开不及时是政府预算公开意识不足的一个体现。按要求，相关报告及报表应在批准后 20 日内由本级政府财政部门向社会公开。江苏省财政厅的信息公开一般在 5—20 天之间。各市级政府的公开时间并不乐观，南京市 2017 年预算执行情况与 2018 年预算草案在财政局官网的公布时间就超过了 20 天。政府预算公开不及时就削弱了信息的可比性，如果公众只能接收到过时的信息，那么预算公开就没有了意义。

（二）预算公开内容不全面

在江苏省财政厅门户网站的信息公开栏中，政府预决算和部门预决算有专门的目录链接可供查询。江苏省财政厅从 2011 年开始公开政府性基金收支以及部门预算，2013 年 9 月 30 日，政府预决算栏中第一次出现了"三公"经费汇总情况。总体而言，江苏省政府预算公开内容正逐步扩大。但是，江苏省政府预算公开的内容仍然不够全面，主要表现在以下两个方面：

第一，从预算收支的结果来看，江苏省政府公开了一般公共预算、政府性基金预算、国有资本经营预算和社会保险基金预算等内容，但是与其他地方一样，目前仍然有部分政府收支没有列入政府公开的范围，如未公布纳入财政专户管理的资金预算信息，并且对政府负债情况的信息公开极少。根据 2016 年的《中国财政透明度报告》情况说明，江苏省有关部门对财政透明度项目组关于资产负债表的调查给予了回复，但仅仅提供了查询网址却查询不到该类信息，政府资产负债总额以及长期负债等项目信息并没有公开。

2016 年江苏省财政厅编发了《江苏省预决算信息公开管理暂行办法》，其规定了政府和部门预决算信息公开的内容，但是这只是界定了政府预算公开的大体范围，并没有规定政府预算应该公开哪些具体的、实质性的内容，所以各级政府和部门的执行并不统一。

第二，从预算收支的过程来看，政府预算公开内容并不只局限于政府预算收支结果，而是应该包含整个预算管理的全过程。美国政府要求从财政预算方案到预算审计的整个过程的信息都应该向社会公众全部公开。新西兰政府在提交预算审议时会允许社会公众进行旁听并提出疑问。而江苏省政府预算信息公开只是向公众披露了预算草案和预算实行结果，而对政府预算编制审批、执行、决算等具体过程并没有公开。当然这种情况不只是江苏一个个案，而是全国各级财政普遍存在的一个问题，一个需要时间逐步完善的问题。

（三）政府预算公开内容不细化

随着政府以及社会各界对预算透明度的重视，预算信息公开的数量较过去有了明显增多，但值得注意的是预算信息的公开并不就是数量越多越好，而是需要全面、详细地披露预算内容。不仅是江苏省，我国的各个省份都存在着政府预算公开内容明显不够细化的情况，往往是预算科目越明细透明度越差。

目前我国政府收入按来源和性质分为类、款、项、目四个层次，政府支出按功能分类分为类、款、项三个层次，按经济分类分为类、款两个层次。《江苏省预决算信息公开管理暂行办法》规定本级政府财政部门以及各部门预决算收支应公开到项级科目，并按规定逐步公开到经济分类科目。所以各级政府和部门对预算收支的类级科目内容都应该进行公开，但是，我们可以从江苏省财政厅网站上看到，对于预算收入的信息公开大部分就到款级，很少到项级，基本没有涉及目级，对预算支出的信息公开也没有完全依照规定公开到功能分类的项级科目。对于近年来大家比较关注的"三公"经费问题，江苏省财政厅虽然从 2013 年开始公布的相关预算表中包含了因公出国（境）费、公务用车购置及运行维护费、公务接待费三项，但这三项公布的只是笼统的数据，对各项支出没有做到细化公开。

（四）政府预算公开途径与形式不完善

江苏省的预算公开方式与目前各国的预算公开方式相同，主要都是主动公开和依申请公开两种。主动公开是政府财政部门或其他部门按要求通过网站或媒体主动向社会公众公开预算信息的方式，这是政府预算公开的主要方式，也是政府预算透明度的主要表现。从西方各国政府预算公开的发展来看，预算公开的详细信息不仅在媒体和互联网上公布，而且还用书面文件形式公开。如美国联邦政府预算公开的途径除网络公开等方式外，还会通过公共图书馆等场所公开，政府打印办公室也会提供纸质版预算信息或包含预算信息的光盘。澳大利亚政府的预算公开信息在其官方网站上一览无余，不仅内容全面具体，而且十分亲民。

目前江苏省预算公开信息主要是通过各个部门的门户网站公开，当然也会通过广播、电视等媒体公开，但是缺乏其他的政府预算公开途径，如美国政府的纸质版预算信息和光盘等，这样就会对不熟悉网络者带来不便，政府没有考虑到这部分人对预算信息的需求。另外，我们在江苏省各部门的门户网站上查询预决算公开信息时，会发现各个部门在公布预算信息时，各自有不同的习惯，还没有形成统一的规范，导致人们查询的同一类信息，在不同的部门网站上其位置是不同的。如南京市公开实务部门预算中，有的部门将所有内容整理在一起上传（如中国南京市委宣传部），而有的部门会将各类表格分开上传（如南京市中级人民法院），这会给公民查询信息带来阻碍。随着江苏省预决算统一平台的上线，这一问题应该会逐步得到解决。

(五)财政透明度指数在地方政府之间也存在差距

财政透明度指数与政府层级的高低成正比关系,政府层次越高,政府财政透明度越高,相反政府层次越低,政府财政透明度越差。根据2017年的《中国财政透明度报告》显示,省本级政府的预算公开情况好于地市级,地市级好于县,乡级政府财政透明度最低。

目前,江苏省13个地级市都开始了实行预算信息公开,但各市预算公开程度不一。在《2017年中国市级政府财政透明度研究报告》中,全国市级财政透明度指数的平均得分是49.33,而江苏省13个地级市中,虽然有12个地级市的财政透明度指数平均得分都在平均分以上,但排名进全国前50的却只有南京市一个。连云港市得分最低,仅有13.73,排名是倒数20。在其政府预算公开内容中,既没有对本市的2016年预算执行情况和2017年预算草案进行详细披露,同时对一般公共财政、政府性基金预算、国有资本经营预算以及社保基金预算这"四本账"的一些基本细则披露得也不详细。

三、推进江苏政府预算公开的建议

相比而言,我国政府预算公开改革起步较晚,所以政府预算公开发展还有很长的路要走。为此,作为我国经济发达地区的江苏省,在政府预算公开发展过程中,应借鉴其他国家发展比较成熟的预算公开制度经验,根据本省的实际情况,有针对性地不断推进政府预算公开改革,以提高财政透明度,促进我国政府预算管理的法制化,使民主财权得到充分体现。

(一)提高预算公开内容全面性,并细化预算公开内容

1. 扩大预算公开的范围

按照政府预算完整性的原则,所有的政府收支都应纳入政府预算中。事实上,江苏省的政府收支并没有全部纳入预算,当然预算公开的内容并非所有的政府收支,这明显不符合预算完整性原则。江苏省政府应扩大政府预算的范围,使所有的政府收支都纳入政府预算,从而所有的预算收支都纳入预算公开范围内。

此外,预算公开需要给公民展示的不仅仅是预算结果,还应包括从预算编制到预算执行、决算等一系列过程,做到全公开、全透明。当然,这一过程不可能一蹴而就,在当前情况下,首先应该做并可以做好的是预算编制、审查过程的公开。地方各级人大应该完善相关制度,给这一过程的公开一个制度保障,还可以通过媒体报道的方式向社会公开相关信息。[1]

---

① 孙铄.地方政府预算公开改革和创新的路径研究——以华东某市为例[J].经济研究导刊,2017,(16):164.

2. 细化预算公开内容

预算公开内容的规范首先要抓细节，进一步细化预算公开内容，预算信息披露的越仔细，财政信息越透明，预算公开越能发挥其约束作用。政府预算收支信息的公开细化程度主要是根据预算收支的分类，江苏省政府可以根据每年财政部制定的《政府收支分类科目》进行预算信息公开，制定一个预算信息公开的统一模板并不断进行完善，使预算收支逐步细化到"项"一级。这样政府预算信息公开内容在全面的基础上达到细化的要求。

另外还需强化对各项收支的细化。美国各级政府为控制公务开支，对公务开支方面的信息公开得十分细化，对公务花费把控十分严格。如美国联邦政府公务局给出差人员制定了严格的餐费标准，在相关网站上查询到的信息也十分详尽。笔者认为江苏省的三公经费信息公开可以学习美国联邦政府，同时还需要对出差人员的相关标准予以细化。例如，制定详细的外出住宿标准，给公车统一安装 GPS 定位系统来确保公车公用，然后将"三公"经费每一项目进行细化公开，以此来确保"三公"经费使用的符合我国相关的规定。

（二）拓宽预算公开途径，完善预算公开形式

1. 预算信息公开途径多元化

江苏省政府预算信息公开主要是通过各门户网站以及一些媒体、广播。出于方便社会公众考虑，笔者认为不能忽略预算公开书面文件的发布。通过书面文件可以有效整合各个部门分散的预算公开信息，从而可以为公民提供更为完整的预算信息。可以学习美国等国家给公民提供免费的纸质预算公开资料，或者通过公共图书馆的方式进行预算信息公开。相关部门也可以借鉴新西兰政府广泛征求民意，根据公众的意见来确定预算公开的主要途径。

政府预算公开的目的是便于公民了解并理解预算信息，从而有效地行使其监督权。鉴于大部分公民都是非专业人士，进行预算编制时必须考虑到这一点，尽量规避晦涩难懂的专业语言，尽量采用通俗易懂的语言、直观的图表来描述需要公开的政府预算信息。如美国德克萨斯州的预算公开，其官方网站上的预算报告简洁明了，用各式各样的图表代替了冗长的字符，详细的说明让人容易理解，便于操作。澳大利亚的预算报告图文并茂，有详细的备注说明，对专业术语也会给出详细的解释帮助公众理解。在江苏省预算信息公开的发展中，这些经验值得借鉴。

2. 进一步完善预算信息公开网络平台

主动公开是预算公开的主要方式，而江苏省预算公开的一个问题是主动公开的途径与形式的问题。我们现在处于一个信息时代，计算机网络发展迅速，公民通过网络获得信息越来越普遍，所以预算信息线上公开的规范性需要引起足够重视，一个规范的预算信息公开网站统一公开各项开支，并且给出详细的操作说明，能有效防止公民在查询预算信息时走弯路。2017 年 11 月 7 日，江苏省预决算统一平台正式上线，标志着江苏省财政信息公开更加系统化。这一平台有 3 个主栏目，包括预决算公开管理文件、政府预决算公开和部门预决算公开。据新华网报道，江苏省预决算统一平台于 2017 年 11 月 7 日正式上线之日起就已有 120 个市县（区）、近 9000 家单位在此平台上公开了预决算信息。江苏省预决算统一平台的上线给江苏省政府预算公开发展起了良好的促进作用，江苏省政府应运用好这一平台，并在过程中不断完善，给江苏省政府预算公开提供一个好的环境。另外，各个部门的预算信息公开的格式不统一的话容易给公民带来查询上的不方便，预算信息公开应统一格式，这样才能方便公民查看。

3. 重视"被动式"预算公开

在完善预算信息主动公开形式的同时，要注重"被动式"预算公开，即预算信息的依申请公开的推进与完善，真正做到便民利民。政府的预算公开是由主动公开和依申请公开两者组成的，不能一味地发展前者而忽略后者。当公民积极关注预算公开时就会运用自己申请信息公开的权利，政府要积极地回应才表明预算公开制度有了明显的发展。

（三）强化政府提供信息公开服务的意识，及时公布预算信息

1. 提高政府提供预算信息公开服务的意识

执政为民是我国政府工作的基本理念，政府服务于人民，政府预算信息公开工作旨在满足公民的知情权、监督权等权利。对政府来说，预算信息公开有利于提高政府的工作效率，遏制腐败问题的产生。政府对提供信息公开服务不仅不应该有抵触情绪，还应该积极配合，不断细化预算信息公开内容，推荐深化改革的进程。

针对江苏省预算公开意识不强这个问题，笔者认为可以从以下几方面着手解决。一方面，进一步深化政治体制改革，充分发挥政治体制的作用，通过完善政治体制的方式完善政府预决算公开制度和体系。另一方面，完善法律法规，为政府预决算信息公开提供法律保障，将信息公开工作纳入政府的问责体系中，从而引起各级政府及部门的重视，积极主动进行预决算信息公开工作。以上两点主要是依靠强制执行的方式来提高政府的服务意识，笔者认为，除此以外，政府还应该重视对工作人员的服务意识的培养，多举办一些讲座、学习交流会等提高整体的服务意识，让政府真正做到主动服务。

2. 确保预算信息及时公开

政府预算公开工作需要提高效率，及时公布预算信息，保证所公布信息的时效性，不然的话预算公开就失去了意义。《中华人民共和国预算法》对政府预算信息公开时间有明确的规定，江苏省政府及相关部门应严格按照要求，及时公布预决算信息，及时不是按时，不要规定说 20 天之内就到了第 20 天才公布相关信息。笔者认为，在保证信息完整准确的前提下，预决算信息公开时间越早越好，这是政府对信息公开积极的表现，也是政府预算公开发展进步的表现。

（四）重视地市级及以下政府预算公开

针对政府层次越低,财政透明度越低这一问题,江苏省政府应引起足够重视,不能只推进省级政府及部门的预决算信息公开而忽视了地市级和县、乡政府的预决算信息公开。出于江苏省目前的现实情况考虑,笔者认为江苏省政府可以采取从上到下的策略推进预决算公开,在省政府的带领下逐级向下推进预决算信息公开事宜,每一级政府都考量下一级政府的财政透明度,建立问责制,带动全省各级政府和部门推动预决算信息公开的发展,建立一个全省积极推进预决算信息公开的良好氛围。

第十二章　江苏省法治财政建设

近年来,江苏省财政法治化建设不断深入,成效斐然。2016 年,以法治财政标准化建设为主要抓手,创新实践"六位一体"标准化管理,扎实推进依法行政示范点建设,为推进法治政府构建,完善现代财政制度奠定了扎实基础。

一、加强组织领导,形成依法行政合力

(一)党组高度重视依法行政

江苏省财政厅厅长办公会、厅依法行政领导小组会议多次专题研究部署,指导解决工作中遇到的实际问题。厅党组书记、厅长刘捍东同志多次强调,要强化业务处室依法行政的主体责任意识,将依法行政各项要求贯穿于财政管理工作各个环节,有效提升财政干部依法行政依法理财的自觉性,不断完善全省财政系统的规章制度,提高依法行政能力。分管厅长明确要求,要进一步加大法治财政标准化建设的推进力度,将法治财政标准化建设的品牌做响做硬,真正形成可复制、可推广的具有江苏特色的新举措和新经验。

(二)落实组织协调机制

充分发挥厅依法行政领导小组的协调作用,定期召开厅依法行政领导小组工作会议,坚持例会制度,专题研究依法行政重点工作,部署法治财政标准化建设和督导工作。厅党组中心组每年安排两次以上专题学法。

(三)健全依法决策机制

牢固树立依法理财、以制度管人管事的理念,严格按照科学民主决策机制的要求,强化内部管理,提高决策效率。

一是严格执行内部控制。认真执行《省财政厅工作规则》,全面修订《江苏省财政厅内部控制制度》,加大配套制度建设力度,实现机关政务规范运转,有效防范了内部管理风险。

二是严格规范重大决策程序。认真落实公众参与、专家论证、风险评估、合法性审查、集体讨论决定的法定程序,在决策过程中广泛听取社会各界意见,推进参与式程序建设,自觉接受社会监督,着力提高财政管理水平,确保制度科学、程序正当、过

程公开、责任明确。

三是严格规范财政决策程序。重申凡预算编制和重大资金分配等重大决策均经厅党组或厅长办公会议讨论决定,重大决策事项决策前均经法律咨询论证,并根据法律咨询论证意见做出决策,确保其合法性。

二、深化财政改革,提升财政服务能力

(一)创新财政管理工作

一是完善政府预算体系。细化政府预算编制,省级"四本预算"全部报请人大批准。完善转移支付预算编制,首次将一般性转移支付细化到具体项目,将省对市县税收返还、预下一般性转移支付和专项转移支付细化到具体地区。加大一般公共预算对政府性基金预算、国有资本经营预算的统筹力度,2016 年省级一般公共预算统筹政府性基金预算 1 亿元、国有资本经营预算 3.8 亿元。

二是加快推进中期财政规划管理。在编制省级 2016 年年度预算时,同时编制了省级 2016—2018 年三年滚动财政规划,对未来三年内省级重大财政收支情况进行预测分析,提高财政政策的前瞻性和可持续性。

三是完善转移支付制度。(1)增加一般性转移支付规模。清理、整合、规范转移支付项目,按照"增一般、减专项、提绩效"的思路,提高一般性转移支付规模,2016 年将 42 个专项转移支付项目共 248 亿元改为一般性转移支付下达;探索提前下达转移支付,选取部分按标准测算、补助资金相对稳定的转移支付资金,提前下达 2016 年转移支付超 430 亿元。(2)促进区域协调发展。2016 年省对市县转移性支出预算安排 2331.4 亿元,着力支持苏北等经济薄弱地区民生运转和经济发展,对苏北主要经济指标增速持续高于全省平均水平起到了重要支撑作用。

四是切实提升资金使用效益。(1)改革财政资金分配政策和支持方式。加大省级专项资金整合力度,推动重点领域资金整合至 152 项;扩大专项资金因素法分配试点。(2)严格规范财政预算执行。健全预算执行监控制度,明确专项资金分配或拨付的时间节点;对按人均标准测算的项目及时清算下达。健全预算执行通报考核制度,对执行进度缓慢、形成结余较多的专项资金相应扣减下年度预算。健全预算执行监督检查制度,对重点支出执行情况、重点项目实施情况和重大政策落实情况开展专项检查。(3)强化基本公共服务均等化的财政保障。围绕建机制、补短板、兜底线,突出公平普惠、精准扶持,提高财政对社保、医疗、教育等补助标准。2016 年全省一般公共预算支出 75% 以上用于民生保障,其中省级财政民生支出预算比重达 80%。

(二)完善财政监督机制

按照规定程序进行监督并作出行政处理处罚,规范监督行为,保证监督质量。规范成果利用,建立财政检查结果跟踪落实和成果运用机制,对检查中发现

的问题,在分析原因的基础上,提出加强和改进管理的建议。设计并下发财政监督结果落实机制研究调查问卷,向全省财政系统和省级机关单位调研财政监督结果落实情况,并对《江苏省财政厅财政监督检查结果跟踪落实暂行办法》进行了修订完善。

(三)继续提高采购管理水平

强调运用信息化手段提高监管水平。全面启用新开发的"江苏省政府采购交易执行系统",所有省级集中采购项目进入系统交易;全面推广省级政府采购"网上商城",对纳入采购目录的13大类160个品目、单项或同批20万元以下的货物,指导省级预算单位实施"网上商城"采购,并促进"网上商城"在各地的推广实施;验收新版江苏政府采购管理交易系统,并下发《关于在全省推广应用政府采购管理交易系统有关问题的通知》,统筹推进全省政府采购信息系统建设。

三、加强财政立法,完善法律体系建设

(一)《江苏省财政监督条例》立法工作

围绕法治财政的内在要求、党风廉政建设的相关要求和财政监督检查的实践要求,积极配合省法制办采取专题座谈、问卷调查、赴兄弟省市调研、邀请业内人士和法律专家评估、通过媒体向全社会征求意见的方式,完成了《条例》第九稿的撰写,目前已进入起草立法说明、立法对照表等材料阶段,并书面提请省人大将《条例》列入2017年立法计划,配合省人大做好《条例》的相关立法调研工作。

(二)《江苏省道路交通事故救助基金管理办法》立法工作

在调研和征求相关部门意见的基础上,向省政府提请审议《江苏省道路交通事故救助基金管理办法(草案)》。省政府法制办已先后两次向相关单位发文征求意见,我厅根据反馈意见对部分内容做出修改,现省政府法制办正就《管理办法》进行第三次征求意见。

四、加强系统指导,推进法治财政六个标准化

(一)创新实践法治财政指标考核标准化

为认真贯彻省政府一号文件精神,切实推进依法行政工作,江苏省财政厅优化完善法治财政指标体系和考核督查方式。

一是目标要求明确到位。按照"纲要指引、任务落实、业务融合、考核督查、追溯问责"的总目标和总要求,发动全省各级财政部门全员参与,党组研究部署,分管领导

抓落实,责任分解到科室、到人,确保指标要求落到实处。

二是指标体系不断优化。将指标体系精简压缩到 54 个考核点,更具科学性和可操作性。一方面对接了《法治政府建设实施纲要(2015—2020)》,突出了财政业务管理规范和党风廉政建设的要求;另一方面对接了财政重点工作任务,对重点工作不达标地区实行一票否决;同时强调结果导向和痕迹化管理,融合财政预算、债务、国库、基层、资产、政府采购、投资基金、绩效监督等业务管理,真正达到了财政业务与法治建设的无缝对接。

三是督查考核更加有力。全省法治财政标准化督查考核采取了自查自评、专业评价、网上调查、动态督查、"飞行例检"与现场考核相结合的多层次、多角度的督查考核方式,同时强化考核结果运用,坚持"法规扣分,预算扣钱",有效促进了法治财政建设各项要求的落实。

(二)扎实推进信息公开标准化

针对政府信息公开涉及业务范围广、职能处室多、矛盾风险集中的特点,我厅组织相关领域的专家进行全面梳理和集体论证,研究制定了《依申请公开标准化管理办法》和《政府信息公开管理办法》,形成 22 个格式文本,在全省财政系统推行,依申请信息标准化管理工作被财政部在全国财政系统推广。

一是依法落实政府信息主动公开要求。制定《江苏省财政厅 2016 年政务公开工作要点》,加强对全厅政务公开工作的扎口管理。加大政务主动公开力度,主动公开信息超过 4.6 万条,将厅门户网站打造成信息公开的首要平台。编写《政府预算解读》,以通俗易懂的方式解读 2016 年政府预算和财税改革,获得省"两会"代表、委员和社会各界一致肯定。

二是重点推进政府和政府部门预决算公开。(1)做好 2016 年省级政府预算公开工作。省级"四本预算"全部公开,按照《预算法》要求公开了省级税收返还和预下转移支付分地区预算表,公开了截至 2015 年底的我省地方政府债务余额、一般债务和专项债务余额以及 2015 年底我省债务率。(2)做好 2015 年省级政府决算公开工作。省级"四本预算"的决算全部公开,按照《预算法》要求公开了省级对市县政府性基金补助支出分地区决算表、2015 年省级税收返还和转移支付分地区决算表、2015年省级一般公共预算专项转移支付重点项目表等,公开了截至 2015 年底的我省地方政府债务限额等。(3)加强工作指导。提请省委办公厅、省政府办公厅出台了《江苏省预决算信息公开管理暂行办法》,印发了《2016 年江苏省省级预决算信息公开工作方案》,建立规范、透明的预决算信息公开管理机制。

三是完善依申请公开内部流程。实行办公室统一受理和答复、业务处室提出答复意见、法制机构法律审核的政府信息依申请公开工作处理机制。强化痕迹管理,明确记录当事人的申请时间,保留申请人邮寄的信封等资料,申请人提出变更的,要求其提供书面意见。

四是规范依申请公开答复文书。使用统一的政府信息依申请公开格式文书，所有文书由办公室按年度统一编号，并加盖财政部门印章或政府信息公开专用章，答复和通知均采取书面形式，并在法定时限内送达申请人。

五是加强信息化管理。上线了依申请公开答复信息系统，将相关答复流程和格式文本嵌入办公自动化，有效固化了信息公开答复行为，保证信息公开答复的依法及时做出，使权力运行更加透明规范，从源头上防范法律风险，依法受理并及时答复信息公开申请48件。

（三）着力完善规范性文件管理标准化

以江苏省政府"完善规范性文件合法性审查机制"试点单位为契机，江苏省财政厅全面梳理规范性文件管理经验，研究拟定了《财政规范性文件标准化管理规范》（苏财办〔2016〕47号），对江苏省财政规范性文件制定及合法性审查标准实行标准化管理。

一是实行计划管理。我厅规范性文件统一编"苏财规"文号，每年年初编制和印发年度规范性文件制定计划，紧扣深化财税体制改革主线，做好专项资金管理办法的制度设计，并根据省政府统一要求，在合法性审查中新增公平竞争审查。

二是强化信息化管理。在厅办公自动化系统中增设"规范性文件发文"模块，将规范性文件管理流程嵌入办公自动化系统，保证规范性文件制发流程完整，确保有件必审、有件必备。2016年，江苏省财政厅规范性文件发文36件，管理及时率、规范率、报备率均实现100%。

三是实现全程跟踪。对规范性文件计划执行情况实施跟踪登记，实行季度通报，各单位规范性文件管理要求落实情况纳入厅机关年度绩效管理考评。

四是动态清理评估。认真组织规范性文件点评活动，发现总结规范性文件制定和管理中存在的普遍性问题，提高全省财政系统规范性文件管理能力。坚持对规范性文件每年一清理，全面梳理已废止的规范性文件，公布现行有效的规范性文件目录并实现动态调整。2016年，江苏省财政厅公布现行有效的规范性文件目录共214件，所有文件均通过省政府法制办备案审查，无一违法违规，从源头保障了财政管理各项工作的顺利推进。

（四）逐步强化涉法涉诉管理标准化

江苏省财政厅今年共办理行政复议案件21件，其中，作为复议机关的16件、作为被申请人的5件，已审结20件，在办1件；行政诉讼案件21件，已审结14件，在办7件。为进一步加强财政涉法涉诉事务管理，提高依法办案能力，积极预防和妥善化解行政争议，江苏省财政厅积极推进财政涉法涉诉标准化管理。

一是创新制定《江苏省财政涉法涉诉事务管理办法》（苏财办〔2016〕27号）。突出财政涉法涉诉的重点风险领域，进一步明确涉法涉诉责任主体，规范涉法涉诉案件办理流程。各业务处室承担相关涉法涉诉行政行为的主体责任,法制机构负责涉法涉诉事务的协调和合法性审查工作,办法另附 5 张流程图,进一步理顺了涉法涉诉内部管理机制,规范了办理程序。

二是创新实践法律顾问工作机制。按照"积极推行政府法律顾问制度"总体要求,江苏省财政厅通过购买服务,实施合同管理,探索建立了指导律师、值班律师和驻点律师三位一体,全过程、多层次、动态式、立体化的法律顾问工作机制,在政策法规处设置厅值班律师,在涉法涉诉高风险领域设置驻点律师,同时辅以指导律师团队的智库支撑,充分发挥了法律顾问在依法决策、防范风险、化解矛盾等方面的重要作用,实现了法律顾问"顾在过程中,问在风险点"的关键作用。

三是深化完善案例分析指导机制。先后召开全省行政复议、诉讼典型案例分析会,交流案件办理经验,并邀请一线法官、法律顾问作为专家现场点评,以案说法,形成自觉遵法、专业用法的法制队伍,积极预防和妥善化解行政争议。

(五)认真落实行政审批改革标准化

在江苏省委省政府的统一部署下,我厅紧密结合财政改革和发展实际,深入推进行政审批制度改革标准化。全面梳理财政行政权力,严格执行清单编制和公开工作,确保江苏省财政厅放管服工作走在省级机关前列。

一是推进权力清单标准化。经全面梳理,我厅最终确定 50 项行政处罚、3 项行政许可、2 项行政确认和 1 项行政裁决纳入江苏省财政厅行政权力清单,全部向社会公开。同时积极落实省政府"两单衔接"工作,推进省市县三级权力清单标准化、规范化建设,编制了省级"零审批"清单。按照省委、省政府部署要求,不断推进政务服务"一张网"建设,完成行政权力事项办事指南的编制和录入工作。

二是建立省级政府部门专项资金管理清单。对省级财政专项资金分门别类作进一步清理规范,实现了专项资金压减 1/3 的管理目标。

三是建立涉企收费清单制度。公布保留全省行政事业性收费项目 136 项,政府性基金项目 24 项。对小微企业实施收费基金优惠政策。此项优惠政策的实施,涉及全省约 80 万户小微企业,共减负 40 亿元。

四是落实"双随机、双公示"。组织编制《省财政厅随机抽查事项清单》,制定《江苏省财政厅行政许可和行政处罚等信用信息公示工作实施方案》,上线运行"双公示"工作系统,着力提升财政各项工作的透明度。

五是转变财政职能。妥善运作江苏省政府投资基金,坚持多元化、市场化方向,努力打造资源整合平台、政策聚焦平台和经济支撑平台,吸引社会资本投入,支持江苏省经济平稳健康发展和产业转型升级。研究制定《政府和社会资本合作(PPP)项目奖补资金管理办法(试行)》,进一步贯彻落实《省政府关于在公共服务领域推广政府和社会资本合作模式的实施意见》精神,明确在规定时间内规范实施部、省试点示范的 PPP 项目,省财政将按社会资本方出资的资本金金额的 1%—5%给予奖补,单个项目最多可获得省财政 2000 万元的奖补资金。转发财政部制定的《PPP 物有所值评价指引（试行）》，推动我省 PPP 项目物有所值评价工作规范有序开展，确保江苏省 PPP 模式健康有序发展。

（六）积极探索法治宣传教育标准化

着力完善工作机制，重视队伍建设，法治宣传工作在全系统形成了领导部署、齐抓共管、执行顺畅的良好格局。

一是坚持规划引领。努力做到长期有规划、年度有计划。根据财政部、省委省政府统一部署，研究制订全省财政七五普法规划，明确了指导思想、工作原则、目标任务等。同时，根据财政改革与发展的需要，分层次研究制定财政法治宣传教育工作计划和财政宣传月活动计划，进一步明确年度普法任务、项目内容、实施办法、具体措施。

二是放大品牌效应。充分利用"财政宣传月"这一江苏省特有的法治宣传品牌，省市县乡四级联动开展普法宣传活动，加大面向社会普法力度。省财政厅与盐城市财政局及所辖县（市）财政局认真开展了法治财政建设推进年活动。

三是拓展宣传阵地。充分利用报纸、电视、互联网、微网络等宣传载体，向社会广泛宣传财政法律知识及财政惠民政策。

四是提升教育实效。多层次开展法治教育培训，定期组织党组中心组学法，举办全省财政政策法规业务专题培训班，严格执行任职前法律考核制度，不定期开展依法行政测试，有效提升了财政干部的依法行政依法理财能力水平。

五是组织全省 6500 名乡镇财政干部基本技能学习竞赛，为提升基层财政干部的法律知识掌握应用能力和乡镇法治财政建设水平打下了坚实基础。

第十三章　江苏省 PPP 项目成功因素研究

一、研究背景及意义

PPP(Public-Private-Partnership)是指公私主体为了提供特定的服务或设施而建立的、给予伙伴合作关系的项目采购方式。由于基础设施的投资巨大,因此在很多发展中国家,PPP 成为政府优先考虑的项目建设模式。而即使在发达国家,由于 PPP 模式能够提高项目实施的效率和绩效水平、改善公共服务的质量、节约成本、加快进度、与私营主体分担风险,其在公共服务领域、基础设施建设领域的应用也越来越广泛。

2014 年底,财政部公布了首批试点的 30 个 PPP 项目,同时,财政部也建立了PPP 中心。截至 2017 年 6 月末,按照财政部相关要求的全国入库项目有 13554 个,总投资额达 16.4 万亿元,涵盖 19 个行业领域。2016 年 1 月至 2017 年 6 月,全国PPP 综合信息平台项目库月均增长项目 386 个、投资额 4842 亿元。[①] 由于 PPP 涉及复杂的投资、管理和组织结构,项目投资巨大,对国计民生都有比较重大的影响,因此,PPP 项目的成功显得特别重要。

江苏系全国推广运用 PPP 模式试点的首批省份,目前已经设立省级 PPP 试点中心。2014 年 8 月 27 日,江苏省首批政府和社会资本合作(PPP)试点项目培训暨推介会在南京召开,共甄选了 15 个拟运用 PPP 模式的城市基础设施项目进行试点,总投资额约 875 亿元。[②] 涉及交通基础设施、供水安全保障、污水处理设施建设、生活垃圾无害化处理以及完善公共服务设施配套五大领域。

江苏省作为首批财政部试点省份,近年来按照"先行先试、大胆创新、积极探索、勇于实践"的工作要求,积极推广运用政府和社会资本合作模式,通过建立专门机构、完善相关制度、建立动态项目库等多种管理方式,推进了社会事业的发展,提升了公共服务质量,缓解了地方财政压力。[③]

[①] 张尚,梁晔华,陈静静,吕婉晖,Shane Galvin. PPP 项目关键成功要素研究——基于国内外典型案例分析[J].建筑经济,2018,39(02):62 - 69.

[②] 中国公路网 http://www.chinahighway.com

[③] 曹岚,何世文,高玮.政府和社会资本合作模式创新的江苏实践[J].中国财政,2017(17):34 - 35.

本文通过对江苏省成功及失败的 PPP 项目进行影响因素分析,系统总结出江苏省成功的 PPP 项目的经验和失败的 PPP 项目存在的问题,为进一步推进 PPP 项目建设以及成功实施 PPP 项目提供借鉴意义。

二、国内外文献综述

(一)国外关于 PPP 成功影响因素研究

Rockart(1982)最早定义了关键成功要素(Critical success factors)的含义:关键成功要素是指在管理者达成目标的活动中,影响管理者取得令人满意结果的重要因素。自此之后,关键成功要素的分析和管理方法被广泛用于金融服务、信息系统、制造业等多个领域。20 世纪 70 年代,关键成功要素被引入工程项目管理领域(Mohr和 Spekman1994)。随着 PPP 模式的发展,基础设施领域 PPP 项目的关键成功要素研究也受到很多研究者的重视(Liu 等 2014)。

随着 PPP 模式的应用和推广,关键成功因素在不同的阶段、国家和应用项目中都有所区别。Ng(2012)等研究表明,可接受的收费水平是影响 PPP 项目可行性研究的关键成功要素。① Raisbeck(2013)则认为清晰的项目大纲和设计开发流程是PPP 项目设计阶段的关键成功要素;在发达国家,Li 等(2005)在调查了英国 PPP 项目 18 个关键成功因素之后,认为有效的采购程序、项目的可执行性和良好的经济环境是 PPP 项目成功的必要条件。Cheung(2011)比较分析了废水处理厂、自来水厂和发电厂等常见的 PPP 项目总结了影响我国 PPP 模式成功实施的关键要素②;Askar(2002)等分析了埃及的环保节能工程,认为正确的项目选择、竞争性的融资计划和有针对性的招标方案,是影响环保节能工程的关键成功要素。Ahmadjian 和 Collura(2012)指出,除了项目收益和成本外,合理的项目组织结构对美国现存的公路 PPP 项目至关重要。③

(二)国内关于 PPP 成功影响因素研究

案例实证方面,余勇军、王守清(2014)、王超(2015)等借鉴国外学者、通过文献研究、问卷调查和专家访谈,以 PPP、BOT、BT 成功项目为背景、筛选关键因素并用因子分析出得出成功因素包括:完善的法律法规、稳定的宏观经济、项目的盈利能力、合理的风险分担、竞争性招投标、企业管理和政府监督、专业的技术人才。国内一些学者通过 PPP 项目成功及失败案例来探究 PPP 项目的成功因素,分析 PPP 模式的选

① 张尚,梁晔华,陈静静,吕婉晖,Shane Galvin. PPP 项目关键成功要素研究——基于国内外典型案例分析[J].建筑经济,2018,39(02):62-69.
② 滕铁岚.基础设施 PPP 项目残值风险的动态调控、优化及仿真研究[D].东南大学,2016.
③ 滕铁岚.基础设施 PPP 项目残值风险的动态调控、优化及仿真研究[D].东南大学,2016.

择方式与项目成功因素之间的关系,并提出发达国家与发展中国家在推行 PPP 项目应考虑的因素。[①]

对于 PPP 项目的评价国内学者主要从绩效方面研究,PPP 项目实施的效率在一定程度上决定项目成功的关键。张万宽、杨永恒、王有强(2010)、袁竞峰(2012)、赵忠坤(2015)基于对基础设施建设 PPP 项目合作效率因素研究,分析了在我国转型期间公私合作绩效的关键因素,并对促进我国 PPP 项目成功实施提出了建议。其他学者则是基于风险视角,通过案例分析、模糊评价、博弈研究交通基础设施项目引入 PPP 模式的风险因素识别和分析,PPP 风险的管理对项目成功实施至关重要。柯永建、亓霞、王守清(2009)等基于对中国的 PPP 项目案例分析项目失败或出现问题的主要因素分析,指出了我国政府的政策支持和法律法规的完善直接影响 PPP 轨道交通类项目成功实施。[②]

风险评价方面,宋金波(2012)等采用多案例研究的方法识别和归纳出垃圾焚烧 PPP 项目的关键风险,并提出相应的风险管理策略。邓小鹏(2009)、胡丽(2011)、王建波(2016)等研究了 PPP 模式下城市基础设施融资风险,在对风险因素识别后,找到影响城市基础设施融资的关键风险,并指出政府与企业合理的风险分担,才能使 PPP 项目融资顺利完成,实现项目的最佳价值。

三、影响 PPP 项目成功的因素分析

根据财政部 2014 年发布的《政府和社会资本合作模式操作指南(试行)》,PPP 模式的操作程序分为五个阶段:项目识别、项目准备、项目采购、项目执行和项目移交。[③] 五个阶段按照 PPP 项目操作逻辑前后连接,形成完整的 PPP 项目采购流程。项目的不同阶段,影响因素也各有差异。本文通过阅读大量的文献资料,从四个层面概括出 13 个主要影响因素。

(一)外部环境层次

由于各国的经济发展情况、相关政策等存在差异,PPP 项目的发展情况以及影响因素有着明显的不同。其中,经济发展状况是发展中国家实施基础设施 PPP 项目的主要影响因素。一般来说,一个国家经济发展速度越快,基础设施 PPP 项目的实施情况也相对较好。此外,PPP 项目的推进还与当地政治环境、法律政策等因素息息相关。从外部环境层次分析,影响 PPP 项目运作成功的因素如下。

(1)完善的融资体系

PPP 项目具备融资规模大、短期回报率低、投资资本回收期长、风险较高等特

---

① 何晓波.PPP 模式下交通基础设施成功因素研究[D].重庆交通大学,2017.
② 何晓波.PPP 模式下交通基础设施成功因素研究[D].重庆交通大学,2017.
③ 田丽文.PPP 基础设施项目组合建设决策研究[D].重庆交通大学,2015.

点,需要金融体系的大力支持,因此完善的融资体系显得格外重要。然而,我国目前的金融支持体系尚不能满足 PPP 项目的融资需求。一方面,缺乏 PPP 项目的融资支持。项目融资作为 PPP 模式的通用方式,当下对项目的融资机构较少,且资金投向发展不均衡。政策上相关担保的缺失,导致项目融资的难度上升,使得 PPP 模式下的融资方式成本高。另一方面,项目融资方式单一,缺乏多样化手段。目前,主要是通过战略投资者入股、发行固定的利息债券、成立私募基金等方式进行融资,然而这种方式项目资金所占的比例不高,主要依靠银行的力量。[①]

（2）严格的监管体系

为了确保 PPP 项目顺利运行,在项目准备阶段与招标阶段实施严格的监管十分重要。然而,我国尚未具备有效的监管机制。普遍存在的问题有:监管主体冗杂,监管权力分散导致的监管无力,监管体系协调性低,监管人员专业知识技能缺失等。例如,苏州市静脉园垃圾焚烧发电项目由于政府体制健全、监管合理,才使得项目顺利运营。而常州市横山桥污水处理厂的 BOT 树立项目,由于政府监管无力等原因,最终导致取消特许经营合同,项目国有化。

（3）公众支持

PPP 项目性质相对特殊,事关多方利益。除了政府与社会资本方,还包括项目所在地的公众。提高公众的参与度,能够对项目的顺利推进起到显著作用。公众作为项目的使用者,能够为公私双方提供最直接的反馈信息。通过公众的反馈,公私双方可以及时了解项目的实施效果,解决潜在的问题,实现三方互惠共赢。

（4）稳定的市场经济环境

由于 PPP 项目是准经营性质的项目,公私双方需要从中获得一定的收益,才能将项目持续运行下去。稳定的市场经济环境不仅能够降低社会资本方的经营风险,调动其参与项目的积极性,也能够促进当地政府的经济发展。因此,稳定的市场经济环境是 PPP 项目成功运作的重要因素。

（二）政府层面

（1）合理的决策

虽然 PPP 模式被广泛应用于公共基础设施等领域,但这并不意味着所有项目都适合采用 PPP 模式。在新建项目的前期识别和决策阶段,政府一般采用物有所值与财政承受能力评价方法来判断其是否适用于 PPP 模式。首先,进行物有所值评价,如果 PPP 模式比传统模式更能提高公共产品供给效率或公共服务质量,那么就采取该模式;其次,再对政府进行财政承受能力评价,如果在政府的财政承受范围内,那么便可以采用该模式。

---

① 唐曼,陆粉干.政府与社会资本合作(PPP)模式中的金融支持问题——基于江苏省调查研究[J].现代经济信息,2016(07):478-479.

（2）成熟的制度体系

PPP 项目内容较为复杂，涉及财政、会计、法律等多方面领域的工作，需要具备专门针对 PPP 项目的法律法规和相关政策的指导与保障。因此，PPP 项目的顺利推进，离不开成熟、完善的制度体系。相对成熟的法律政策环境，能够给予国内外投资者极大的信心。然而，像许多发展中国家一样，中国的法律政策还不够完备，而且地方政府等部门指定的法规，存在法律效力低下、可实施性弱等缺陷，导致投资者的潜在风险较高。

（3）财政实力和项目经验

一般来说，政府在建设资金不足、债务负担过重的情况下，会采用 PPP 模式。然而，为了吸引社会资本参与 PPP 项目建设，政府会对项目进行财政补贴，降低其财务风险。政府为社会资本提供财政支持的方式包括现金补贴、提供担保等。因此，政府具备足够的财政实力十分重要。另外，政府具备丰富的项目实践经验，能够很大程度上提高 PPP 项目推进的效率和有效性，也给予社会资本参与项目极大的信心。

（4）政府信誉

为了顺利推进 PPP 项目的实施，保证政府信誉十分重要。建设法治政府、诚信政府，使政府的公信力得到保障，能够大大提升项目的成功率。在以往 PPP 项目实施过程中，由于政府信用危机或政府决策失误而导致的违约情况屡见不鲜。为了缓解财政压力吸引社会资本，政府可能会开出"空头支票"，承诺一些并不合理的优惠条件。项目的国有化、政府违约或终止合同、政府不完全支付费用等都是政府失信的具体表现，这种情况在很大程度上制约了企业参与 PPP 项目建设的积极性。例如，常州城北污水厂 TOT 水利项目，由于政府失信等原因，使得项目重组转让产权；江苏吴江平望垃圾焚烧发电项目，因为政府决策失误等原因，导致发生重大事故及影响，项目停滞。因此，PPP 项目的顺利实施，离不开政府高度信誉与契约精神。

（三）合作企业层面

PPP 项目成功实施的关键之一是选择合适的合作企业。从合作企业层次分析，影响 PPP 项目成功的因素如下。

（1）合作企业硬实力

PPP 项目具有投资规模大、周期长、涉及相关利益者较多的特点。实际上，合作企业承担 PPP 项目的融资、设计、建设与运营维护等大部分工作。因此，为了确保 PPP 项目的成功推进，合作企业必须具备多方面较高要求的能力，例如资金实力雄厚、团队经验丰富、技术水平高超、管理能力卓越。

（2）企业信用

良好的企业信誉是严格履行 PPP 项目合同条款的前提，为保障公共利益打下坚实的基础。据调查发现，部分项目的合作企业，在招标阶段通过以低价参与竞标的恶性竞争手段达到中标的目的，而后为了获取更高的利益提价或者偷工减料，导致项目的质量无法得到保障。因此,企业信用高是保障 PPP 项目成功不可或缺的因素。

(四)项目层面

不同领域的项目应当采用不同的 PPP 模式,另外合适的投融资结构、合理的风险分担机制、有效的成本/效益评估机制等因素也在很大程度上影响 PPP 项目的实施。从项目层次分析,影响 PPP 项目成功的因素如下。

(1)合适的 PPP 资本结构和运作方式

保障 PPP 项目成功运作的关键之一是选择合适的 PPP 资本结构,这对项目的成本收益和风险起到最直接的决定作用。区分 PPP 项目的不同特性,选择合适的运作方式。对于不能产生收益的纯公益性公共投资项目,可以采用外包类方式实现 PPP 模式;对于可以加入商业因素的公共投资项目,采用特许经营权类方式实现 PPP 模式是合适的选择;对于具有市场竞争性的项目,地方政府需要减少干预,此时选择私有化类 PPP 模式是一种合理的选择。

(2)合理的风险分担机制

PPP 项目的运作,存在很多不确定性因素。无论是政府还是企业,都会选择规避风险。因此,设计合理的风险分担机制能够提高企业参与 PPP 模式的积极性,是成功实施 PPP 项目的重要因素。风险分担应遵循以下原则:(1)将风险分配给具备最优控制力的一方;(2)承担的风险与回报相符,风险承担者不仅承担控制与处理风险的责任,也要回的有效控制风险后的利益;[①](3)为承担的风险设置上限。

(3)合理的利益共享机制

遵循"风险分担,利益共享"的原则,利益共享机制是 PPP 项目得以顺利展开的动力。有了能够获得相应收益的稳定预期,才能调动参与主体的积极性,公私双方才会自愿投入资源、承担风险,且资源的投入、承担的风险与期望收益成正比。由于 PPP 项目合作期限长,建立符合利益相关者的动态利益分配机制能够为项目的成功运作保驾护航。

四、江苏省成功/失败 PPP 项目分析

(一)数据收集

本文基于大量的 PPP 文献,结合知网等数据库资源,共收集整理了江苏省 26 个成功/失败的 PPP 项目作为案例分析的对象。将成功和失败的 PPP 项目以表格的形式排列,根据具体案例分析,分别归纳出相关影响因素,并以 1—5 的数值从小到大表示因素的影响程度。表 1 为成功的 PPP 项目,表 2 为失败的 PPP 项目。

---

① 王盼盼.基础设施 PPP 项目风险控制机制设计[D].南京财经大学,2012.

表 1 成功的 PPP 项目

序号	项目名称	模式	政策支持	公私双方能力	合理的管理模式与体系	完善的法律法规	合理的风险分担	PPP经验	公众支持	合理的决策	稳定的市场经济	政府信用	合理的利益共享	权责明确
1	南京地铁一号线	BOT	5	5	5	2	3	3	5	4	4	3	3	3
2	启东市吕四港区环抱式港池项目	BOT	5	3	3	5	4	4	3	2	2	2	2	2
3	邳州港搬迁工程铁路专用线	BOT	5	3	4	3	5	5	2	4	2	3	3	3
4	南京地铁二号线	BT	4	4	3	3	4	3	5	5	5	3	4	4
5	苏州市餐厨垃圾处理	BOO	3	5	4	3	5	4	4	4	3	2	5	2
6	常州市餐厨垃圾处理	PPP	5	5	5	2	5	5	3	4	2	3	3	4
7	南京市仙林污水处理	TOT	5	4	5	3	5	3	3	4	3	3	5	3
8	苏宿工业园污水处理	PPP	3	5	3	5	3	3	3	3	3	4	4	5
9	南京大厂区污水处理	BOT	4	4	5	3	5	3	4	4	3	5	3	4
10	镇江扬中污水处理	BOT	3	3	5	4	5	3	3	4	2	2	3	4
11	美丽蒋坝	BOT	4	5	4	3	3	4	5	5	2	2	4	3
12	盐城市中医院分院	PPP	4	5	3	3	3	3	2	3	2	2	2	5
13	徐州市第三人民医院	PPP	5	3	5	3	3	3	2	5	3	3	3	4
14	南京长江大桥	PPP	5	3	2	3	2	3	2	3	3	5	3	3
15	苏州市吴中静脉园垃圾焚烧发电项目	PPP	3	5	5	2	5	3	5	3	3	3	5	5
16	徐州市供水领域项目	PPP	5	5	5	2	5	2	2	3	5	3	5	3
17	苏州高铁新城北河泾景观	PPP	3	5	5	2	2	5	2	2	2	3	2	5

表 2　失败的 PPP 项目

序号	项目名称	运作模式	政策支持	公私双方能力	合理的管理模式与体系	合理的风险分担	PPP经验	公众支持	合理的决策	稳定的市场经济	融资规模适当	政府信用	合理的利益共享	权责明确
1	南京长江隧道	BOT	5	5	4	3	5	4	4	5	3	4	5	3
2	南京长江二桥	PPP	4	4	4	4	3	3	4	2	5	4	4	3
3	南京长江三桥	PPP	4	4	3	4	3	3	5	3	5	4	4	3
4	江苏泰兴黄桥发电厂	BOT	5	3	3	3	4	3	3	5	5	5	3	5
5	江苏盐城污水处理项目	BOT	5	4	3	5	3	4	3	5	5	5	4	4
6	常州横山桥污水处理厂	BOT	2	3	5	3	2	5	4	3	5	3	3	3
7	江苏吴江平望垃圾焚烧发电项目	BOO	2	4	4	2	3	5	5	2	5	3	3	4
8	常州城北污水厂	TOT	5	3	3	5	3	3	3	3	5	5	3	3
9	无锡公交民营化	PPP	3	3	3	3	2	5	5	3	3	2	3	3

（二）成功 PPP 项目因素分析

本文利用 SPSS 软件对案例分析所得数据进行统计分析。首先，进行 KMO 和 Bartlett 检验。如表 3 所示，KMO 值为 0.754（＞0.7），且 Sig 为 0（＜0.05），说明适合做因子分析。

表 3　KMO 和 Bartlett 检验

取样足够度的 Kaiser-Meyer-Olkin 度量		.754
Bartlett 的球形度检验	近似卡方	802.279
	df	120
	Sig.	.000

其次，SPSS 软件提取了 5 个成功 PPP 项目的影响因素，总解析累计变量为 75.825%。如表 4 所示，说明这 5 个因子综合了原 12 个因素的信息 75.825%，基本上可以反映出样本案例的本质信息。

表 4　解释的总方差

成分	初始特征值			提取平方和载入		
	合计	方差的%	累积%	合计	方差的%	累积%
1	2.691	22.421	22.421	2.691	22.421	22.421
2	2.142	17.850	40.271	2.142	17.850	40.271

（续表）

成分	初始特征值			提取平方和载入		
	合计	方差的%	累积%	合计	方差的%	累积%
3	1.766	14.715	54.987	1.765	14.715	54.987
4	1.472	12.270	67.257	1.472	12.270	67.257
5	1.028	8.568	75.825	1.028	8.568	75.825
6	.956	7.965	83.790			
7	.654	5.453	89.244			
8	.358	2.987	92.231			
9	.312	2.604	94.835			
10	.279	2.328	97.162			
11	.205	1.712	98.874			
12	.135	1.126	100.000			

提取方法：主成分分析。

再次，为了更清晰地反映因素变量之间的关系，本文进行了方差最大化正交旋转，使得每个变量在 5 个公共因子上有比较高的载荷。旋转后的因素复核表如表 5 所示，可以看出各影响因素在这 5 个公共因子上面的承载，从而提取出关键影响因素。由此归纳出的 5 个因素依次分别命名为政策支持、市场经济稳定、公众支持、管理体系完善、风险分担机制。

表 5 旋转成份矩阵[a]

	成 分				
	1	2	3	4	5
VAR00001	.835	.109	−.308	.202	−.125
VAR00002	−.547	.094	.463	.488	−.050
VAR00003	−.073	−.151	−.039	.675	.562
VAR00004	−.011	−.101	−.060	−.939	.018
VAR00005	.143	−.008	.065	.067	.906
VAR00006	.032	−.792	−.038	.175	−.158
VAR00007	−.008	.112	.879	.079	.083
VAR00008	.587	−.118	.494	−.003	.143
VAR00009	−.008	.805	.269	.270	−.003
VAR000010	.019	.589	−.381	.075	−.268

（续表）

	成　　分				
	1	2	3	4	5
VAR000011	.040	.461	.458	−.034	.602
VAR000012	−.758	.022	−.182	.176	−.182

提取方法:主成分。

旋转法:具有 Kaiser 标准化的正交旋转法。

a. 旋转在 7 次迭代后收敛。

（三）失败 PPP 项目因素分析

采用同样的方法分析江苏省失败的 PPP 项目影响因素。如表 6 所示,SPSS 软件提取了 4 个失败 PPP 项目的影响因素,总解析累计变量为 86.23%。说明这 4 个因子综合了原 12 个因素的信息 86.%,基本上可以反映出样本案例的本质信息。

表 6　解释的总方差

成份	初始特征值			提取平方和载入		
	合计	方差的%	累积%	合计	方差的%	累积%
1	4.315	35.960	35.960	4.315	35.960	35.960
2	2.909	24.243	60.202	2.909	24.243	60.202
3	1.740	14.496	74.699	1.740	14.496	74.699
4	1.384	11.531	86.230	1.384	11.531	86.230
5	.829	6.906	93.135			
6	.471	3.926	97.062			
7	.255	2.124	99.186			
8	.098	.814	100.000			
9	1.002E−013	1.015E−013	100.000			
10	1.000E−013	1.004E−013	100.000			
11	−1.001E−013	−1.004E−013	100.000			
12	−1.004E−013	−1.037E−013	100.000			

提取方法:主成分分析。

在进行方差最大化正交旋转后,因素复核表如表 7 所示,可以看出各影响因素在这 4 个公共因子上面的承载。由此归纳出的 4 个因素,依次分别命名为公私双方能力、PPP 经验、融资规模、权责明确。

表 7　旋转成分矩阵^a

	成　份			
	1	2	3	4
VAR00001	.790	.356	.426	−.181
VAR00002	−.032	.945	−.137	.028
VAR00003	−.418	.211	−.708	.369
VAR00004	.848	.060	−.191	.189
VAR00005	.126	.764	.489	−.209
VAR00006	−.574	−.292	−.454	−.045
VAR00007	−.687	.509	−.177	.166
VAR00008	.011	.123	.120	−.969
VAR00009	.254	−.097	.606	.713
VAR000010	.649	.287	.572	.233
VAR000011	.319	.890	−.239	−.175
VAR000012	−.039	−.139	.845	.063

提取方法:主成分。

旋转法:具有 Kaiser 标准化的正交旋转法。

a. 旋转在 7 次迭代后收敛。

（四）因子分析结论

通过对江苏省成功及失败的 PPP 项目分别进行因子分析,本文得出了影响 PPP 项目成功的关键影响因素。在针对江苏省成功的 PPP 项目因子分析中,利用 SPSS 软件经过描述、抽取、旋转等步骤,提取了 5 个关键影响因素,分别为政策支持、市场经济稳定、公众支持、管理体系完善、合理的风险分担机制。同理,在针对江苏省失败的 PPP 项目因子分析中,提取的 4 个关键影响因素分别为公私双方能力、PPP 经验、融资规模、权责明确。

五、结论与政策建议

基于上述针对江苏省成功和失败的 PPP 项目影响因素的因子分析,我们可以得出,政策支持、市场经济稳定、公众支持、管理体系完善、合理的风险分担机制是江苏省成功的 PPP 项目关键影响因素,而公私双方能力、PPP 经验、融资规模、权责明确是江苏省失败的 PPP 项目关键影响因素。因此,本文对江苏省 PPP 项目的成功运行提出以下建议。

（一）完善法律法规制度

随着 PPP 的广泛使用,尽快出台一套专门的 PPP 法律是有必要的。PPP 项目的成功运作,离不开在法律的层面上,明确规定政府部门和私人部门在项目中应承担的风险和责任,保护双方的合法权益。① 将透明的、可预见性的、依附于法律的监管运用于实际工作中,实现对PPP模式最大的支持。

(二)加速金融体系改革

在国家PPP政策的鼓励和引导下,各金融机构对PPP项目表现出极大的兴趣。建议明确PPP项目贷款审批的要求,出台PPP项目差异化信贷政策,在贷款利率、贷款期限等方面来引导金融机构优先满足PPP项目的融资需求。② 同时,拓宽融资渠道,降低融资成本,提高PPP项目的融资可行性。

(三)提高合作主体能力

一方面,需要提高政府PPP经验和能力。制定实施项目的总体计划和操作流程,为社会资本方提供稳定的预期;加快转变政府职能,与社会资本方建立权责明确的合作伙伴关系③;简化PPP项目的审批程序,提高社会资本方的参与积极性;定期与PPP专业人才交流、学习处理PPP示范项目,加强与第三方咨询机构的合作。另一方面,需要提升社会资本方的相关能力。引进PPP复合人才,研究PPP相关政策和实践经验,开展一系列培训工作,加强项目风险防控,在实践中增强项目的建设运营与管理能力。

---

① 韩帅奇,李铭珍,杨田田.PPP模式在城市生活垃圾处理中的应用探讨[J].环境科学与管理,2015,40(04):1-4.
② 陈琴琴.新型城镇化下小城市污水处理项目PPP的应用研究[D].东南大学,2016.
③ 李颖津.加快推广和应用PPP模式[J].前线,2014(12):93-95.

第十四章 江苏省政府采购管理和
政府采购支出分析

一、江苏省政府采购概况

2016 年江苏省政府采购规模继续领跑全国。据统计,2016 年江苏省政府采购规模 2206.2 亿元,较上年增长 376 亿元,增幅 20.5％,占全省财政一般预算支出的 22.1％,约占全省 GDP 的 2.9％,节约资金 291.4 亿元,资金节约率 11.7％。其中:货物类采购 365.4 亿元、工程类采购 1161.9 亿元、服务类采购 678.9 亿元。服务类采购金额同比增长 246.8％,呈现快速增长趋势。

政府采购规模快速增长的原因。一是全省经济发展和财政收支规模的增长,相应带动了政府采购规模的增长。二是 PPP 项目纳入政府采购范围。三是各级财政部门强化政府采购预算管理,全面规范部门政府采购预算,严格政府采购预算执行,从源头上保证财政性资金的应采尽采。四是省财政厅加强了对各级政府购买服务的推动,明确了考核要求,努力实现政府购买服务项目应编尽编。

2016 年,江苏省政府采购以"推动政府采购管理从程序导向型向结果导向型的重大变革"为目标,贯彻执行《政府采购法》《政府采购法实施条例》,推进政府采购制度的探索创新,强化监管,规范操作,各项工作积极推进、成果明显。包括:

政府采购预算管理的要求和程序规范进一步细化,有效规范政府采购预算执行。政府购买公共服务范围扩大,改革进一步深化。政府采购信息系统建设大力推进,"互联网＋政府采购"卓见成效。新版政府采购交易执行系统在省级集采机构全面启用,新的政府采购评审专家管理系统全面建成,"网上商城"在省级单位实施取得初步成效并向市县拓展。预算单位采购信息公开进一步规范,采购监管工作更加常态化、规范化,代理机构市场得到明显扩展。其中政府购买服务、"网上商城"等得到财政部充分肯定。

二、江苏省政府采购具体进展情况

(一)基于国家层面法律法规,推进省内政府采购制度体系修订完善并规范其运用

以省级为例。省委办公厅、省政府办公厅《关于印发〈江苏省预决算信息公开管

理暂行办法〉的通知》,明确政府采购信息包括政府采购预算总额和分项数额、采购项目公告、采购文件、采购结果等是部门预决算信息(涉密信息除外)公开内容。根据财政部《关于加强政府采购活动内部控制管理的指导意见》修改完善省级政府采购管理内部控制制度,益于落实主体责任、强化部门监督、优化流程控制,强调运用信息化手段对风险点进行控制。

《关于印发省级政府采购集中采购目录及限额标准的通知》修订了省级集中采购目录,落实科研项目财政资金管理的最新要求,将技术、服务等标准不统一,采购人不普遍使用的项目如医疗设备、广播电视电影设备、直升机等不再列入2017年集采目录,并将物业管理服务项目集中采购数额标准提高到200万。

2016年还出台了《关于规范江苏省政府采购专家评审费标准的通知》、《关于做好政府采购信息公开工作的通知》、《关于印发江苏省省级政府购买服务目录的通知》、《关于做好政府采购信用信息查询使用及登记等工作的通知》、《关于做好行业协会商会承接政府购买服务工作有关问题的通知》、《江苏省财政厅关于加强公务机票购买管理改革有关事项的通知》、《江苏省财政厅关于明确省驻宁外单位政府采购有关政策的通知》等,有效指导了采购实践。

省财政厅《转发财政部关于完善政府采购协同监管机制的通知》中强调:财政部门要积极主动邀请审计部门参与对集中采购机构监督考核,配合审计部门加强对采购人政府采购制度执行情况审计监督,及时主动向纪检监察部门抄送投诉处理中发现的违规线索,健全日常政府采购协同监管机制。同时,高效及时地推送政府采购相关信息,促进政府采购监管信息资源的互联共享,便于审计、监察部门实施对政府采购重点环节和关键业务的实时监督,以健全政府采购信息系统监管平台的协同监管功能。

(二)细化采购预算管理要求和程序规范,规范政府采购预算管理

结合省级政府采购管理内控制度实施,做好政府采购预算编制、执行、监督等各环节的控制,落实预算单位主体责任,督促预算单位应编尽编、规范编制、科学完整编制采购预算,并依法公开采购预算。政府采购预算应涵盖部门所有购买性支出项目,包括集中采购和分散采购。各单位使用财政性资金采购的货物、工程和服务,必须纳入政府采购预算编报范围,不得漏报、少报。

各单位应根据财政部《关于印发政府采购品目分类目录的通知》分货物、工程和服务类编制,不得自行设立采购品目。强化服务类项目预算编制,要求注重发挥行业协会商会的专业化优势,优先向符合条件的行业协会商会购买行业管理与协调性服务、技术性服务及专业性较强的社会管理服务。

各单位应在对2016年政府采购执行情况进行分析的基础上,根据下年单位各种采购需求,科学合理编制2017年政府采购预算。政府采购预算是部门预算的组成部分,应与部门支出预算同步编制,同步申报。加强政府采购预算执行过程监管,区分

下达一般预算指标和政府采购预算指标,从采购预算、采购指标和采购用款计划三个环节入手,实现"无预算、超预算不采购"。

结合年度部门预算监督检查,对省经信委、司法厅、旅游局、海洋与渔业局等省级四个部门、七个单位开展政府采购预算执行情况专项检查,发现并纠正了被查单位政府采购预算编制不全面、协议供货政策执行不到位等问题,推动预算单位严格内部财务管理,规范政府采购支出行为,加强基础管理。

(三)有效开展对集中采购机构和社会代理机构等的监管及考核

2016年江苏省开展了对全省各市、县的政府采购监管部门、省级集中采购机构、省级部门集中采购机构的年度工作考核,以及省级预算单位政府采购工作的专项检查,提出改进工作要求,对徐州、无锡、苏州等9个市及30个县进行了通报表彰。根据财政部统一部署,布置开展社会代理机构执业情况专项检查,检查了13个省辖市191家代理机构,涉及353个项目金额9.8亿元,发现问题并处理处罚,提出了整改要求,促进了委托代理、文件编制、信息发布、专家评审、保证金管理等业务依法依规实施。

1. 对江苏省政府采购中心的考核情况

(1) 2016年江苏省政府采购中心工作开展情况

自2016年起,江苏省政府采购中心在省政务办的领导下,承担了省级全部政府集中采购任务(在此之前,省级有两个集中采购机构,分别为江苏省政府采购中心和江苏省省级行政机关政府采购中心),采购业务量和采购金额成倍增加,服务范围不断扩大。

为了进一步规范采购流程,采购中心针对日常采购活动中发现的问题,对采购业务操作规程和各项管理制度进行了认真梳理,制定了专门的业务规范手册和内控提示,同时还出台了《开评标现场管理工作岗位职责》、《开评标管理办法》等制度;对公开招标、竞争性谈判、竞争性磋商等主要采购方式的采购文件模板进行固化,并邀请部分市、县政府集中采购机构参与模板的修订,目前以上三种方式的模板已经提供各市县参考使用。

省政府采购中心按照"放管服"改革要求,坚持依法采购、规范操作,2016年政府采购规模99.57亿元,资金节约率11.81%。PPP项目采购取得突破性进展,全年完成PPP项目27个,投资额达747亿元。2016年省政府采购中心全面启用政府采购业务管理工作系统,提高工作效率。省政府采购中心实行履行服务承诺制、首问责任制、限时办结制等,提高服务质量,受到采购当事人的好评。

(2) 对江苏省政府采购中心2016年度考核及其结果

为加强省级集中采购机构监督管理,规范集中采购机构操作行为,促进采购机构提高采购效率和服务质量,根据《政府采购法》第五十九条及《政法采购法实施条例》第六十条规定,按照省财政厅《关于开展省级集中采购机构2016年度工作考核的通知》要求，省财政厅政府采购管理处牵头，监督检查局、省审计厅有关人员组成考核小组，对省政府采购中心 2016 年度政府采购工作情况进行了考核。考核小组通过听取省政府采购中心自查情况汇报，抽查相关资料，结合政府采购日常监管工作情况，对列入考核的 5 类 25 项指标进行了考核。

经自查和考核小组集中考核，综合 2016 年日常工作开展情况，江苏省政府采购中心 2016 年度考核等次为优秀。同时指出了存在的不足及整改建议。如中心在政府采购质疑答复中存在未严格按内部管理制度执行的现象，建议进一步规范政府采购质疑处理程序的执行。并建议加强政府采购质疑格式文本的研究制作，更加高效、科学、规范地做好政府采购质疑处理工作，防范采购风险。并加强对政府采购文件审核，做好政府采购政策宣传工作，促进采购人科学合理安排采购项目。

2. 对政府采购社会代理机构的监督管理情况

（1）政府采购社会代理机构管理总体情况

自从取消政府采购社会代理机构资格行政审批，改为登记备案制以来，政府采购代理机构资格实行"宽进严管"，江苏省代理机构数量和从业人员呈逐年增长趋势。截至 2016 年末，江苏省登记备案的政府采购社会代理机构已达 448 家，比上年增加 122 家，增幅达 42%。

2016 年以来，面对社会代理机构数量持续增长的趋势，省财政厅顺应形势发展的需要，按照《政府采购法实施条例》"财政部门应当加强对采购代理机构的监督管理"要求，依法加强备案管理，开展培训指导，强化监督检查，确保代理机构规范操作，推动采购质量和服务水平不断提高。依法建立常态监督检查机制，严格代理机构登记备案，将网上注册和现场核验相结合，全面掌握政府采购代理机构的执业情况，规范政府采购代理行为，推动代理机构健康发展，推动代理机构扩大市场。

（2）对政府采购社会代理机构 2016 年度监督检查

为进一步加强政府监督管理，规范政府采购代理机构执业行为，促进代理机构专业化发展，推动建立以结果为导向的政府采购监督体系，省财政厅下发《关于开展全省政府采购代理机构监督检查工作的通知》，对全省政府采购代理机构开展监督大检查。检查根据财政部统一部署，按照"全省联动、统一标准、分级检查、依法处理"的原则开展。采取定期检查与随机抽查相结合，标准尺度统一，人员相对固定，信息渠道畅通，建立与全国监督检查相一致的工作机制。

检查时间和检查比例由省财政厅部署，各省辖市财政局具体负责实施，代理机构所在地县（市）财政局协同参与。2016 年度按照不低于本地区政府采购代理机构总量的 50% 的比例开展检查，各省辖市区内政府采购代理机构名单，具体检查代理机构名单由各省辖市财政局确定，并与财政部将要抽查的代理机构名单不重叠，2015 年已接受检查的代理机构不再作为检查对象。检查的主要内容包括代理协议、采购文件、信息发布、评审委员会组成、评审过程、中标成交、保证金及文件发售费、质疑处理、废标情况等九个方面内容。

检查从 2016 年 4 月开始,8 月底结束。包括全省所有政府采购代理机构都按照要求进行自查。检查工作组对被检查单位提供的资料进行书面审查,编制工作底稿。结合书面审查发现的问题,检查工作组到所有列入检查单位实施现场检查,与被检查单位沟通,并签字盖章确认工作底稿。检查工作组根据检查情况按照检查单位分别形成检查报告,并在汇总检查表后,形成本地区检查情况总报告,报送省财政厅。

对检查发现的问题,各省辖市财政部门依法进行处理处罚,并汇总形成本地区处罚结果报告报省财政厅,省财政厅将汇总处理处罚结果报财政部。为此,各级财政部门制定详细的检查工作计划,组织专门的检查力量,建立专人联络机制,确保检查工作顺利实施,并且严格履行查处程序,准确运用法律和政策,依法处理违法违规行为。

(四)多方位提升政府采购管理水平的同时加强服务

1. 严格评审专家管理

结合省级评审专家管理办法的修订,完善专家库的准入和退出机制,扩充专家资源,规范专家行为。积极推进省政府采购评审专家信息管理系统上线运行,完善专业分类、抽取流程、语音通知和统计分析等功能。结合专家信息管理系统,做好基本信息维护、库外专家管理、信用记录及运用等基础工作,实现专家库的动态管理。据统计,2016 全年全省累计抽取专家项目约 1.43 万个、4.12 万人次。出台《关于规范江苏省政府采购专家评审费标准的通知》,区分公开招标、非招标方式采购等不同方式,适当提高省评审费标准,规范专家评审费管理。

2. 推动公共资源交易平台下的政府采购规范执行

落实财政部、省财政厅关于"整合建立统一的公共资源交易平台工作方案"要求,推进政府采购与公共资源交易平台的整合衔接。建立省财政与省公共资源交易中心的联络机制,畅通工作渠道。按照全国政府采购管理交易系统建设总体规划及业务基础数据规范,上线使用"江苏省政府采购交易执行系统",确保所有采购项目进入系统交易。加强政府采购场所、评审专家的资源整合。根据全国统一的政府采购评审专家分类标准,统一使用江苏省政府采购评审专家库,并推动技术衔接,实现与工程评标等其他专家信息资源的互联共享。坚持省政府采购中心独立法人地位和法定代理权,推动其依法开展代理业务和专业化服务,防范法律风险。

3. 加强了政府采购培训

举办全省采购干部培训班及政府采购信息统计培训班等开展全省采购干部培训。加强政府采购政策规定、统计指标、编报方法及报送口径的学习培训,参训人员近 300 人,提高了全省采购干部的业务能力。

同时,坚持开展半年度全省代理机构从业人员培训,依托南京师范大学、苏州大学等高校优势资源,举办 2 期社会代理机构培训班,不断优化培训课程,改进培训质量,扩大培训覆盖面。

安排专题授课,均由政府采购监管部门、集中采购机构、有关市财政局等长期从事业务监管和实务操作的人员授课,内容包括政府购买服务战略、非招标方式采购等政府采购方式、代理机构登记备案及行为规范、质疑投诉处理与案例解析、《政府采购法实施条例》解读、政府采购实务操作等。

培训结合实际,重点突出了社会代理机构从事政府采购业务的流程和热点、难点问题,以及监管部门的最新要求等方面内容,具有很强的针对性、指导性、可操作性,得到了广大学员的好评。全年培训代理机构从业人员近1700人,有效提升了省内代理机构采购人员的专业素质和业务水平,推动代理机构朝专业化方向发展。

4. 依据信用记录,推进政府采购领域联合惩戒

为推进社会诚信体系建设,根据财政部政策要求,江苏省财政厅发文要求在政府采购活动中查询、使用信用记录,对参与政府采购活动的供应商、采购代理机构及评审专家进行守信激励、失信约束,推进政府采购领域联合惩戒工作。在政府采购活动中,使用信用信息作为相关主体参加政府采购活动的重要依据。

通过"信用中国"、"中国政府采购网"、"诚信江苏"网站等渠道查询相关主体信用记录,根据政府采购法律法规及采购文件载明的信用信息使用规则,将相关主体的信用记录作为供应商资格审查、采购代理机构委托、评审专家管理的重要依据。

对列入失信被执行人、政府采购严重违法失信行为主体,依法限制其参与政府采购活动。政府采购严重失信行为增录信用主体标识码,确保相关信用信息的完整性和准确性。在政府采购活动中查询、使用信用记录,实施联合惩戒,对降低市场运行成本、改善营商环境、高效开展市场经济活动具有重要作用。

5. 开展了加入《政府采购协定》(GPA)研究,推进GPA谈判应对工作

根据财政部的部署要求,深入开展出价范围、例外等重大问题研究,指导未出价的部门和地方做好出价评估准备。就"江苏省省级加入GPA谈判工作联席会议"成员单位、分管领导及联络员统一进行了核实更新,对省机关事务管理局等单位予以调整,增补省政务服务管理办公室为成员单位,为完成各项工作任务提供了组织保障。坚持江苏省政府确定的省级加入GPA谈判工作联席会议制度,召开联络会议,通报一年来国家和省工作进展情况,积极应对入世。

6. 采用沟通、会商、法律审核等方式有效解决投诉处理中的各类问题

面对政府采购投诉量不断增长的趋势,省财政厅聘请了专职法律顾问,严格按照政府采购法律法规予以处理,做到程序合法、事实认定清楚、法律运用准确,有效规避和防范法律风险。2016年江苏省财政厅共收到供应商投诉21件,其中16件已进行法律咨询论证并下发处理决定书;收到人民来信47件,其中42件已按规定处理;配合省财政厅政策法规处做好3起政府采购应诉和2起行政复议工作。

(五)推进政府购买服务成效显著

自2013年启动以来,江苏省坚持制度先行、项目推进,将购买服务领域深入拓展到社会保险、养老服务、医疗卫生、文化体育等百姓生活的方方面面,推动政府职能转

变,激发经济社会活力,取得了阶段性成效,走在了全国前列。

《关于印发江苏省省级政府购买服务目录的通知》将购买服务目录分为基本公共服务、社会管理性服务、行业管理与协调性服务、技术性服务、政府履职所需辅助性事项和其他适宜由社会力量承担的服务事项六大类,七十项。同时明确对行业主管部门依据行业需要,制定的专项政府购买服务指导性(试点)目录,可结合行业管理需要一并执行。

1. 进一步明确要求,有效推进政府购买服务

2016年,省财政继续大力推进全省政府购买服务工作,进一步规范购买服务的范围边界和购买目录,修改完善了省级2017年度政府购买服务目录,全面反映部门单位购买服务情况。省级重点实施项目示范效应进一步显现,市县工作推动力度加大,抓好重点领域和重点项目,优化实施流程、做好信息公开、加强绩效管理,努力实现购买服务范围明显拓展、项目明显增加、金额明显增长。

以重点项目管理为抓手,进一步推动政府购买服务扩面增量。贯彻《财政部关于进一步推进政府购买服务改革试点工作的通知》要求,江苏省财政厅印发《关于做好2016年政府购买服务工作的通知》,指导市县开展工作。明确要求2016年,各市、县购买服务占政府采购规模比重较上年增长20%以上。据统计全年全省政府购买服务预算金额约300亿元,实现了目标。

《关于做好2016年省级政府购买服务重点管理项目实施工作的通知》明确2016年省级购买服务重点项目52个、金额21.84亿元,项目涵盖了省级预算单位信息化建设、教育培训、环境治理、社会管理、监督检查等多个方面;目前已全面完成,示范效应进一步显现。

为加快购买服务项目实施进度,省财政要求各预算单位结合采购需求,尽早启动项目,及时申报用款计划,合理选择采购方式,确保重点项目在6月底前实施。同时,对追加预算金额达到400万元以上的购买服务项目也要纳入重点项目管理,推动提升省级政府购买服务项目质量。

支持PPP项目政府购买服务,为全省PPP项目实施和推进奠定了基础。全年省政府采购中心共实施省以上PPP试点项目42个,采购金额(总投资)768.7亿元,涵盖城镇基础设施建设、住房保障、教育医疗、文化旅游等领域。

落实《江苏省行业协会商会与行政机关脱钩实施方案》,积极推动社会组织参与政府购买服务,出台《关于做好行业协会商会承接政府购买服务工作有关问题的通知》,明确了承接方式、主要内容、监管手段和保障措施等推进政策,加快实现行业协会商会与行政机关脱钩,促进行业协会商会健康稳定发展。

江苏省财政厅通过多种媒体、多家网站开展宣传,加强舆论引导,及时报道江苏省政府购买服务工作最新动态、典型经验和重要成果,充分调动社会各界参与的积极性。常州、连云港等市不仅充分利用本地媒体进行宣传报道,还在政府信息简报、政府网站等渠道多层面扩大影响,营造推进政府购买服务的良好氛围。

2. 2016年南京市印发政府购买服务负面清单

近几年,南京市每年定期通过制定政府购买服务目录的方式,对政府购买公共服务项目实行分类管理,规范政府购买服务行为,其中,《南京市2016—2017年度政府采购、政府购买服务目录》共有6大类93个项目列入目录。《目录》的出台,使得采购单位在具体购买过程中有了指导,有了依据。

但是在实际操作中,对诸如维护社区治安、查处城市管理违法违规行为、对旅游行业的监督管理、对拆迁纠纷的裁决、对相关资格证书的评审、对国有资产流失问题的查处等一系列涉及政府职责范围内的公共服务事项能不能拿出来购买,相关部门还存在边界模糊不清的情况。

2016年,南京市财政局会同市编办结合《南京市政府各部门行政权力事项清单》,对各部门（单位）的行政职能逐一进行梳理和确认,并组织召开专家论证会进行充分论证,在此基础上,制定印发了《2017—2018年度南京市政府购买服务负面清单》。

该清单包括国家安全、保密事项、司法行政、行政决策（指导）、行政权力、公共服务、法律和法规另有规定不得购买的事项等7大类36个项目230个品目的内容,涵盖了行政许可、行政处罚、行政确认、行政征收、行政奖励、行政给付、行政裁决、行政强制、公安管理、保密管理、城市防空、国有企业监管等方面的政府职能,上述内容均是应当由政府直接提供、不适合社会力量承担的公共服务事项。

南京市财政局出台的这份政府购买服务负面清单实际上是明确了政府购买服务的禁区。它进一步厘清了政府和市场间的职能边界,也充分体现了简政放权,发挥市场在资源配置中决定性作用的基本原则。这不仅有助于遏制政府购买服务过程中的"越界行为",消除各种腐败和浪费现象,也有利于提高政府效能和公信力。

（六）政府采购信息化建设积极推进

1. 着力加快政府采购网站和信息系统建设和应用

加强江苏政府采购网网站建设,落实信息公开要求,提高公告发布质量。指导省辖市加快与江苏政府采购网的数据对接,实现市、省、中央的信息自动推送。完成并拓展新版江苏政府采购管理交易系统,完成省级政府采购交易执行系统开发验收,下发《关于在全省推广应用政府采购管理交易系统有关问题的通知》,统筹推进全省政府采购信息系统建设。整体上线新版江苏政府采购管理信息系统,完善采购人、供应商、代理机构管理等功能模块,推动政府采购监管各环节的信息化联动运行。省政府采购中心全面启用新开发的"江苏省政府采购交易执行系统",所有省级集中采购项目进入系统交易。根据国家《公共资源交易平台系统数据规范》,加强与省公共资源交易中心的沟通协调,开发数据接口与省公共资源交易平台对接数据,积极推进政府采购信息系统与公共资源交易平台的数据交换和共享应用。

2. 全面推广省级政府采购"网上商城"

为贯彻落实《政府采购法实施条例》，适应新形势下政府采购工作需要，推动政府采购模式创新，根据财政部关于"积极推进电子化采购、大力发展政府采购电子卖场"的要求，基于"互联网＋政府采购"战略，江苏省积极探索、先行先试，在充分依托现有成熟电子商务交易平台的基础上，建立了"江苏省省级政府采购网上商城"，于2015年12月1日起，在省级行政事业单位和团体组织全面实施，目前运行正常，采购人反映良好。2016年，江苏省政府采购"网上商城"省级全覆盖并向市县拓展，"网上商城"采购金额全年超亿元。

省财政厅通过公开招标确定了苏宁易购、京东商城、天猫商城三家电商为省级"网上商城"定点电商。定点电商按照江苏省财政厅制定的采购目录，建立"网上商城"采购专用平台，对接政府采购管理系统。定点电商向专用平台推送符合要求的商品及相关信息，并将交易数据推送至政府采购管理交易系统。省级采购单位通过江苏政府采购网登录定点电商专用平台，对纳入"网上商城"采购目录的13大类160个品目，单项或同批预算在20万元以下的货物，实行"网上商城"直接下单采购，采用单位公务卡在线支付或货到验收刷卡支付。

省级"网上商城"具有方便快捷、价格合理、公开透明、便于监管等特点。其价格与定点电商官网价格相衔接，成交价格不高于定点电商官网价格，整个交易活动留有痕迹，实现全过程电子监控，可及时掌握统计分析数据。缩短了采购周期，降低了采购成本，提高了采购效率；解决了批量集中采购周期长的问题，有效提升了预算单位小额、零星采购效率。

为确保该项工作顺利推进，省财政厅政府采购管理处重点做好业务指导和工作衔接；督促电商丰富目录内商品供应，提供优质服务；加强"网上商城"监管，确保规范操作。下一步要加强商城运维监管，防范可能出现的风险，积极解决可能出现的问题，为财政部和其他地区推行网上采购积累经验。

2016年2月24日，财政部国库司（政府采购办）巡视员赴江苏省调研政府采购"网上商城"工作。听取了关于江苏省级政府采购"网上商城"建设情况汇报，并现场观看了采购流程演示，对江苏省政府采购"网上商城"工作给予了充分肯定。指出，江苏省"网上商城"充分运用了成熟电商的技术资源，打通了政府采购和社会网购的通道，以小投入换取了大成效，方便了采购人，规范了采购行为，强化了监管职能。特别是江苏模式体现了管住政策和监督的"两头"，让采购人在政策范围内有更多选择，起到了"四两拨千斤"的作用。

（七）推进政府采购政策功能的有效发挥

2016年江苏省政府采购继续落实国家和省关于优先使用创新产品、绿色产品的采购优惠政策，支持节能环保产业、中小企业、不发达地区和少数民族地区的发展。体现优先采购国内产品以及提高采购效率，严把审核关口，严格依照法律规定进行政府采购进口产品审核、非招标采购方式变更审核,2016年省级累计审核批复进口产品395批次、非招标方式采购变更申请82批次,推动采购程序、采购执行规范、有效。

1. 进一步发挥政府采购信用担保在促进中小企业发展中的作用

信用担保融资是发挥政府采购政策功能的重要举措,要更好发挥机制作用。2016年省各协作金融担保机构共授信政府采购额度11.17亿元,发放贷款10.57亿元,有力促进了中小企业发展。

为推进政府采购信用担保融资合作机制开展,江苏省财政厅召开中小企业政府采购信用担保融资工作会,江苏银行、江苏省信用担保有限公司等六家金融机构和省政府采购中心参会。就2016年政府采购信用担保扶持中小企业机制进行了总结交流,对2017年推动政府采购信用担保融资平台建设、促进政策功能发挥开展讨论并提出建议。

要把政府采购信用担保融资工作纳入议事日程,制定切实可行的实施方案,加大宣传力度,强化工作考核,推动信用担保融资工作在辖区全面展开。各合作金融机构要不断完善政策,降低融资成本,简化操作流程,指定专人负责,更好地提供服务,让中小企业实实在在得实惠。加强沟通,建立工作协调机制,加强工作合作,及时反映工作需求,按时报送数据报表,强化动态管理,加快系统对接,有效解决工作中出现的问题,更好地发挥机制合力。

2. 苏州大力推广"政采贷"融资产品

2016年,为贯彻落实供给侧结构性改革的有关要求,进一步切实解决中小微企业融资难问题,苏州市财政局与包括工商银行在内的20家银行签订协议,共同推出"政采贷"融资产品。

"政采贷"以苏州市级政府采购合同为基础,签约银行将向中标(成交)供应商提供无需抵押、无需担保、利率优惠、申请流程简便的信用融资服务。政府采购信用融资以政府采购诚信考核和信用审查为基础,以政府采购项目中标(成交)通知书和政府采购合同为依据的一种纯信用融资方式,在贷款额度、贷款期限及利率水平等方面均优于一般贷款。

为了能让更多供应商了解"政采贷"业务,苏州市财政局通过多种途径大力推动宣传,一方面借助网络电子平台,在"苏州市政府采购网"主页上以飘窗形式进行显著宣传;另一方面在公共资源交易中心及部分业务量较大的代理机构办公场所等放置海报及二折纸等纸质宣传材料。

推动实施市级政府采购信用融资工作以来,各签约银行定期登录苏州政府采购网,了解采购指南、政策法规、招标公告、中标公告相关信息,并综合考量中标企业名单的规模、行业、信用记录等,筛选优质供应商名单,提供最方便快捷优惠的融资产品。

苏州某信息技术有限公司中标了苏州某学校多媒体教室的采购项目,公司急需一部分流动资金,按照以往的经验,没有足够的抵押物很难从银行获得所需贷款。建行苏州分行及时向公司推出了政府采购中小微企业的纯信用融资,公司只需凭借政府采购合同,就可以得到银行的授信支持,解决资金难题。该公司提供了所需材料,仅用5个工作日,建行的贷款就发放到位。

这是建行苏州分行的首单"政采贷"业务,也是苏州市级政府采购首笔信用融资。解决了小企业融资困难,降低了融资成本,支持了中小微企业发展。将采用多种方式,为采购中标供应商、签约银行牵线搭桥,提供更多的沟通方,推动政府采购信用融资工作更好发展。

(八)落实推进政府采购信息公开

为有效实施政府采购信息公开,依据《政府采购法实施条例》、《省委办公厅省政府办公厅关于印发〈江苏省预决算信息公开管理暂行办法〉的通知》、《关于做好政府采购信息公开工作的通知》等要求,由省级各部门及所属单位,通过部门门户网站,按采购进程及时公开政府采购信息。

《关于做好政府采购信息公开工作的通知》不仅明确了政府采购信息公开的范围、主体和渠道,还要求省级预算单位、各市县政府采购监管部门和采购代理机构高度重视政府采购信息公开工作,抓紧做好业务衔接,加快数据接口开发,尽早实现市与省、省与中央之间公开信息的自动推送。

目前,省政府采购应当公开的信息主要有:采购项目信息,包括采购项目、采购文件、采购预算、采购合同、采购结果等;监管处罚信息,包括财政部门做出的投诉、监督检查等处理决定,对集中采购机构的考核结果,以及政府采购违法失信行为记录等。

江苏政府采购网(www.ccgp-jiangsu.gov.cn)和各省辖市的政府采购网,是省政府采购信息的指定发布媒体,可以查询省政府采购新闻动态、政策法规、业务指导、档案资料等各类政府采购信息。

2016年省财政厅指导各省辖市加快与江苏政府采购网的数据对接,实现市、省、中央信息自动推送。2016年以来江苏政府采购网累计发布政策规定、采购公告、中标(成交)公告、合同公告等各类信息2.6万余条,进一步巩固了省网和各地分网作为政府采购指定媒体的地位,网站访问量逐年递增。

三、江苏省政府采购支出分析

表1　2006—2016年江苏省政府采购支出情况

年份	政府采购支出(亿元)	增长率%	占一般公共预算支出比重%	占GDP比重%
2006	336.66	36.85	16.72	1.55
2007	426.79	26.77	16.71	1.64
2008	602.32	41.13	18.55	1.94

（续表）

年份	政府采购支出（亿元）	增长率%	占一般公共预算支出比重%	占 GDP 比重%
2009	756.34	25.57	18.83	2.2
2010	902.26	19.29	18.36	2.18
2011	1117.9	23.9	17.97	2.28
2012	1450.25	29.73	20.64	2.68
2013	1676.87	15.63	21.50	2.81
2014	1725.16	2.88	20.36	2.65
2015	1830.2	6.09	18.89	2.61
2016	2206.2	20.54	22.10	2.9

数据来源：江苏政府采购网、江苏省财政厅政府采购管理处、政府采购信息网等。

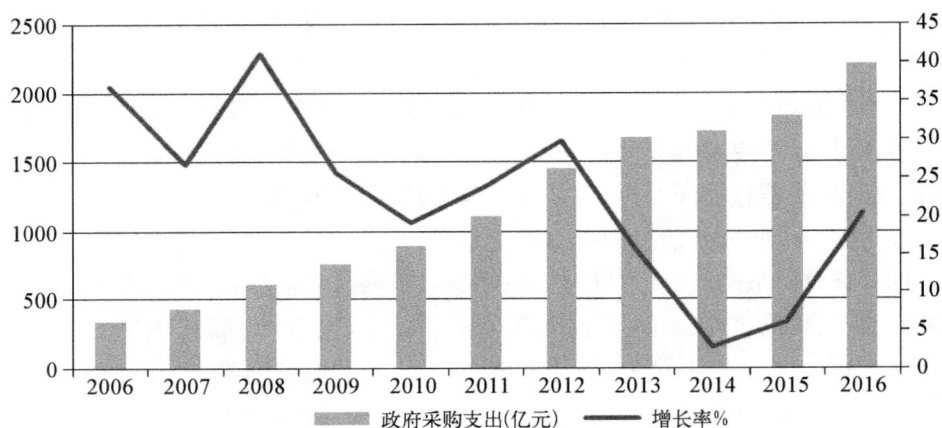

图 1　2006—2016 年江苏省政府采购支出以及增长率

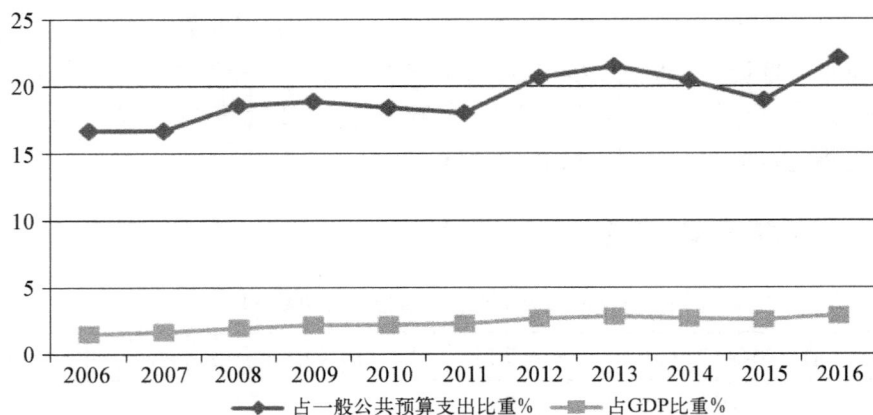

图 2　2006—2016 年江苏省政府采购支出占省一般公共预算支出和省 GDP 比重

表 2　2006—2016 年全国政府采购支出情况（注：2016 年采用同口径规模数据）

年份	政府采购支出（亿元）	增长率%	占一般公共预算支出比重%	占 GDP 比重%
2006	3681.6	25.75	9.11	1.68
2007	4660.9	26.6	9.36	1.72
2008	5990.9	28.54	9.57	1.87
2009	7413.2	23.74	9.72	2.12
2010	8422	13.61	9.37	2.4
2011	11332.5	34.56	10.37	2.32
2012	13977.7	23.34	11.1	2.59
2013	16381.1	17.19	11.68	2.75
2014	17305.34	5.64	11.4	2.69
2015	21070.5	21.76	11.98	3.06
2016	25731.4	22.12	13.7	3.46

数据来源：财政部、中国政府采购网、政府采购信息网等。

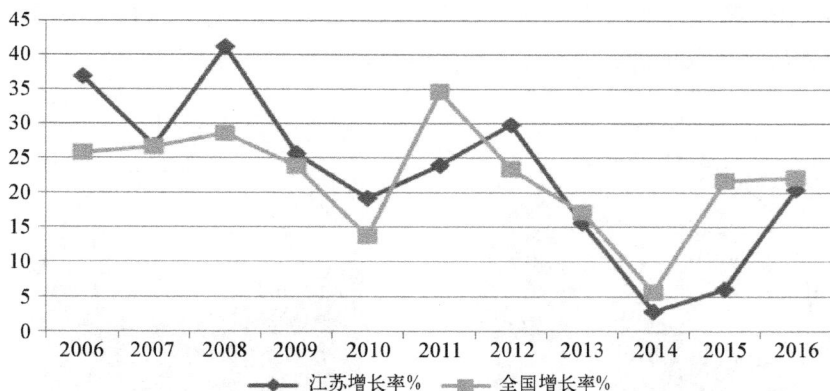

图 3　2006—2016 年江苏和全国政府采购支出增长率对比图

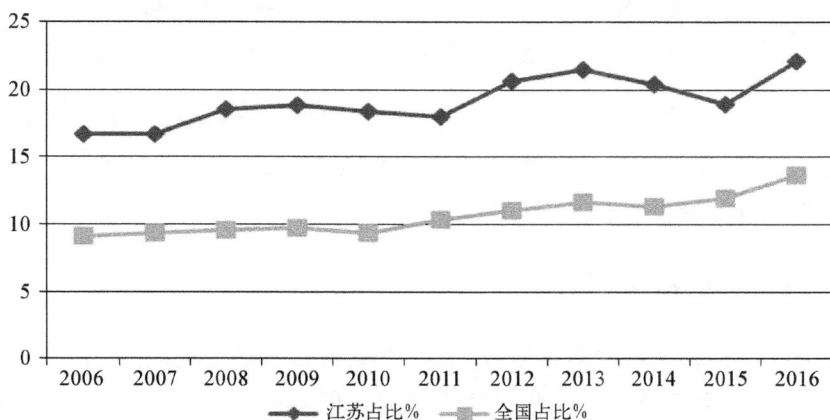

图 4　2006—2016 年江苏和全国政府采购支出占一般公共预算支出比重对比图

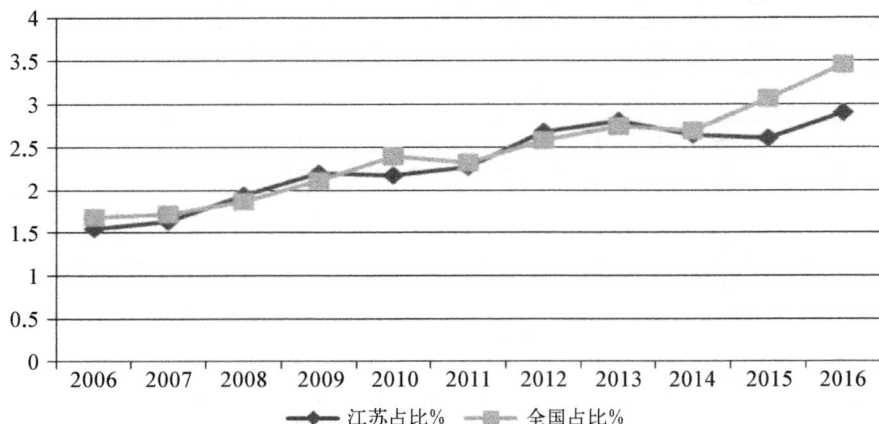

图5 2006—2016年江苏和全国政府采购支出占GDP比重对比图

由以上图表可看出：2016年，江苏省政府采购支出绝对规模持续增长，且增长率也呈现较高水平，接近全国同期增长率。在政府采购支出占一般公共预算支出比重上，江苏省继续保持明显高于全国的态势；但在政府采购支出占GDP比重上，反而有所不及；这主要是因为江苏省一般公共预算支出占GDP比重一直明显低于全国水平。结合国际标准综合来看，政府采购支出仍有较大扩展空间。

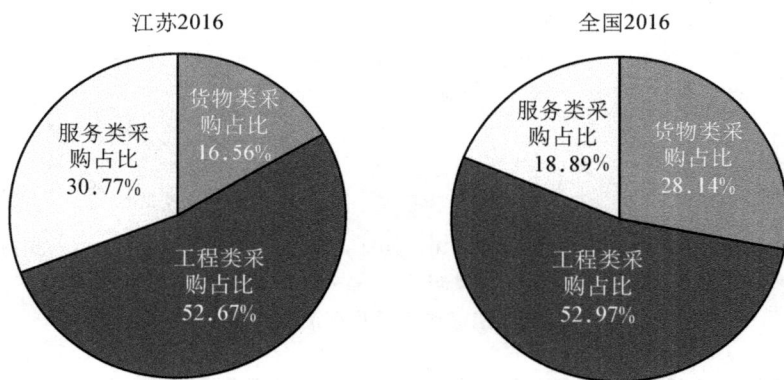

图6 2016年江苏和全国政府采购货物、工程及服务比重对比图

由图6可看出：2016年，在政府采购货物、工程及服务的构成上，江苏与全国工程类占比相当，货物类占比明显低于全国，而服务类占比显著高于全国，表明江苏在服务类采购领域发展相对较快。

四、面临挑战和问题

随着财税体制改革的深化推进，作为其中重要组成部分的政府采购也在不断推进发展，表现之一就是政府采购规模持续增长。现实环境中呈现诸多方面的新变化新情况，这使当前江苏省政府采购的发展完善面临挑战和问题。

（一）政府采购法律制度体系及其应用方面

1. 政府采购法律体系不断出新带来的挑战

自《政府采购法》颁布实施十多年来，中央层面及地方出台了若干与之相配套的法规和规范性文件，形成了一整套法律制度体系。政府采购实践所应对的经济社会环境十多年间不断更新，政府采购法律体系也不断出新，2016年及其前后就是如此。

在2016年之前，国务院令第658号《政府采购法实施条例》出台，对后续的政府采购产生巨大影响。财政部、民政部和工商总局依据国务院指导意见印发的《政府购买服务管理办法（暂行）》，凸显了政府购买服务。财政部制定发布的《政府采购竞争性磋商采购方式管理暂行办法》形成了政府采购新方式，《政府和社会资本合作项目政府采购管理办法》紧密关联了政府采购和PPP模式。而在国务院办公厅关于印发《整合建立统一的公共资源交易平台工作方案》的通知中，提出要整合分散设立的工程建设项目招标投标、土地使用权和矿业权出让、国有产权交易、政府采购等交易平台，在统一的平台体系上实现信息和资源共享，依法推进公共资源交易高效规范运行；并要求2016年6月底前，地方各级政府基本完成公共资源交易平台整合工作，2017年6月底前，在全国范围内形成规则统一、公开透明、服务高效、监督规范的公共资源交易平台体系，基本实现公共资源交易全过程电子化；具体指引了2016年及其后地方各级政府采购工作。

2016年，财政部制定印发了新修订的《政府采购评审专家管理办法》，出台了《关于加强政府采购活动内部控制管理的指导意见》、《关于在政府采购活动中查询及使用信用记录有关问题的通知》、《关于政府采购监督检查实施"双随机一公开"工作细则的公告》和《关于进一步加强政府采购需求和履约验收管理的指导意见》。财政部和交通运输部出台《关于推进交通运输领域政府购买服务的指导意见》，财政部和环境保护部印发了《关于调整公布第十七期、第十八期环境标志产品政府采购清单的通知》，财政部和国家发展改革委印发了《关于调整公布第十九期、第二十期节能产品政府采购清单的通知》。同样在2016年，财政部就修订过的《政府采购货物和服务招标投标管理办法（征求意见稿）》和《政府采购代理机构管理办法（征求意见稿）》向社会公开征求意见，为后续的正式出台打好基础。

全国层面政府采购法规不断修订、出新，使各地方的政府采购法规和工作实践均须适时做出相应调整。这是出于现实环境发展的需要，但更新中的政府采购规则要适用于变化中的现实环境需要有一定的适应、磨合期，其中蕴含巨大的挑战性。如：尽管在国务院《整合建立统一的公共资源交易平台工作方案》中明确：各级公共资源交易平台不得取代依法设立的政府集中采购机构的法人地位、法定代理权，但在前期试点中仍出现有关违法违规问题，这涉及如何理清政府采购与公共资源交易中心的职能边界。

2.政府采购法条解读分歧带来的问题

与此同时,当前的政府采购法律制度体系仍不够完善,会造成实践中的分歧或疑义。

比如:国务院法制办公室曾作出《对政府采购工程项目法律适用及申领施工许可证问题的答复》,其起因就在于《政府采购法》第四条明确政府采购工程招标的适用《招标投标法》,后者又先于前者生效实施,容易令人将政府采购工程都纳入《招标投标法》的适用范围。《招标投标法》及其条例所确定的监管部门为有关行政监督部门,基本是各行政主管部门进行管理,这与《政府采购法》所明确的财政部门作为监管部门不一致,带来监管方面的分歧。而且二者救济制度的设置也不相同,同样会造成问题。

又如:从中央层面提出要促进推动政府购买服务,并赋予其特定内容,从而与本就包含在政府采购体系之中的政府采购服务形成一定差别;同时明确政府采购和PPP模式及其项目的融合,而在不同部委的文件中对政府和社会资本合作模式与政府购买服务二者之间的关系表述不一;这些都会带来各地政府采购实践中不同主体不同角度的解读和应用,可能是误读和误用。而《政府采购法实施条例》实施后,财政部关于《中华人民共和国政府采购法实施条例》第十八条第二款法律适用的函,显示出对新法规条文解读存在的分歧。

(二)政府采购绩效和政策功能达成方面

依据既有政府采购法律制度体系的规制,政府采购的监督管理更多在于采购项目的实施程序、方式及操作过程,而对采购需求、采购预算、合同管理等涉及采购前期与采购结果的有关内容相对偏弱,政府采购的绩效约束不足。

1.在政府采购项目的实施过程中,各方当事人的专业性亟须提升

随着政府采购规模的扩增,采购项目日趋复杂,供应商维权意识增强,集中采购机构以及社会代理机构如果局限于程序代理,而忽视提升专业化水平,将难以应对新情况。对于能够行使采购决策权的评审专家,不提升专业能力,无法保证评审结果的科学合理,也需避免其违法违规操纵采购活动。近年来各级财政部门受理的投诉举报案件急剧增长,而财政部门人员力量不足,专业化机制建设难以适应要求。

2.采购需求、采购预算、采购结果的效能欠缺有效规制

"先预算后采购"在于建立部门预算对采购执行的约束,却没有形成采购结果对预算编制的反馈和影响。在实践中预算单位采购权责不对等,预算单位作为采购主体的责任与自主权缺位,再加上政府采购需求和履约验收及采购结果管理还存在约束不清晰、措施不细化,造成预算单位落实政府采购政策的意识不强,政府采购政策的作用发挥不够却难以追责。

3.全方位信息公开的监督保障有待达成

在政府采购信息公开方面,尤其是基层政府,存在发布在政府采购平台上的政府

采购信息公开不全面等情况。比如,采用协议供货模式的采购项目中入围结果信息以及详细采购结果信息公开程度不够。又如,对于政府采购中的投诉及其处理或实施监督检查后的具体违规处罚信息难以查询。信息公开的不到位直接影响政府采购的监督规范及效能的发挥。

五、应对建议

应对诸多挑战,需要深度认识政府采购发展变化的现实和趋势,积极顺应政府采购法律制度体系的持续调整更新,多方位采取措施以切实提升政府采购的绩效和功能。

(一)基于国家层面政府采购法律制度体系,进一步调整完善地方规则规范

强化政府采购全程绩效约束力的制度安排。从采购需求、采购预算开始直至采购结果的政府采购活动全过程的所有环节均能被覆盖其中。这样的绩效约束制度规范需要设置衡量绩效水平的细化指标体系,针对处于不同环节、进行不同采购事项的不同主体分别加以分析测算,并根据相应采购绩效高低实质性地对其具体责任主体惩劣奖优,以着力提高采购结果的满意度。其中的绩效评价指标是包括采购的资金成本,采购效率,以及采购政策的落实情况等衡量角度的全方位综合指标系统。可以加强采购结果及其数据信息的综合分析利用,更加注重成本效益分析,关注政策目标的实现程度,进一步体现放权和问责相结合。

在管理及其绩效约束相对薄弱的环节,尤其需要加强规制。在采购需求管理上,科学合理确定采购需求,研究制订采购需求标准,可以从通用类货物、服务尝试,与预算经费标准、公共服务绩效标准等相结合。在履约验收方面,也应依据具体的采购项目、采购方式等情况严格规范开展履约验收,否则将被追责。至于采购预算的管理,一方面是继续强化预算对采购的约束,先有预算再有采购支出,在编制采购预算时,应依据采购需求标准,并多做市场调查与测算,科学合理编制;与此同时,需落实预算单位的主体责任,其采购预算的执行结果、绩效水平应对预算单位后续采购预算的规模结构等产生反向实质影响。

(二)进一步提高政府采购透明度是采购效能提升的必要保证

不断推进落实政府采购信息公开。落实从采购预算到采购过程及采购结果全流程的公开透明,确保政府采购信息发布的及时、完整、准确,接受各方监督,强化社会监督。及时完整公开投诉和监督检查处理决定,集中采购机构考核结果以及违法失信行为记录等监管处罚信息。切实推进协议供货和定点采购信息公开,除按照规定公开入围采购阶段的相关信息外,还应当公开具体成交记录。电子卖场、电子商城、网上超市等的具体成交记录也应公开。创新信息公开方式,完善信息公开功能,提高政府采购信息公开的自动化水平,为政府采购信息公开和社会监督创造便利条件。

省级财政部门加强对省内政府采购信息公开工作的指导和督促。各级财政部门应当加大对政府采购信息公开情况的监督检查力度，进一步加强采购项目预算金额、更正事项、采购合同、公共服务项目采购需求和验收结果等信息公开薄弱环节，将信息公开情况作为对集中采购机构考核和对采购人、社会代理机构监督检查的重点内容，实施动态监管和大数据分析。并把政府采购信息公开工作纳入政务公开工作绩效考核范围，加大考核力度，探索引入第三方评估机制，健全激励约束机制。

（三）顺应信息化建设，进一步创新监管方式、促进监管与服务结合

目前，"互联网＋政府采购"正加快实施，电子化采购得到大力发展，在实现互联互通、信息共享的进展中，政府采购监管也可充分应用云计算、大数据等新技术。随着政府采购制度改革，事前审批监管向加强事中事后的监管进行转变；依托信息化手段和大数据，可以有效加强对政府采购关键环节的动态监管，增强政府采购监管的公信力，同时也利于健全政府采购当事人的信用评价制度，监督评审行为，强化内控责任。

（四）依托财税改革和经济社会发展趋向，调整政府采购政策功能

结合供给侧结构性改革导向、现代财政制度建立和经济社会现实需要，在既有基础上积极拓展政府采购政策功能目标，从创新、绿色、网络安全和信息化、保障和改善民生等方面加强。在实现物有所值这一基本目标的前提下，健全支持创新和绿色等采购政策，完善支持中小企业发展、推进军民融合发展等政策措施，通过更好地发挥政府采购需求引领作用，传导到环境、经济和社会等目标。

（五）多层面措施增进采购相关机构及人员的专业化水平

高度重视政府采购监管机构、代理机构及其人员的专业化提升，除了在新法规出台后进行专题培训之外，地方也可设置常规性的专业能力培养机制和措施。不仅作为监管部门的各级财政部门中的政府采购干部要大力提高政策水平和业务素养，集中采购机构、社会代理机构及其人员也需提高专业能力，以适应不断出新的政府采购实践，为政府采购供需双方提供优质服务。

第四篇　财税政策篇

第十五章　江苏发展新经济的财政政策思考

　　20世纪90年代以来,美国积极推进信息技术革命,加快发展高新技术产业,经济获得强劲复苏和发展,"低失业率、低通货膨胀率、低财政赤字率、高经济增长率、高劳动生产率、高企业经济效益"为特征的"新经济"逐步产生并快速发展。在"新经济"发展背景下,新一轮科技和产业革命推动新的生产、交换、消费、分配活动,并逐步替代原有的生产生活方式与经济增长模式。因此,"新经济"主要是由电子计算机、电子通讯以及因特网技术的发展而产生的相关市场的总称,是在知识经济的基础上,兴起于美国、扩展于世界的新技术革命引起的经济增长方式、经济结构以及经济运行规则等的变化。对于我国而言,随着互联网、大数据、电子商务技术等的发展与应用,"新经济"对我国经济增长的促进作用日益明显。2016年,新经济首次写入了中国政府工作报告中,李克强总理也指出,"中国再让传统动能继续保持高增长,不符合经济规律。要让'新经济'形成新的'S形曲线',带动起中国经济新的动能。"可见,新经济既是现阶段对传统经济增速下滑的支撑,也是促进社会转型升级的动力。

　　新经济是以高科技产业为平台,并由此导致经济发展呈现出新特征的经济现象。它包含两层含义:一是高科技产业脱离了低生产方式,向高级生产力转变;二是将高科技应用于传统产业,带动整体产业结构的升级,促进经济发展。可见,新经济并不是指单单一两个产业,而是通过这些产业来带动其他产业和社会进步的一种经济形态。尽管新经济是一种新的经济形态,但仍然需要以新兴产业为依托,因此新兴产业的发展状况也决定了新经济的发展态势。

一、新经济的内涵

(一)新经济的含义

　　党的十八大以来,党中央、国务院高度重视新经济发展,对新经济的内涵和外延都提出了明确的界定。2014年习近平总书记在关于科技创新的会议上指出,未来几十年,新一轮科技革命和产业变革将同人类社会发展形成历史性的交汇,工程科技进步和创新将成为推动人类社会发展的重要引擎。信息技术成为率先渗透到经济社会各领域的先导技术,将促进以物质生产、物质服务为主的经济发展模式,向以信息生产、信息服务为主的经济发展模式转变。习总书记的讲话表明,我们所处时代正在发生深刻的变化,科技革命孕育的新技术、新产业、新模式正蓄势待发。李克强总理也在多种场合分析强调了新经济的重要性。2016年的《政府工作报告》把新经济归结为不断涌现的新技术、新产业、新业态。李克强总理认为新经济涵盖了一二三产业，覆盖了各种新的产业部门、各种形式的创新和对传统产业的提升，是推动增长和发展的新动能，是中国经济浴火重生、再创辉煌的希望。国家统计局从工作层面，要求在不断揭示以"三新"（新产业、业态、新商业模式）为代表的新经济的内涵、特征等物质方面的基础上，从量的方面对其规模、结构、速度、效益等做出统计上的界定。而支撑"三新"的是新技术、新主体。从这个意义上讲，新经济是以新产业、新业态、新模式为表现形式，以新技术、新市场主体为支撑力量的经济现象，即"3＋2"现象。

（二）新经济的范围

美国信息技术和创新基金会（ITIF）在其发布的《美国各州新经济指数报告》中，把新经济定义为依靠知识和创新而获得增长的经济，它具有知识型就业、全球化、经济活力（创业）、信息技术（数字经济）、创新驱动（创新能力）五大特征，而这些特征构成了新经济指数的基本要素。

北京大学国家发展研究院《财智BBD中国新经济指数技术报告》认为：新经济是指具备高人力资本、高技术投入、轻固定资产投入特征，能够保持相对快速且持续的增长，并符合中国未来资源禀赋结构与世界产业发展方向的经济业态，具体包括制造业和服务业、节能与环保业、新一代信息技术与信息服务、生物医药产业、高端装备制造业、新能源汽车产业、新材料产业、高技术服务与研发业、金融服务与法律服务等行业。

根据国家统计局的定义，所谓新经济，是以新产业、新业态、新商业模式为代表的产业。它具体包括提质增效转型升级、工业战略性新兴产业、新产品、新服务、高技术产业及新技术、科技企业孵化器、"四众"（众创、众包、众扶、众筹）、电子商务、互联网金融、城市商业综合体、开发园区等"三新"（新产业、新业态、新型商业模式）经济领域。

综上所述，新经济有广义和狭义之分。从狭义上看，新经济就是互联网经济，或信息经济、网络经济、数字经济。从广义上说，凡是与新技术、新产业、新要素、新产品、新服务、新零售、新制造、新金融、新能源、新材料、新业态、新模式等相关，并相互作用的经济都属于新经济。新经济的覆盖面很广泛，涉及一、二、三产业。

二、新经济的战略意义

当前，世界经济增长越来越依靠新经济的发展，特别是以信息技术的突破"互联网＋"广泛应用带动的新兴产业发展。发展新经济对于我国尤其具有现实紧迫意义。自1978年改革开放到2011年，我国经济经过30多年高速发展，年均增速达9.93％。2012年后，我国经济增长进入下行周期，经济增速自7.9％持续下降到2016年的6.7％。2014年，基于对历史和现实的分析和把握，中央做出我国经济进入新常态的准确判断,指出消费需求、投资需求、出口和国际收支、生产能力和产业组织方式、生产要素相对优势、市场竞争特点、资源环境因素、经济风险积累和化解、资源配置模式和宏观调控方式等九大新常态趋势性变化。当前,我国正面临经济运行"三期叠加"(经济发展速度换挡期、经济结构调整转型阵痛期、前期刺激政策消化期),传统的增长模式已难以为继,急需发掘新的动力源泉。发展新经济是培育经济增长新动能,有效托举经济持续增长,防止经济"断崖式"下跌,实现经济增速向中高速平稳换挡的迫切需要,是正确引领经济发展新常态的必然选择。

经济新常态需要新的发展理念引领,发展新经济体现了新发展理念的要求。党的十八届五中全会提出创新、协调、绿色、开放、共享的五大发展理念,这是面对国内外复杂形势提出的适应我国现实国情、符合时代发展趋势、顺应未来发展要求的新发展理念,对于破解发展难题、增强发展动力、厚植发展优势具有重大指导意义。新经济是以创新为核心动力的经济,具有鲜明的开放特点,发展新经济有利于优化经济结构,促进区域、城乡协调发展,降低资源能源消耗,减轻环境容量压力,使发展成果惠及广大人民。

经济新常态需要新的发展动能驱动。发展新经济可以催生新技术、新产业、新业态和新模式快速成长,形成新的"S形曲线",推动产业迈向中高端水平,积聚新的发展动能。所谓"S形曲线"指新技术超越旧技术带动经济快速增长的曲线。事实上,每一种技术的增长都是一条独立的"S形曲线",在导入期技术进步比较缓慢,一旦进入成长期就会呈现指数型增长,进入成熟期就会走向曲线顶端,出现增长率放缓、动力缺乏的问题,这时就需要新的接替技术。新技术特别是具有颠覆性创新的新技术迅猛发展,将超越传统技术形成新的"S形曲线"。因此,新旧技术的转换更迭,共同推动形成技术不断进步的高峰,从而形成新经济蓬勃发展的局面。新经济的发展无疑会推动我国产业不断升级,并向中高端水平迈进。

新经济培育新动能还体现在提升传统产业上。新经济可以为改造提升传统动能创造必要和有利条件。新经济的发展壮大将为传统经济的调整提供时间和空间,而改造提升传统产业的过程本身也是不断培育新动能的过程。所谓经济新动能,就是在现有动能基础上新增加的动能。正因如此,就不必区分是新兴产业发展提供的动能还是传统产业提升增加的动能,能够给经济增长带来新活力、新动力、新能量的都是新动能,不管出自新兴产业还是传统产业。发展新兴产业是增加新动能,改造提升传统产业并达到新高度后也是新动能。解决新旧动能的接续和转换问题,需要处理好新兴产业的发展和传统产业改造升级间的关系。

新经济培育新动能还体现在促进消费升级上。以"互联网＋"、新技术和新业态为代表的新经济,在创新供给引发潜在消费需求、满足升级消费需求、助推服务业加快发展等方面具有独特优势。这势必增强经济增长的内生动力,推动投资与消费结构优化,使经济增长从更多依靠投资驱动的发展模式转向投资与消费协调推动的发展模式。

我国已经确定 2020 年全面建成小康社会的重要目标,发展新经济是"全面建成小康社会"的重要保障。发展新经济的过程,就是推动全面建成小康社会的过程。发展新经济,必将推动大众创业、万众创新,释放民智民力促进就业;必将促进"众创""众筹""众包""众扶"等新平台搭建,推动分享经济发展;必将更好地利用各种资源,更充分发挥人的潜能,增加居民收入,缩小收入分配差距。

供给侧结构性改革是我国适应当今国际竞争新形势的主动选择,更是当前经济工作的主线,而发展新经济有利于供给侧结构性改革目标任务的实现。供给侧结构性改革要求针对经济结构的制度性矛盾推进改革,消除资源有效配置和生产要素合理流动的障碍,促进资源和生产要素更好地配置到新产品、新服务、新产业、新业态、新模式等"五新"方面,从而培育新动能,促进供给体系与需求结构的变化相适应、相匹配。新经济要求从根本上提高产品质量和生产效率,通过信息网络等现代技术,重塑整个产业链、供应链和价值链,使其焕发出新活力,实现"中国制造"向"中国智造"的跨越。供给侧结构性改革和新经济本质上存在高度的一致性,是相辅相成、相得益彰的密切关系。

三、新经济发展中的问题

(一)开发成本高,需求不确定,技术成果转化率低

近几年我国新产业发展迅速,但由于开发成本高、市场需求不确定性大,使得很多企业"有心而力不足"。新模式的探讨、新产品的开发相比于传统低端生产链和产品的研发投入更大,失败风险更高,使得企业的营业成本很大。而另一方面,需求的不确定让企业家们更加为难,新产业的产品,由于短期内有较高的社会外部性,性价比上比传统产品低,如生物农药、新能源汽车等,使得在竞争中还不存在足够优势,市场需求低迷。加上近几年我国宏观经济下滑压力加大,居民收入增长放缓,也对新产品的需求产生一定负影响。此外,新产业的技术成果转化率低也是制约新产业快速发展的因素,技术研发的最终目的是为了服务于生产建设,然而我国科技成果的转化率还比较低,总体上不足 20%,这就使得科研机构无法将研发成果进行推广,同时生产企业也不能获得高效的生产技术,阻碍了新的先进技术在整个社会生产中的应用。

(二)企业规模不够大,创新型人才缺乏

相比于航天航空等少有国家垄断的行业,其他的新兴产业几乎都存在企业数量多、企业规模小的特点,企业普遍缺乏自主创新的能力,很多中小企业通过贸易的方式先从外国或者大企业购买产品,进行简单的外部更新或者改装,而很少进行自主研发,实际上产品附加值很低。此外,新兴产业的创新能力也受到企业创新型人才缺乏的制约,然而由于我国高科技人才的缺少、培养方式不准确、人才流动机制不完善,使

得很多中小企业根本请不起科技人才,最终受人力、资金等影响要么选择发展中端产品路线,模仿制造,要么成为原厂商和消费者之间的中间贸易商角色。无论是模仿制造,还是中间贸易商都普遍缺乏原创精神,也难以形成产业化。目前我国也出现了联想、华为等具有一定国际竞争力的企业,但总体上新兴企业规模偏小。

(三)研发资金短缺,产业政策不完善

相比于人才问题,资金问题更严重地制约了我国新经济的发展。目前我国研发经费占 GDP 比重相对于发达国家来说偏低,真正研发主力是研究机构和高校,企业的研发投入非常低,中国企业 R&D 投入占销售收入的2%—3%左右,明显低于欧美及日本。新兴产业的研发投入比重相对较高,却遭受融资难的问题,制约了产业发展。从直接融资角度看,由于新产业研发产品风险高,使得外部投资者较少,从间接融资角度看,同样因为新产业面临巨大的不确定性,银行等金融机构的贷款规模偏低,相对来说,发达国家新兴产业的资金主要来源于风险投资和民间投资。此外,尽管国家对新经济持支持的态度,但产业政策存在与产业发展不配套、不适用的现象,部分能够适用的政策也存在不完善、不全面的问题。总体来看,我国对新经济、新产业的政策扶持力度远低于发达国家,甚至低于亚洲部分发展中国家,这些都不利于我国新经济的稳定健康发展。

(四)经营活动复杂化,税收征管难度加大

新经济催生了新的商业模式和交易模式,发展了网上交易和网上支付,如互联网网站向居民提供了大量免费或者价格低廉的服务,再有共享经济无法区分投资和消费,网约车的发展也很难计税和征税,居民之间闲置日用品的交换也是实践中经常发生的现象,纳税主体随市场主体的多变而呈现复杂化和难以控制。信息技术的快速发展,影响的不仅是商品买卖,市场主体也随时在重组和兼并,并涉及跨国重组。纳税人随时在变化,税收管理难度和复杂性大大增加。其次是互联网与传统产业相融合,经营模式复杂,税源难以分割。新业态改变了有形商品的生产和销售模式,经济活动的复杂化和经营形式的多样化,使得税务机关对税基的控制难度加大。加之常设机构和固定营业场所的关系变得模糊不清,税权划分复杂化。尤其是非居民可以不在境外设立常设机构或固定营业场所,而可以通过其设在居住国的门户网站或第三方电子商务平台,直接向境外个人客户销售货物或提供劳务。这样的经营活动,使得税源的发生地变得模糊不清。最后税源与价值创造地分离,利润归属难辨,尤其是国际贸易和国际经营活动的利润归属问题。

四、江苏新经济的现状

同全国一样,江苏经济在步入新常态后,处在新旧动能迭代更替的关键时期。速度换挡、结构调整、动力转换,已成为江苏上下求索的关键词。面对刻不容缓的发展

新需求,各级党委政府审时度势、顺势而为,牢牢把握科技革命和产业变革机遇,勇当改革的促进派和实干家,突出制度供给功能,以科技创新作为引领,着力推进理念创新、制度创新、文化创新、管理创新、模式创新等全面创新,"三新"经济在阳光雨露之下、良田沃土之中日益茁壮挺拔。

(一)新产业:彰显转型升级新气质

先进制造业坚持高端化、智能化、绿色化、服务化、品牌化方向,推动智能制造快速发展,打造具有世界影响力的产业集群和知名品牌;战略性新兴产业突出先导性和支柱性,聚焦细分行业和领域,推动具有比较优势的新兴产业规模发展,这是江苏产业转型升级的明确路径。

在工业领域,大批企业通过理念创新、科技创新、机制创新,全力重塑优势产业竞争力,令"旧"行业焕发"新"活力。目前,江苏已建成309家省级示范智能车间,智能化车间的工人平均减少20%,人均产出水平平均提高15%。南京、无锡、常州、扬州等市智能装备产业蓬勃发展,康尼机电、无锡一棉、中远川崎、康缘药业等一批智能制造示范企业应运而生,制造业的供给水平、生产效率、产品质量、核心竞争力大大增强。

在传统行业"古木逢春"之时,更有众多"芳林新叶"现身枝头。2016年,江苏高新技术产业产值达到6.7万亿元,同比增长8%,占工业总产值比重达到41.5%,到今年上半年时,增速已达12.7%,占比提升至41.7%。其中,以生物医药、新能源、物联网为代表的十大战略性新兴产业销售收入增长12%,占规上工业比重达30.5%。

伴随着新兴产业的欣欣向荣,高附加值、高技术含量的新产品需求与日俱增。今年上半年,全省列统的11种新产品中有7种产量增速超过两位数,其中服务器、3D打印设备、工业机器人增势惊人,分别为95.4%、82.6%和82.2%。融合新科技、新方法,符合新需求的新产品,更容易转化为商业利润和市场价值,驱动着江苏产业向中高端迈进。

纵观全省各地,南京有北斗导航世界、苏州有纳米城、常州有石墨烯小镇、无锡有物联网研究院、镇江有特种船舶厂、泰州有生物医药城……这些高科技含量的产业集群,也在为区域经济发展供给着源源不断的新动能。南京埃斯顿自动化股份有限公司,是国内具有自主技术和核心零部件的国产机器人的主力企业,拥有70多项专利、40多项软件著作权,独家起草或牵头起草了11项国家及行业标准。无锡的远景能源集团自主研发的智能风机通过内置200多个物联网设备,可以随时感知世界各地的风机运行状态和外部环境,管理着北美、欧洲、中国等超过6000万千瓦的全球新能源资产。

(二)新业态:凸显经济发展新脉动

互联网、云计算、大数据等现代信息技术在各领域的广泛渗透,大大缩短了流通环节,优化了资源配置,降低了交易成本,在融合嫁接传统行业、传统应用与服务的过程中,催生出大批新兴业态,不断"刷新"着人们的生产生活方式。

网上零售作为新业态的典型代表,发展势头锐不可当。2016年,江苏网上零售市场规模达到4740亿元,居全国第四。其中,实物商品网上零售额3995亿元,增长40.4%,增速高于同期社会消费品零售总额29.5个百分点;占社会消费品零售总额比重为13.9%,比上年提升3.2个百分点。不仅在规模上稳居全国前列,在物流配送、商品种类以及商业模式创新上均亮出了江苏特色。

消费形态的嬗变催生巨大商机,一大批电商企业茁壮成长,成为业内翘楚。苏宁易购B2C网络零售市场占有率居全国前列;中国制造网在国内B2B电子商务平台市场中名列前茅。途牛网、同程网均跻身国内在线旅游品牌影响力前列。海澜之家、好孩子、红豆等一批传统企业紧跟潮流,强化电子商务应用,实现实体与虚拟经营齐头并进。

令人惊喜的是,"互联网+"拉近了城乡时空差距,促使农村电商风生水起。截至2016年,江苏共拥有淘宝村201个、淘宝镇17个,数量均列全国第三。全省已创建7个国家级电商县、28个省级电商县、80个省级电商镇和150个省级电商村。睢宁县沙集镇、宿迁市耿车镇、沭阳县颜集镇等一批镇村,通过电子商务销售当地特色农产品和加工品,全国闻名。无锡"买卖宝"是我国农村电商市场份额最大的互联网平台,年销售额近20亿元,连续6年保持300%的高速增长态势。

在互联网推动下,传统服务业也焕发出亮丽生机:网络约车、网上订餐、团购电影票等新兴业态,挖掘出消费市场的巨大潜力,带动相关服务业蓬勃发展。2016年,互联网和相关服务业营业收入增长84.5%、邮政业增长13.8%、住宿和餐饮业增长14.5%、旅游业收入增长13.4%。今年7月份《财富》杂志发布世界500强排行榜,苏宁云商集团首次入围,列第485位。从江苏土生土长的途牛旅游网,入围2016年中国互联网企业百强,2016年旅游产品总交易额超过200亿元,同比增长66%。

而在共享经济如火如荼的当下,江苏也不甘落后。在苏州,"滴滴"网络约车已获政府正式许可,并与交管部门围绕汽车制造业和城市交通等大数据领域开展全方位、深层次战略合作。零售业发展先锋——苏宁云商,已同阿里巴巴集团达成战略合作,双方将协同各自在用户商品、服务、技术等方面的资源,成为互联网时代企业间共享合作的典型。南通则在智慧城市建设过程中实施了一批体现共享经济理念的应用项目,比如市区免费Wifi工程,中小企业云服务平台、智慧园区2.0示范工程等。

(三)新模式:重构商业领域新格局

在江苏,以区域为中心、以购物为主导,具备"吃、购、娱、休闲"等多种服务功能,能满足顾客"一站式消费"的城市商业综合体,如雨后春笋般纷纷崛起,将传统实体商业"点石成金"。截至2016年底,全省共有城市商业综合体123家,其中2013年以来新开业75家,占到总数的61%。2016年,全省城市商业综合体全年总客流量为

10.2亿人次，同比增长52.5%；平均到每个城市商业综合体，日均客流量为2.3万人次。2016年，全省城市商业综合体中商户销售额同比增长15.4%，高于同期社会消费品零售总额4.5个百分点。

新的商业模式，不局限于商业综合体这种"巨无霸"，还体现为向消费者提供多样化、个性化服务的"小而精"，在7-11、全家、罗森等外资品牌便利店纷纷"入侵"本土市场后，苏果便利加快转型，除了把第三代"好的"便利店做成市民的"24小时生活服务站"以外，还与知名IP合作开办动漫主题店。各种风格迥异的特色便利店在江苏境内百花争艳，成为各方角逐的线下新战场。

在各种实体零售同台竞技的同时，线下同线上的融合也在持续加速，"实体店"和"电商"的界限日渐模糊，新零售、无人零售、全渠道零售、O2O等新概念不断涌现。日前，苏宁全国首家无人店——苏宁体育Biu已在南京开业，拉开了"智慧零售"的帷幕。

放眼江苏，经济发展新意盎然，后劲十足。如日方升的"三新经济"，不仅在江苏经济"爬坎过坎"的关键时期成为加力增效的"助推器"，而且彰显着新的价值导向、新的生活方式、新的时代气息，重塑着经济社会发展的方方面面，成为江苏发展最鲜明的时代特征。未来，方兴未艾的"三新经济"前景光明，潜力无穷，必将借着新时代改革发展的强劲东风，在高水平全面建成小康社会的新征程之上振翅高飞，大展雄姿。

五、财政政策建议

（一）加快转变政府职能，简政放权，充分发挥市场活力

过去我国政府主要扮演的是管理型政府角色，对企业进行约束式管理，行政效率很低，对企业的发展弊端也很明显。党的十八届五中全会对各级领导干部提出了"创新、协调、绿色、开放、共享"的五大发展理念，要求统一思想和行动，将以往企业围绕政府转的管理型理念，转变为政府围绕企业转的服务型理念。新经济需要政府工作者具备更高的知识和技能来对接新产业，如果不懂新经济的态势，政府的政策就做不到有的放矢，也不能精确地为新兴产业服务。新经济更加注重信息化和科技化，这也迫切要求政府人员能运用互联网、大数据等工具，掌握各个新产业的基本状况，尽可能降低政府与企业间的信息不对称问题，特别是科技部门和经济管理部门，要为新经济下的各项决策、管理和服务提供技术和标准支撑，努力提高政府对接新经济的现代化服务水平。

面对新经济的特殊性和重要地位，政府要采取更加灵活的自由市场政策，不该管的坚决不管。要让新兴产业将主要精力摆在企业经营上，让市场自身发挥主导力量，通过市场这只"无形的手"来创造更加高效的竞争环境。政府部门要进一步简化各项审批手续，将主要精力从审批转向监管，力求做到"放"与"管"同步，以"放"来激发新经济的活力。政府只需消除新经济、新产业在发展过程中遭受的障碍与瓶颈，提供更

加公平的市场环境。在经济新常态下,各级单位要改变"政府包办一切"的做法,更多地为市场经济中的行为主体提供必要性服务,让市场发挥资源高效配置的作用,把握好政府、企业、市场三者间的平衡关系。

(二)制定偏向中性的财税政策,适应新旧产业的发展

林毅夫认为,为了促进产业的升级和多样化,政府必须制定符合本国潜在比较优势的产业政策,来增加该产业在国内和国际市场上的竞争力。因此,对于新经济的发展,江苏省政府各部门应该将主要精力摆在合理政策的制定和实施上,政策的制定要"对症下药",政策要具有引导性和针对性,对于市场自身不能调节的领域,如由于市场资金的逐利性和风险逃避性,使得具有高风险特点的新兴产业很难获得融资。面对类似的"市场失灵",政府部门要及时设计合理的政策,避免外部因素阻碍新经济发展。例如在融资上,指导银行业、资本市场加大对新兴产业扶持,在银行贷款上给予更大的优惠,降低新兴企业上市门槛等,鼓励天使基金、风投公司、民间资本投资。在税收上,遵循"营改增"后的办法降低企业税负,同时降低企业的高科技产品进口和出口税率,加大这些产业产品的国际竞争力。

20世纪90年代,美国对新经济采取了偏向中性的财政政策和货币政策,这样既避免了传统经济的"东山再起",同时也能促进新经济新产业稳步发展。现阶段中国也处于新旧交替的经济发展环节中,传统经济产能过剩、高能耗、低效益已不能再成为经济的增长点,因此面对新经济形式,江苏省政府需要采取更为妥善的财政和货币政策,既避免宽松政策对传统经济的扶持,也避免紧缩政策对新经济的压制。政府可以考虑差异性产业调节政策或实施总体上的中性政策,在差异性政策上,各级政府可以加大对新产品的购买,来支持和鼓励新兴产业发展,也能带动公众对新产品的购买意愿,此外可以实施差别性的税率政策来支持新产业;而在中性政策上,中性财政政策能让居民对未来有稳定的经济发展和收入预期,保障居民对新产品的购买力,中性货币政策能确保稳定的宏观经济环境,通过适中的利率制约传统企业的资金成本(传统行业利润率低),又不会影响新兴产业的投资,最终通过优胜劣汰来调整市场结构,促进高新技术产业发展。

(三)完善新兴产业人才培养政策

人才无疑是技术创新中最重要的因素。我国高科技人才相对缺乏,并且每年存在人才流失问题,一些人才由于国外待遇更好而选择出国,一些人才由于我国新兴产业待遇不高、制度不完善而选择跳槽到其他产业,最终导致我国整体科技能力偏低,也在很大程度上制约了新经济的发展和社会转型升级。为保障新经济能顺利发展,政府应该加快对科技型人才的培育并改进人才的激励机制,前者目的是从总量上增加人才数量,后者是确保人才稳定性,避免人才流失。政府可以以高校和企业两个单位作为政策制定对象,对高校专业和学科的设置进行改革,对企业则主要是对企业科

技工作者进行奖励,提供住房、子女入学、养老医疗等各项社会福利。此外,可以加大省外优秀人才的引进力度,用更好的条件吸引省外人才,倡导出省求学的人才回家乡发展,使他们发挥自己的聪明才干和远见卓识为江苏的新经济发展做出积极的、更大的贡献。

(四)转变新经济中税收征管方式,促进财税制度转型

首先促进从间接税为主向直接税为主转型。间接税一定程度扭曲了市场价格体系和信号系统,不利于市场经济秩序的健康发展,"营改增"之后增值税可能占到整个税收的 80% 左右,不利于企业降低成本,无法约束企业向外转嫁负担。以间接税为主的税收支付为新经济的统计核算和税收征管带来很大的困难。其次从代扣代缴向自主缴税的方式转型,代扣代缴惯坏了我们的税收部门和人关,使得税收仍然处于低水平。代扣代缴是国家强制减少和放弃的公民个人的纳税义务和意愿,也减轻了公民对于公共事务的监督热心。最后,从重税向轻税转型,我们现在的增值税是重税制度,经济快速增长的时候政府收入快于 GDP 的增长,而经济减税的时候又慢,因此无论什么时候政府收入越来越多。2009 年宏观税负不到 32%,现在超过了 33%,税负过重加重了企业的负担,阻碍了企业的发展。新经济是一个新生事物代表了未来发展方向,对新经济实行轻税政策,"放水养鱼"有利于促进新经济的健康发展,这也是最有效的税收制度和最明智的税收政策。

第十六章　江苏省供给侧结构性改革效果检视及财税政策优化研究

一、研究背景及意义

长期以来,我国主要以需求来拉动经济增长,目前制约我国多经济发展的主要问题确实供给结构与需求结构之间的矛盾。从数据的角度来看这个问题就显得更为严重,近年来,我国宏观经济增速不断下滑,年度 GDP 增速在 2010 年到 2015 年期间,从 10.6％、9.5％、7.7％到 6.9％,下降速度之快显而易见,从近几年的经济走势观察,宏观经济下行压力依旧很大。同时宏观政策不断加重,财政赤字从 2012 年的 8000 亿元陡增到 2015 年的 16200 亿元,4 年的时间增加了一倍多,赤字率也提高到 2.3％(付敏杰、张平,2016)。然而,就是在这种政策背景下依旧没有能够缓和宏观经济的下行趋势,以需求管理为核心的"稳增长"政策效果不断下降,市场经济中问题频现。[①]

基于上述严重的现实情况,我们转换角度来考虑问题,于是供给侧结构性改革应运而生。供给侧主要包括"劳动力、土地、资本、创新"四大要素,它其实就是要求我们从生产供给入手,正确发挥出市场的作用,从而帮助企业降低其融资成本,提高金融对实体经济的支持作用,降低企业的税负负担,激发企业的创新动力,增强企业发展实力。

党的十九大报告明确指出,要深化供给侧结构性改革,并且要努力提高供给体系质量,使我国经济质量优势能够得到显著增强。这次改革工作将会是我国今后经济工作的重点所在,同时也是对我国目前发展存在的问题进行解决的好办法。根据党中央、国务院的部署和要求,按照"情况要摸清、目的要明确、任务要具体、责任要落实、措施要有力"的要求,重点优化产业供给结构、优化房地产供给结构、优化金融信贷结构、降低企业成本、补齐经济社会发展短板,推进供给侧结构性改革,创造新供给、激活新需求。

二、财税政策在供给侧结构性改革中的主要作用

财政作为国家治理的基础与重点,能够对宏观调控起到很好的帮助作用。与

---

① 付敏杰、张平.供给侧改革中的财税制度[J].税务研究,2016(02):32-38.

货币政策不同的是,财税政策在总量调整和结构调整两个方面都有着很优异的调控表现,而其中的税收政策,可以改变商品、服务和要素的相对价格,具有很强的针对性和灵活性,因此能够更加得心应手地推动经济结构调整。(林亚青、魏志华、赵娟,2017)以拉弗曲线来解释,政府获取相同数量的税收收入,可以通过高税率、窄税基或者是低税率、宽税基的方式,但是后一种方式能够帮助经济长期增长因此能够达到政府和社会双赢的优选结果(刘晔,2016)。而厘清财税政策的作用机理能够让财税政策在改革中能够最大限度地发挥作用。其作用即是将相关生产要素投射为一定的产品价格,影响创新和技术水平进而影响企业资源配置。根据市场经济发展趋势,通过以扩张性或者紧缩性的方式以达到经济总量的均衡,此外还可以通过"保压扶控"手段优化升级经济结构,以一种差异化的导向性政策解决经济运行过程中存在的问题,优化经济发展结构。最后以"正向引导＋负面约束"的方式促进集约资源和生态保护。多方面着手,多管齐下促进供给侧结构性改革的全面落实到位。

三、江苏省供给侧结构性改革的实施现状

30多年的历练和发展,江苏省供给总量和规模都发展得比较成熟了。但是过去的供需对接与平衡都具有相应的一些阶段性特征,如今供需关系正在发生深刻变化,因此供给体系质量和效率不高的问题日益突出不可小觑。推进改革进程,能很好地化解江苏省经济发展中的矛盾,促进经济全面发展。

(一)江苏省推行供给侧结构性改革的相关政策及措施

2016年中央财经小组第十二次会议研究了改革相关方案之后,江苏省就开始配合中央部署了相应的经济改革工作,为了更好地开展相关工作,从多方面、多角度下手,多措并举、多管齐下,不仅在思想层面上达到高度,同时在五大任务方面根据任务的不同特点确定适当的目标。自2017年十九大报告中指出要全面深化供给侧结构性改革,建设现代化经济体系,江苏省委、省政府对落实深化改革的五大任务做了相关部署。

首先在完成"三去一降一补"任务方面出台了相关政策:

第一,在去产能方面,江苏省在落实中央下达的任务的同时还做了一定的延伸,新加入船舶行业,在纺织、机械等其他传统行业推出一批低效产能。第二,去库存方面,从房地产区域性特点出发,实施相应措施,简单来讲是"一、二、三、四",具体来说便是强化一个责任、坚持两项原则、明确三条路径和突出四个结合。第三,为了完成好去杠杆任务,对政府和企业杠杆,分类开展工作,降低杠杆率。政府债务方面,继续控制新增政府债务规模,合理安排偿债资金。企业债务方面,充分利用市场融资,鼓励企业提高直接融资比例,减轻金融债务风险。第四降成本方面,推出系列意见,具体提出32条举措,全面取消省定行政收费项目,实行省定涉

企"零收费",取消和下放一些含金量较高的行政审批事项,降低企业隐形成本。第五,在补短板方面,促进江苏省各行业以及省内各市的平衡发展,政府在相关重点领域,采用项目化的方法,实施了5大补短板专项工程,集结社会资本的作用,放开市场限制。

其次,在促进市场实体经济发展与提升省内创新实力方面,坚持"双轮驱动",促进新旧动能转换,推进企业制造装备升级,向生产全过程改造改变。营造"大众创业,万众创新"的氛围,建设"一中心""一基地",集聚创新资源,提升江苏省高端创新要素的供给能力,在全世界范围内寻找合作伙伴,与国际知名院校合作,不断提高本省的创新能力。

紧接着,在农业供给侧结构性改革方面,全面调整农产品种养结构、农业产业结构和产品结构,创新提出创意休闲农业的概念,实施"12311"创意休闲农业省级特色品牌培育计划,另外将互联网与现代农业有机结合,推动农业电子商务发展。

最后,为了激励相关政策的实施与落实,江苏省也在五大任务方面确定了相应的目标。到2018年年底,就去产能而言,煤炭产能减少700万吨、钢铁(粗钢)产能下降1225万吨、水泥产能减少600万吨、平板玻璃产能减少800万重量箱、船舶产能减少330万载重吨,基本出清"僵尸企业";去库存方面,住宅类商品房库存去化周期尽量控制在14个月以内,以省辖市为单位的去化周期原则上也应控制在18个月左右;就去杠杆而言,非金融企业直接融资在社会融资中所占比重至少要在30%左右,不良贷款率也应比全国平均水平低,企业税费负担、融资成本和制度性交易成本进一步下降;最后为了更好地提升补短板工作的质量,目标设置得更为细致,铁路运营里程达到3000公里以上,内河干线航道达标率达到68%左右,农村光纤覆盖率达到90%,改造棚户区60万套,高标准农田比重达到56%左右,农业机械化水平达到82%以上。

(三)江苏省推行供给侧结构性改革既得成果

本文的主要任务是对江苏省供给侧结构性改革进行效果检视,这一部分是帮助我们对江苏省供给侧结构性改革目前的事实完成情况有一个大致的把握,同时也能用数据直接展示一定的政策实施效果,对之后以建筑业企业为例进行的具体效果检视打一个基础。因此之后就江苏省供给侧结构性改革所包含的各个方面完成数据搜集并分析。

首先,我们来分析五大任务的完成情况:

第一去产能方面,2017年一季度,石化产能利用率为83%,环比提高9.1%;化工产能利用率81.8%,环比提高2.7%;钢铁产能利用率78.9%,环比提高1.8%;有色金属行业产能利用率77.1%,环比提高1.4%。2017年上半年钢铁产能压减374万吨,煤炭产能压减18万吨。第二去库存方面,2017年3月末,江苏商品房待售面积为6657.3万平方米,较去年同时期下降9.8%。住宅待售面积为3895.8万平方米,比去年同期低 3.7 个百分点。截至 2017 年 8 月末,商品住宅待售面积为 7410 万平方米,减少 1622 万平方米,去化周期缩短到 6.7 个月。第三去杠杆方面,2017 年 1—7 月新增境内外上市公司 44 家,同比增加了 26 家,总累计上市公司 500 家,全省企业实现融资 931.1 亿元。1—8 月份核准企业债券 37 只、规模 476 亿元,8 个企业境外发债项目获准备案,募集资金到 27.5 亿美元。第四降成本方面,共降低成本 590 多亿元,电费支出减少 13.5 亿元,企业用电成本降低 30 亿元。第五补短板方面,进行相关编制工作,推进实施了 200 个补短板的项目,2017 年上班实际完成投资 2133 亿元,完成率达到 52.6%。

然后我们对实体经济及创新实力方面的数据进行收集分析,2017 年 1—8 月规模以上的工业增加值上涨了 7.4%,工业利润总额增长 13.6%,工业技改投资增多 8.1%,占比达 57.1%,高新产业投资同比上升 9.6%。相关集团个性化定制模式探索取得良好效果,阿里云计算有限公司与省内 30 家两化融合服务机构、300 家制造业企业开展深度合作。

最后在农业供给侧结构性改革方面,江苏省发布 16 个重点产业清单进行农业结构调整,2017 年上半年夏粮面积减少 35 万亩,瓜果播种面积增加 3.4%,建立示范健康、安全高效雨夜养殖面积 60 万亩。上半年农产品网络营销额达到 185 亿元,增幅超过 25%。全省休闲观光农业园区景点增加 600 个左右,接待游客 7000 万人次,综合收入超过 250 亿元(资料来源:江苏省发展改革委 2017 公告)。

四、江苏省供给侧结构性改革的效果检视——以建筑业企业为例

建筑业,作为国民经济的支柱性产业,对经济发展所做出的贡献是显而易见的。而随着环保要求的不断提高,人力成本也不断上升,对于建筑业变革的呼声越来越高。由于传统建筑业的工作方式还较为落后,并且目前出现的固定资产投资力度及新型城镇化速度的不断加快,在巩固建筑业支柱产业地位的同时,也要求建筑业企业要在产业结构、生产方式、配套制度等方面做出调整于变革。正是由于建筑业整个行业都存在着对于结构供给调整的必要性,在未来建筑业行业货将成为供给侧结构性改革的主力军。因此,本文以建筑业企业委代表对江苏省供给侧结构性改革进行简单检视。

为了更好地观察分析相关企业的降税减费情况,本文选取了江苏省建筑业企业近几年的相关税负、营业利润、相关费用以及主营业务成本。首先对江苏省建筑业企业的营业状况进行简单分析,之后以建筑业企业为代表对江苏省供给侧结构性改革的实施情况进行一个效果检视,最后依据之前的数据搜集和分析对江苏省供给侧结构性改革的实施情况进行一个总结。

（一）江苏省建筑企业近几年营业状况分析

表1 江苏省建筑业企业营业数据 （单位：亿元）

	管理费用中的税金	营业税金及附加	营业利润	管理费用	主营业务成本	税金/成本
2011-03	2.75	55.29	60.83	60.1	1377.51	0.04013764
2011-06	3.66	82.85	110.68	79.86	2081.14	0.03980991
2011-09	4.37	83.55	108.4	79.72	2197.32	0.03802359
2012-03	2.98	73.12	99.74	75.96	1812.08	0.04035142
2012-06	6.96	114.24	150.49	101.9	2809.84	0.04065712
2012-09	5.02	99.94	143.94	110.9	2911.09	0.03433078
2013-03	3.88	99.02	112.79	91.22	2273.21	0.04355955
2013-06	6.4	131.42	172.02	123.73	3284.27	0.04001498
2013-09	7.65	119.29	191.94	128.02	3724.16	0.03203138
2014-03	4.89	119.61	136.51	107.79	2666.01	0.0448648
2014-06	5.82	155.44	202.13	124.4	4197.43	0.03703218
2014-09	6.67	163.57	226.26	132.07	4021.47	0.04067418
2015-03	4.63	121.49	146.6	109.97	3086.66	0.0393597
2015-06	6.48	153.94	203.76	128.76	3826.48	0.04023019
2015-09	6.47	167.79	198.4	139.98	3988.17	0.04207193
2016-03	4.91	123.6	145.24	117.51	3161.65	0.03909351
2016-06	6.94	155.85	211.56	98.23	3885.6	0.04010964
2016-09	11.13	115.55	232.34	184.48	4905.21	0.02355659

（注：按照建筑业统计制度，建筑业财务指标无四季度数据。数据来源：国家统计局 http://data.stats.gov.cn）

从表1中的数据，我们可以得出：江苏省建筑业企业的相关税金和营业利润都是呈现着历年上升的一个趋势，但是我们也可以看出税金在营业利润和相关费用中所占的比例是在逐年递减的，尤其在2016年第三季度时，营业税金占营业利润和总费用的比重为最低，占营业利润的比重为0.497，占主营业务成本的比重为0.0235，比起之前的比重有很明显的下降。建筑业企业的营业税金及附加在2016年第三季度出现大幅下降，同比下降约25%，这是由于江苏省在2016年5月1日正式全面推行"营改增"改革。全面实行"营改增"改革，一方面扩大试点范围，包括建筑业在内的四大行业被纳入营改增的试点范围，营业税全部改征增值税，建筑业试用11%的税率。全面实施"营改增"不仅仅是消除相关企业重复征税的一种现象，更重要的是消除了相关企业与下游企业之间的重复征税，从而能够达到减轻产业链的税收负担，形成双向减税效应。

从以上分析中我们可以看出尽管今年来的数字是在上涨的但是同样的利润额也在不断上涨,近年来更是将比例下降到一半。同时税金在主营业务成本重所占的比重也是出现的一个下降的趋势。这些都说明江苏省供给侧结构性改革取得了一定的成就,建筑业企业的税负得到了明显的舒缓,建筑业企业税负担子在不断减轻,江苏省"营改增"改革初见成效。同时也表明江苏省建筑业企业的经营能力稳步提升,能够很好地完成自身工作从而帮助整个省份完成中央下达的"三去一降一补"任务,促进省内相关工作进一步深化。

(二)江苏省财政收入变动情况及地区经济发展状况

表 2　江苏省一般公共预算收入及地区生产总值　　　　　　(单位:亿元)

	地方一般公共预算收入	地区生产总值
2011 - 03	1294.2	9902.1
2011 - 06	1342.22	13016.16
2011 - 09	1137.73	12194.8
2012 - 03	1459.64	10881.46
2012 - 06	1515.96	14501.35
2012 - 09	1306.52	13413.55
2013 - 03	1619.71	11881.25
2013 - 06	1749.09	15722.73
2013 - 09	1428.54	14330.32
2014 - 03	1799.07	12892.85
2014 - 06	1938.34	17222.15
2014 - 09	1561.48	15527.77
2015 - 03	1980.19	14620.67
2015 - 06	2148.64	19306.23
2015 - 09	1718.6	17275.47
2016 - 03	2220.58	16509.04
2016 - 06	2295.41	20022.69

数据来源:国家统计局 http://data.stats.gov.cn

为了更好地分析江苏省建筑企业营业状况同时为了确认江苏省供给侧结构性改革的落实情况,得出一个较为确切的结论,为了匹配江苏省建筑业企业的相关数据,表 2 中的数据也只收集了每年第一季度至第三季度的数据。从表中我们可以得出:

(1)江苏省地区生产总值从 2011 年第一季度至 2016 年第三季度,在季度之间的增长呈现一个波动上涨的趋势。总的来说,每年的第二季度的生产总值是最高的,其次是第三季度,同时来年第一季度的数据会低于上一年度第三季度的数据,从表中能清晰地看出,随着时间的增长,江苏省的地区生产总值总体是上升的。峰值在2016年第三季度,谷值在2011年第一季度,这是因为江苏省在不断地推动经济增长,促进经济发展"新常态",颁布相关措施比如"营改增"等,降低企业成本,规范税收收入,合理划分地方与中央的责任与义务。在2016年达到最高值同时也印证了江苏省供给侧结构性改革也初见成效,对于促进江苏省地区经济发展,提升地区GDP贡献了不小的力量,说明目前江苏省供给侧结构性改革正在稳步前进。地区生产总值的不断上升与我国近期实施的相关政策与改革分不开干系,比如"营改增"政策,供给侧结构性改革,PPP项目的落实,"一带一路"想法的提出,等等。

(2)从政府层面来看,选取了江苏省一般公共预算收入来分析政府财政收入的变动情况,一般公共预算收入包括增值税、消费税、企业所得税、个人所得税等税收收入以及非税收入,帮助之后对江苏省供给侧结构性改革的完成度提供一定的参考价值。从表2中的数据我们能看到,从2011第一季度到2016年季度,财政收入完成额在同口径基础下是增长的。同时,与江苏省地区生产总值相似,每年都在第二季度达到最高值,紧接着是第三季度以及来年第一季度的数据低于第三季度,这种变化趋势也说明这地区生产总值会影响政府财政收入的变化情况。在所有数值中,最高值出现在2016年第三季度,这与我们实施的相关政策也离不开关系,政府财政收入的提升从侧面也反映整个社会环境的不断发展,为政府职能的转变,服务型政府的建设提供了基础实力。政府财政收入的上涨也从侧面反映出江苏省供给侧结构性改革的完成情况比较好,改革初见成效,在此过程中,政府的作用也有所发挥,保证供给侧结构性改革能够有一个较为稳定的政治环境。

(三)效果分析

从江苏省建筑业企业的相关营业状况来看,其实就是江苏省整个供给侧结构性改革的实施的一个缩影。从图1中我们能看到,江苏省建筑业企业的营业税金虽说是在历年上升的,但是我们也能清楚地看到从2016年第一季度开始江苏省建筑业企业的营业税金出现了一个下降的态势,在2016年第三季度更是达到了今年来的最低值,当然这与"营改增"改革分不开关系,这很明显地表示江苏省建筑业企业的税负是下降的,也从侧面印证了江苏省供给侧结构性改革中降低企业税负的落实。

从图2的江苏省建筑业企业的营业利润的折线图我们能发现,近年来的营业利润与营业税金的变化趋势十分接近,说明这两者之间存在一定的关系并且会相互影响。但是我们能够很明显地看到营业利润在2016年第三季度达到一个最高值,说明在中央的供给侧结构性改革下江苏省建筑业企业的发展迈上了一个新台阶。

图3与图4分别是江苏省地方一般公共收入(财政收入)与地区生产值得折线图,从图中我们更能明显地发现他们的增长趋势都是波动上涨的。在这里,我们将图1、图2与其进行比较,没有将其放在一起合成总图是因为建筑业企业的营业税金和

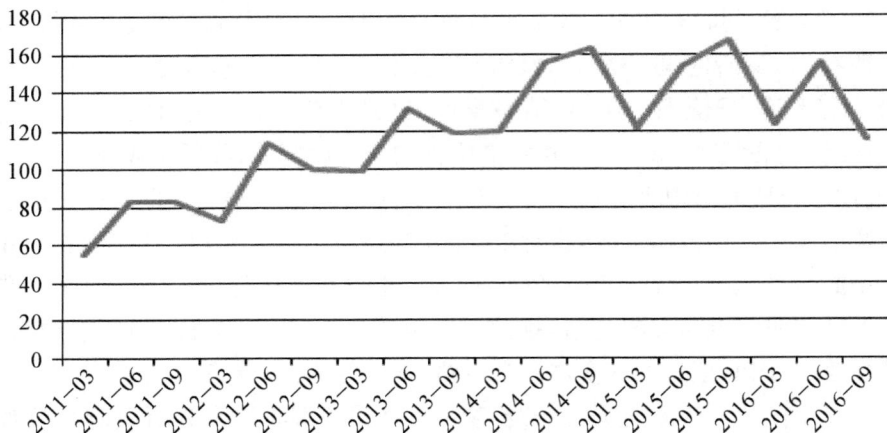

图 1　营业税金

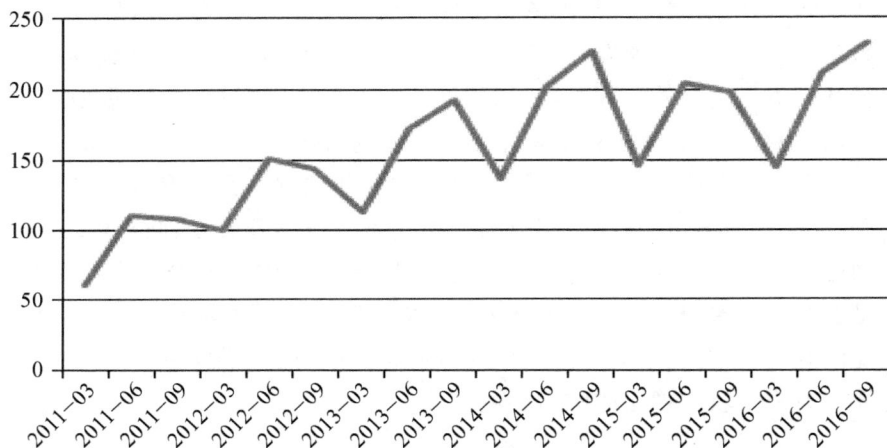

图 2　营业利润

利润相对于整个江苏省的经济指标数值相差太大，放在一起反而对比不出来。将图进行对比，首先与图3对比，我们能发现建筑业企业的营业利润与江苏省地方生产总值的变化趋势基本一致，这是因为整个省份的经济环境以及实行的相关经济政策决定了省内大部分企业的经济发展情况。建筑业企业的发展趋势与整个江苏省经济发展状况的波动趋势大致相同，都是波动上升。这说明江苏省的经济发展情况会对建筑业的发展产生影响，在整个江苏省经济发展的情况下，建筑业企业能够基本反映其变化情况。而在2016年第三季度两者都达到了最高值，这与我们当前实施的积极的政策离不开关系，比如"营改增"政策，从很大程度上避免了重复征税的可能，减轻了企业的税收负担，提高了企业的积极性，促进企业的经济利益上升进而提升整个社会的经济发展情况。另外两者数值的不断上升与我们目前进行的供给侧结构性改革也密不可分，我们将发展重心放在供给侧要素上，改善经济发展结构，促进经济健康发展，经济发展大环境在不断向好，而处在这个环境中的建筑业企业营业利润肯定也会不断上升。但是我们也能发现有少数点与经济发展状况不太符合，这可能是因为当时经济发展的影响力度比较弱，政治因素或者当时国际环境因素影响更为激烈。

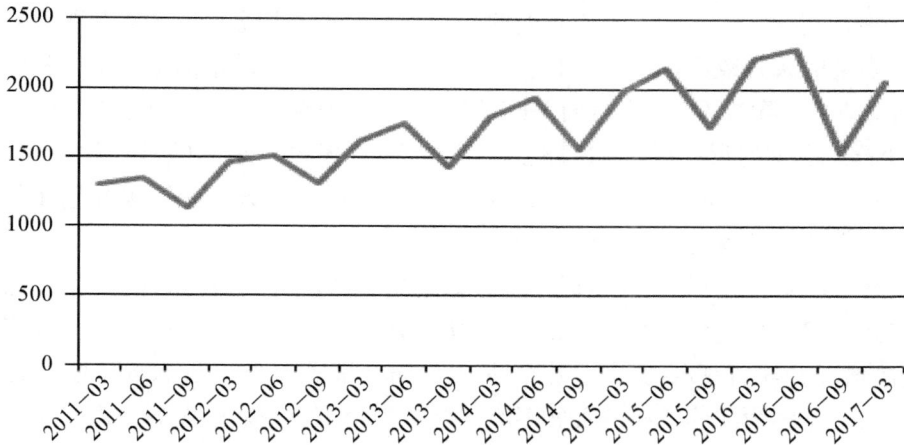

图3　地方一般公共预算收入

接着与图4进行对比，将江苏省建筑业企业与江苏省政府财政收入情况进行对比，我们能发现拟合度比经济状况要更高，这说明政府政策影响江苏省建筑业企业的力度是要大于省份经济发展情况对建筑业企业的影响力度的。政府的财政收入在一定方面上能够代表相关政策的实施情况，这就更能说明江苏省委、省政府目前所实施的供给侧结构性改革措施对江苏省建筑业企业的影响力度是很大的，也就是说建筑业企业相关的营业指标能从侧面印证改革实施的效果。财政收入的增长使得政府能够更好地完成"三去一降一补"的任务，能够为企业发展创造一个较为宽松的税收环境，同时也能够更好地稳定全省各地公平发展，对与"去产能"之中去除的一些产能过剩企业，对其人员的安排能够提供相应的财政资金补助，帮助"去产能"任务的进行。因此在图中才会出现建筑业企业的营业状况趋势与江苏省财政收入的变化基本一致的情况。

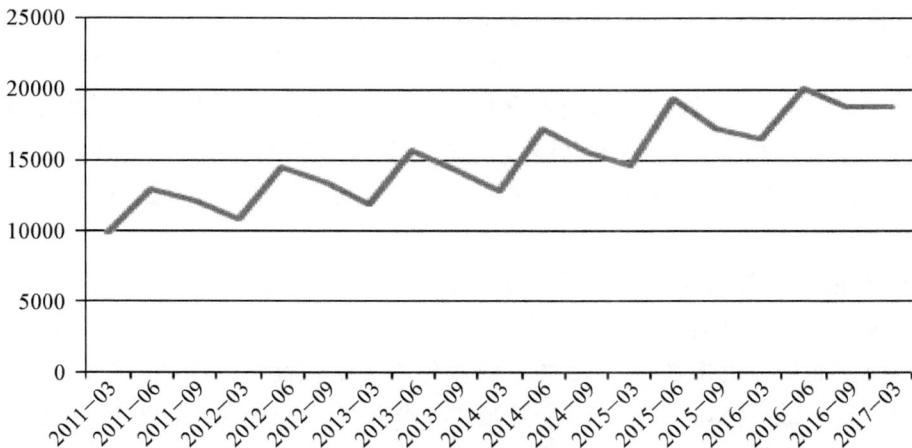

图4　地方生产总值

资料来源：国家统计局 http://data.stats.gov.cn

基于上述数据分析,我们总结出两个特征:

首先,随着经济的发展,改革开放的深化,企业的营业税金在逐年上涨。但是由于近年实施的系列政策,进行的相关行业改革,如"营改增"政策的全面推行和供给侧结构性改革中"降成本"、"去杠杆"的落实,使得江苏省建筑业企业的营业税金在2016年第三季度的累计税金(395亿元)对比2015年第三季度的累积税金(443.22亿元)下降了10%左右,营业税金出现了第一次下降,这个数字能够很好地证明江苏省"营改增"政策的落地成效十分显著。

其次,建筑业企业的营业指标与江苏省地方生产至和财政收入的变化情况基本一致,这说明建筑业企业的营业状况在不断上升的原因除了"降成本""去杠杆"任务与"营改增"的实施和自身实力上升之外,与江苏省整个经济发展状况不断变好也密不可分。这是因为江苏省经济发展不断向好会为建筑业企业的发展提供一个积极的经济发展环境,同时政府财政收入的提升也为建筑业企业的发展提供了一定的"政府兜底"保障,让相关企业的发展能够稳步向前。

(四)江苏省供给侧结构性改革的结论

根据上述分析和数据图表的显示,我们能够得出以下结论:随着江苏省委、省政府对供给侧结构性改革相关政策的贯彻与落实,以江苏省建筑业企业为代表的一些企业税负有明显下降,说明降成本的任务在一定程度上有得到完成,同时企业的营业利润也在不断上涨,说明企业的发展前景也在不断改善。同时江苏省地区生产总值与政府财政收入也呈现出同样的上涨趋势,说明在全省经济发展的条件下,江苏省建筑业企业的经济发展能够在一定程度上反映整个江苏省的经济发展情况,同时政府财政收入的上涨也说明江苏省政府职能的完善,也从侧面反映出江苏省整个政治和政策环境的稳定,能够帮助供给侧结构性改革的实施与落实。而通过第二部分相关成绩中的数据分析,我们也能看到江苏省在其他任务方面业取得了一定的成绩,原油、原煤、钢铁矿石等产能在不断下降与退出,"僵尸企业"的有效整治,房地产库存也有得到一定的去除、政府债务与企业债务也控制在一个比较合理的范围,这些都说明江苏省供给侧结构性改革的效果显著。通过这些数据与成绩证明江苏省供给侧结构性改革的完成情况是比较好的,其成果证明江苏省的改革基本上得到落实,完成度接近八成。

但是在这些成绩背后我们也要看到一些不足,比如说尽管营业税有所下降,但企业总体税负相较于以前来说还是上涨了很多,企业税收负担依旧很重。而且企业除了在税收方面存在负担之外,企业的主营业务成本是在逐年上涨的,在2016年第三季度中达到了最高值,这些都在说明降成本工作还需大力推进。同时在房地产去库存方面江苏省业依旧存在不足,在南京等一线城市中去库存的效果并没有特别明显,房价也依旧处在一个较高的位置,人们的生活成本依旧很高。以上种种不足都告诉我们不能因为一些已有的成绩就沾沾自喜,我们要做的是看到背后的隐患、困难与不足,然后改进办法,提升办事效率,这样才能真正将改革落到实处。

五、政策建议

根据上述描述和结论,在财税政策方面提出自己的见解和想法来促进供给侧结构性改革的效益最大化。

(一)为了加快落实江苏省供给侧结构性改革的进程,我们首先要做的是要定好一个财税政策总基调

中央提出了"五大政策支柱"——宏观政策要稳、产业政策要准、微观政策要活、改革政策要实、社会政策要托底。财税政策应该亿中央的这五大政策为导向,助力供给侧结构性改革。财税政策要帮助创造一个稳定的宏观经济环境,由于"三去一降一补"的任务要求,短期内经济压力会加大,所以在未来的一段时间应以积极的财政政策来保持经济的稳定发展。同时我们还要确保财税政策能够落到实处,只有政策有效落实才能保证红计策结构性改革目标的顺利实现,落实好"最后一公里"问题,确保各项改革措施落地生根。最后财税政策还应该要为社会托底,随着改革的进行,落后产能的淘汰,企业杠杆率的压缩,"僵尸企业"的清理等这些措施实行可能会在短期内给经济带来不利影响,比如说失业问题等。因此,财税政策需要发挥好自身的社会保障稳定器和兜底的功能,提高相关财政资金的利用率,安置好下岗人员,为供给侧结构性改革创造一个良好的社会环境。

(二)抓住改革痛点,对症下药制定财税措施

供给侧改革的痛点最突出的表现在服务业先天不足需要后天弥补,制造业产业升级迫在眉睫。因此,我们可以在制造业和服务业生产的"四新"范围内,进行合理分类,提供统一的财税支持。在集中支持的前提下制定出台更为细致、全面的支持创新的一揽子财税政策。创新是改革的一大动力,财税政策应该从源头入手,对制造业和服务业领域产生的新技术、新产业、新业态、新模式的企业提供财税支持,为"四新"企业的顺利发展提供保障,激励全社会进行创新,大众创业,万众创新,提高创新实力,形成新动力推动经济增长。

(三)针对五大任务制定相应的财税政策

去产能方面,结合江苏实际,落实《中国制造 2025 江苏行动纲要》,推进两化融合,取消对落后产能和"僵尸企业"的不合理财政补贴以及税收优惠,对企业转型给予特定的资金扶持,提高企业去产能的积极性,对"地条钢"持续保持高压态势,防止死灰复燃。进行税制改革,调整资源税,细化环境保护税,实行差别电价,差别水价,"营改增"等,促进产能过剩企业的并购重组。

去库存方面,对土地供应进行控制,结合土地税等税收制度引导房地产企业减缓

扩张的速度。推动地方公租房、改造安置住房和棚户区改造的进程,帮助房地产去库存。提高福利待遇等激发城镇非户籍人口的消费潜力,提高非户籍人后在当地买房或者长期租房的需求。

去杠杆方面,政府对地方债务进行合理控制,规范地方政府举债行为,利用债券置换、债转股的方式控制新增债务,在企业债务层面,政府可以通过减税降费的方式降低企业经营成本进而减少企业举债规模,促进直接融资,减少贷款依赖。

降成本方面,进一步推进简政放权、放松行政垄断的方式降低制度性交易成本,注重结构性减税和精准减税。对一些战略性新兴产业和绿色环保产业可以加大税收优惠力度,扩大行政事业性收费的免征范围和取消不合理的政府性基金来增强降费力度。

补短板方面,将重点转移到智能制造、绿色制造和高端制造上来,促进"四新"企业的发展,创新财政支持手段,采取股权融资、创新奖励、风险补偿等间接性的财政扶持方式提升企业创新能力。完善基建和公共产品供应环节,解决好财政体制问题,建立健全公共财政体制,提高各级财政特别是基层财政提供公共服务的能力,创新利用PPP等引资模式,减少政府干预,降低市场主体获取公共服务所需要的成本,发挥好财政资金的作用。

参考文献

[1] 袁红英、张念明.供给侧改革导向下我国财税政策调控的着力点及体系构建[J].东岳论丛,2016(03):53 - 59.

[2] 付敏杰、张平.供给侧改革中的财税制度[J].税务研究,2016(02):32 - 38.

[3] 秦大磊.供给侧改革模式与财税政策实施效应的国际借鉴[J].税务研究,2016(09):56 - 62.

[4] 林卫斌、苏剑.供给侧改革的性质及其实现方式[J].价格理论与实践,2016(01):16 - 19.

[5] 马海涛、朱梦珂.供给侧结构性改革的财税政策思考[J].新疆财经,2017(01):5 - 14.

[6] 邓磊、杜爽.我国供给侧结构性改革:新动力与新挑战[J].价格理论与实践,2015(12):18 - 20.

[7] 理查德.A.马斯格雷夫.财政理论与实践[M].北京:中国财政经济出版社,2003:132 - 138.

[8] 韦特.P.甘地.供应学说的税收政策与发展中国家的相关性[M].北京:中国金融出版社,2010:31 - 192.

[9] 贾康等."十三五"时期的供给侧改革[J].国家行政学院学报,2015(06):12 - 21.

[10] 倪红日.经济新常态下调整和优化产业结构的财税政策[J].税务研究,

2015(04):8-12.

[11] Alexis Littlefield, The Role of China's Financial Institutions in China's Economic Development[J]. Fudan Journal of the Humanities and Social Science, 20 Nov 2014:10-15.

[12] European Commission, The European Investment Bank Group support to SMEs. 2008—2010, vailable at http://www. eib. org/attachments/documents/sme-activities.pdf.

[13] 黄英.基于供给侧改革视角下的财税政策调整[J].地方财政研究,2016(07):32-37.

[14] 张为杰、李少林.经济新常态下我国的供给侧结构性改革的理论、现实与政策[J].当代经济管理,2016(04):40-45.

[15] 刘又堂.新时期我国供给侧改革研究[J].经营与管理.2016(08):10-13.

[16] 胡鞍钢、周绍杰、任皓.供给侧结构性改革——适应和引领中国经济新常态[N].清华大学学报(哲学社会科学版).2016(02):17-22.

[17] 冯志峰.供给侧结构性改革的理论逻辑与实践路径[J].经济问题.2016(02):12-17.

[18] 文建东、宋斌.供给侧结构性改革:经济发展的必然选择[N].新疆师范大学学报.2016(03):20-27.

[19] 姜长云、杜志雄.关于推进农业供给侧结构性改革的思考[N].南京农业大学学报(社会科学版).2017(01):1-10.

[20] 杨建利、邢娇阳.我国农业供给侧结构性改革研究[J].农业现代化研究.2016(07):613-620.

[21] 孔祥智.农业供给侧结构性改革的基本内涵与政策建议[J].改革.2016(02):104-115.

[22] 吕景泉、马雁、杨颜、刘恩专.论职业教育的供给侧结构性改革[J].理论与研究.2016(05):20-23.

[23] 姜长云、杜志雄.关于推进农业供给侧结构性改革的思考[N].南京农业大学学报(社会科学版).2017(01):1-10.

[24] 何代欣.结构性改革下的财税政策选择——大国转型中的供给与需求两端发力[J].经济学家.2016(05):68-76.

[25] 贾康.供给侧结构性改革与中国绿色财税体制[J].党政研究.2017(01):13-16.

[26] 闫坤、于树一.促进我国供给侧结构性改革效能提升的财税政策研究[J].财税观察.2016(12):28-34.

第十七章　江苏省促进文化产业发展的财政政策分析

一、文献综述

（一）文化产业基本概念的叙述

胡惠林(2002)认为一个以不同于物质的精神产品的生产、交换和消费为主要特征的产业系统即是文化产业。而陈立旭(2004)从现代产业经济学的产业概念出发，指出文化产业是生产和经营文化产品的企业群。吕庆华(2006)则认为文化产业是国民经济中生产具有文化特征的实物产品和服务的单位集合体，其基本内涵在于文化产品或服务的基本价值源于它包含的文化资源价值。

王颖，支大林(2012)认为文化产业的生成就是依托文化、技术和人力，其中文化是基础，人力是核心。张洁(2013)从文化产业应用技术，如制造技术、展示技术和传播技术等技术创新的视角分析了技术创新促进文化产业发展的机理。

（二）文化产业财税政策的讨论

首先，凯恩斯和约瑟夫斯蒂格利茨均以政府干预理论为着力点研究文化产业财政政策，凯恩斯(1936)在《就业、利息和货币通论》中首次提出政府干预的主张，他认为国家应该利用宏观经济调控政策去弥补市场失灵。之后约瑟夫斯蒂格利茨(1986)在此层面上对政府干预理论进行了引申，他认为政府在治理市场失灵时应该将"看得见的手"和"看得见的手"结合起来运用，这样才能使经济社会平衡发展。

其次，国内学者对于文化产业财税政策的论述则主要有以下两个方面，一是借鉴国际经验从而提出适合我国实际发展情况的财税政策。其中主要代表有，邹升平(2008)在《国外文化产业发展经验对我国的启示》在分析比较美、英、法等发达国家的基础上，提出我国应运用财税政策鼓励民间机构、组织或个人对文化产业的捐赠。兰相洁、焦琳(2012)在分析美国模式、法国模式以及日本模式基础上，进而提出改革文化管理体制、运用多种财税手段直接支持非营利性文化产业、税收手段间接支持营利性文化产业。

二是立足我国文化产业发展现状提出的适合我国的财政发展政策。沙雪斌(2012)在对我国财政政策的历史进行纵向分析后，找出了文化产业财政政策存在问题，并在此层面上一一对应提出了完善财政政策的对策。蒙华、王晓腾(2015)在《促进文化产业发展的财政政策研究》中也指出我国文化产业发展存在财政资金投入不足、体质障碍导致专项资金整体效益不佳、文化财政政策引导不够等问题，并提出要将文化资源发展为文化资本的结论。

二、文化产业财政政策的理论基础

（一）文化产业基本概念

文化是指一个群体在一个固定时期内由于环境影响，从而形成具有群体特色的思想、理念等意识，以及由该意识群体所创造的活动，是相对于政治、经济而言的人类全部精神活动及其活动产品。

产业则是指社会分工和生产力不断发展的产物，它是由利益互相联系的，是具有不同分工的、有各个相关行业所组成的业态总称。

文化产业主要包括生产以及提供精神产品两方面，以此来满足不同时期人们的文化需求，主要包含创造、生产、销售三个方面。在中国，文化产业主要被分为两个部分，一是传统文化产业，其主要包括新闻出版业、广播电影电视业等，而是新兴文化产业，其主要包括动漫、网游等。

那么文化产业运营的主体主要是各种类型的文化企业，它们根据文化市场的需求，生产出市场所需的文化产品，那么政府这只"无形的手"在此基础上通过制定政策发挥引导作用，促进文化市场良性发展。

（二）文化产业财政政策概念

财政政策是指政府制定政策，去变动税收和收入，以此来影响国民支出以及就业的方式。主要包括政府购买以及财政转移支付以及税收变动三种形式。

文化产业财政政策即是指在文化产业发展过程中政府制定的一系列财政政策法规。那么不同的文化产业的财政政策的制定和实施方法对于文化产业的发展也是有不同侧重和意义的。其中主要包括引导社会资金投入、支持和激励相关产业发展、增强文化产品公告服务供给能力、实现公共服务均等化、促进市场公平竞争、实现文化产业资源优化配置、聚集财政收入。政府需要依据文化产业的不同特征针对性制定政策。

三、江苏省文化产业及现行财政政策概况

（一）江苏省文化产业现状

《江苏省"十三五"文化发展改革规划》中对于江苏省文化产业的发展做出了详细规划，其中总体目标即是将江苏省的文化产业作为重点发展方向，使之成为国民支柱

产业。如图1所示,江苏省文化产业近十年来文化产业投入呈现递增趋势,文化产业增长率平稳增长,但全国占比今年俩却有所下降。这说明江苏文化产业已经进入快速发展的轨道,但发展速度保持稳定,与其他省市相比还有一定差距。

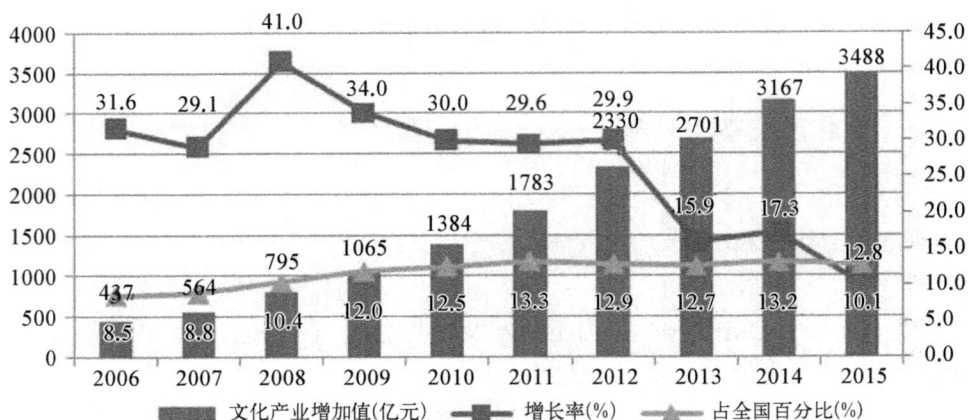

图1 江苏省文化产业近十年增长情况及占全国比例

数据来源:中国文化文物统计年鉴

2016年,江苏省实现了江苏省十三五规划的良好开局,全省文化产业增加值从2011年的1792亿元增长到2016年的3488亿元,占GDP比重也从3.69%增长至4.97%,初具支柱产业形态。这些均说明江苏文化产业发展在不断稳步上升。

(二)江苏省财政政策内容

我国从进入"十二五"到"十三五"以来,一直不遗余力以社会主义先进文化为重点发展对象,不断出台相应的促进文化产业发展的财政政策,因此我国的文化实力也实现了稳步提升。那么与此同时,江苏省作为文化大省也紧紧跟随中央的发展势头,结合地区自身的具体发展情况,制定了一系列的政策文件来对文化产业发展进行引导和规范。通过表1可以对江苏省在发展文化产业上的政策进行直观了解。

表1 江苏省文化产业发展政策表

政策名称	颁布单位	颁布时间	主要内容
关于宣传文化所得税优惠政策的通知	江苏省财政厅	2007年	为继续支持我国宣传文化事业的发展,将部分文化纳税所得额部分扣除或者直接将所得税不予征收
支持加快文化强省建设,注重提高文化软实力	江苏省财政厅	2008年	继续发展文化产业,重点扶持动漫、演艺、新闻出版、广播电视等项目

（续表）

政策名称	颁布单位	颁布时间	主要内容
江苏多引擎助推文化产业迈向"丰收田"	江苏省人民政府	2009 年	通过多方投入盘活文化资源、灵活用人机制实现加强文化产业规划引导,不断出台新的财政政策,提升文化人才培养效果,打造出新一批文化重点企业,从而形成本省文化特色产业,以先进带动后进,以实现文化产业更好更快发展
省政府关于加快文化产业振兴若干政策的通知	江苏省人民政府	2010 年	加大财税扶持力度、构建多元化投融资服务体系、完善文化产业发展的保障条件
我省六大举措推进文化产业发展	江苏省人民政府	2012 年	提升对重点园区和基地的政策扶持力度,并且通过大企业来带动中小微文化企业,使得文化资源和要素用到实处,用到优秀企业上,从而培育出一大批百亿级文化企业,在文化行业里创造出领头羊,在地区间培育出骨干企业,从而形成文化产业的中流砥柱
关于组织申报 2013 年中央文化产业发展专项资金的通知	江苏省财政厅	2013 年	继续推进文化产业体制改革,培育骨干文化企业,鼓励企业实现金融融资,通过保留贴息政策来降低融资资本,对于优秀文化产业项目纳入重大项目管理
财政文化产业引导资金助推江苏文化强省建设	江苏省人民政府	2015 年	中央和省财政加大对重点文化产业项目专项补助和中央和省财政加大对重点文化产业项目专项补助,减轻文化企业贷款压力,不断提升社会资本对于文化产业的支持强度,从而让文化产业进入上升发展期
省财政大力支持公共文化建设迈上新台阶	江苏省财政厅	2015 年	调整优化支出结构,根据中央规定,提升本省文化发展程度,持续提升文化产业增加值
中央财政继续加大对江苏文化产业的专项扶持	江苏省财政厅	2016 年	年度扶持主要包括再次出资 1 亿元入股紫金文化产业二期投资基金,江苏凤凰出版传媒集团的职业教育智能化知识服务云平台项目、江苏省广电有线信息网络股份有限公司的无线城市建设、金陵大报恩寺遗址公园保护与开发等一批重大文化项目获得财政部的专项扶持

数据来源:文化产业政策汇编

四、江苏省财政政策实践成效和主要问题

(一)成效

1. 文化产业财政投入逐年增加,文化软实力位居全国其前列

2013 年,江苏省提出要在"十二五"期间加大财税扶持力度,其中包括省级设立初始规模 20 亿元的江苏紫金文化产业发展基金(以下简称"紫金基金"),至 2017 年,为扩大紫金基金对江苏省中小文化企业的支持面,安排 3 亿元专项资金对省内中小文化企业进行投资。

2017 年,中央财政下达对兼顾时文化产业发展专项资金 20635 万元,专项扶持额度列全国第二,其中一大批重点文化项目均获得财政支持。

表 2　2017 年中国省市文化产业发展指数前 10 名

排名	地区	综合指数	地区	生产力指数	地区	影响力指数	地区	驱动力指数
1	北京	84	江苏	82.8	北京	88.47	北京	83.85
2	上海	80.71	山东	80.86	江苏	84.19	浙江	82.69
3	江苏	80.69	广东	80.62	上海	84	海南	82.66
4	浙江	80.28	浙江	79.37	山东	78.92	重庆	82.29
5	山东	77.85	北京	76.84	广东	78.65	上海	80.2
6	广东	77.87	四川	76.57	湖南	78.33	天津	77.99
7	湖南	75.97	上海	75.16	浙江	78.33	青海	77.29
8	四川	74.91	河北	74.78	四川	74.57	黑龙江	76.22
9	天津	74.86	河南	73.12	天津	74.37	江苏	76.14
10	河北	74.33	湖北	72.65	陕西	74.18	广西	75.98

数据来源:中国经济网①

如表 2 所示,江苏省文化产业通过近几年的财政政策引导,其发展总是位居前列,根据"中国省市文化产业发展指数(2017)"显示,江苏综合排名位列第三,其生产力和影响力分别排名一、二位,说明今年来江苏省的文化产业呈逐步上升趋势。

2. 文化产业财政投入手段和结构不断优化

江苏省的文化产业的管理是分类别进行管理,不同行业即是不同类别,在这种管理方式下,不同的行业则必须要制订与之发展相适应的政策法规。就江苏省现在的文化产业发展政策而言,针对每一行业的财政政策也在制定当中,针对文化产业的网状结构管理已经初具雏形。与此同时,江苏省还不断优化财政投入手段,其中专项资

---

① http://www.ce.cn/culture/gd/201801/19/t20180119_27812243.shtml

金以及税收优惠两方面,已经走向成熟。

那么,这种相对比较成熟的文化产业管理体系也导致江苏省现今的传统以及新兴文化产业均飞速发展,那么江苏省的文化竞争力也位居全国前列。

(二)存在的主要问题

1. 财政扶持方式单一

江苏省支持文化产业发展的财政政策仅仅局限于中央专项资金和税收优惠两方面,即使中央不断加大对江苏省的财政投入,但仅过于依赖中央,则会导致江苏省文化产业发展内生动力不足,从而导致断截化发展。其中专项资金主要有推进改革、培育骨干文化企业、构建产业体系、推动创新等功能,多局限于对一些企业发放补贴,但是对于政府采购、投融资等方面却没有发挥应有的财政杠杆作用,但是政府采购以及社会资本的投融资对于文化产业的发展均有举足轻重的作用,因此从而导致文化产业发展出现不均衡发展现象。那么,税收优惠现今还是过于限制于补助,而不是奖励,那么这种模式会导致一些企业或者重大文化项目发展丧失主动性,整个文化市场缺乏竞争性。

2. 政策支持领域狭窄

从江苏省近年的文化产业发展模式可以看出,江苏省制订的文化产业政策还是主要适用于传统文化产业,其中主要包括广播电视业、文化艺术服务等,那么与之相对应的新兴文化产业却未得到同样重视。另外,就文化产业发展过程而言,江苏省更注重文化产业的生产环节,但对于文化的研发以及创作有所忽视。最后,江苏省对于中小微文化企业的发展没发挥出应有的引导力,对它们缺乏关注,未制订有效的财政优惠政策来带动这些企业发展,减轻其发展成本,从而导致江苏省文化产业发展出现两极分化趋势。

3. 财政政策时效性差

文化产业的发展是随着时代变化而变化的,那么文化产业财政政策的制订也应该随时代而变。但是江苏省在制订政策前,因为未考虑到本省文化产业发展的实际情况,江苏省省内苏南、苏中、苏北文化发展程度存在很大差别,但对于财政对于每个省市对的文化产业的发展并未制订出与地市实际情况相适应的政策。

同时文化产业政策实施过程中,由于忽视了文化产业具有双重属性的特点,对政策标的多重性缺乏足够的认识,从而导致政策目标设定不够明确,在对文化产业进行支持时,税收优惠政策往往是出台短期优惠政策,短期政策用于不能给文化企业一个稳定的预期,无法吸引更多社会资本进入文化产业,文化企业缺乏发展资金,后续发展动力不足,导致文化产业发展速度停滞不前,江苏省占全国文化产业增加值比重不断下降。

五、江苏省文化产业财政政策优化路径分析

（一）落实财政扶持政策，丰富财政扶持文化方式

积极争取中央财政专项资金，加大财政文化投入力度，不断将财政扶持政策落到实处。采用税收优惠政策，并根据不同企业制定与之企业发展相适应的政策，例如对优秀文化企业进行政府奖励、税收减免以及为其贷款担保等，降低企业的税收负担，减轻企业税收压力，使文化企业实现更好更快发展。在此基础上，还应充分利用投融资机制，明确不同文化企业的投融资形式，设立与之相对应的文化企业发展专用基金，加大社会资本对于文化产业的投资力度，一对一支持发展。与此同时，在科技化时代，还应加强政府引导，设立文化产业创新基金，鼓励文化企业运用高科技对产品进行改造，走上文化科技化道路，从而提升文化竞争力。

（二）扩大财政支持范围，实现文化产业均衡发展

从江苏省的现今的实际文化生产力和文化产业发展模式来看，因地制宜、取长补短，使江苏省文化产业发展更上一层楼。江苏省政府应注重全省范围内总体文化产业的发展均等化，应让发展较好的南京、常州等地去带动苏北地区文化产业的发展，并且还应针对苏北地区制定相应的促进文化发展的优惠政策，考虑每个城市的地区文化特色，做出适当引导，制订出适合本地区的文化发展道路。对于地区间发展较好的企业，对其要加强扶持力度，利用他们来带动整个城市文化经济发展。坚持规模化发展，充分发挥文化产业集聚优势，以市场为导向，实现文化经济均衡化发展。

（三）完善财政政策体系，实现文化产业平稳发展

制订财政体系过程中，注重文化体系双重性特征，在制订文化产业政策前，制订明确的发展目标，出台长期适用于本省文化企业发展的税收优惠政策，给企业明确发展信号，加大社会资本投资文化产业的信心。同时还可以借鉴发达国家的先进经验，并结合江苏省本省实际发展模式，制订出一套具有江苏省发展特色的文化产业发展道路。首先，应设立严格的文化市场准入机制，因为文化产业是一个省的重要因素，进行财政引导是必要的。其次，完善政策采购机制，政府用财政资金去购买文化产业产品也是财政引导文化产业发展的一个重要方式，譬如说政府可以购买本省优秀节目版权，免费在其他较落后地区播放，以此将江苏省优秀文化传播到中国各地，提升江苏优秀文化全国影响力，打出招牌。

第十八章 江苏省培育新型农业经营主体的财税政策研究

　　我国一直以来施行的以家庭联产承包责任制为主的基本经营制度,有效地调动了劳动人民的生产积极性,激发了农村生产活动发展的活力。但随着改革的不断深入,现有的农村生产规模、生产效率已经无法满足人民日益增长的需要。我们正处于现代化建设的关键时期,如何打赢这场深水仗至关重要。当前我国农业经营方式正面临诸多新挑战,经营规模效益低、劳动力素质与结构不够优化是其突出表现。通过科学有效的财税支持政策构建专业化、组织化相结合的具有集约规模特征的农业经营体系,促进专业大户、农业龙头企业、专业合作社等新型农业经营主体的培育,发展多种形式的农业规模经营和社会化服务的举措,有利于深入化解农村矛盾,进而推进农业供给侧结构性改革的主线工作,保障我国农业健康发展。

一、文献综述

1. 国外文献综述

　　新型农业经营主体是带有中国特色的创新型专业词汇,国外很少有对这个问题专门的讨论。但是它们在 20 世纪初已经有专门的农业规模化经营,运作方式类似于我国新型农业经营主体的生产模式且发展较为成熟,对社会化的农业生产的了解也较为深入。对于组织化集约化的农业经营,管理、土地、劳动力和资本是 John G. Thompson(1921)认为影响农业生产的四大因素。[1] 但由于传统农民自身的缺陷,不具备生产技术的有利性。要改善他们的生产状况,改变农业经营类型,就要对他们进行人力和物质资本的投资。与中国实际情况相比较,也就是我们要加大对新型农业经营主体土地经营结构优化、管理技术水平提高和劳动力素质提高等方面的投资和扶持。Cook(2003)通过对比传统农业和现代农业、传统合作社与现代合作社之间的区别,深入探讨了现代农业与合作社制度的改变,涉及的内容主要包括体质特点和制度绩效。[2] 新型的合作社除了拥有国际合作社联盟中的七项原则中的大多数

---

　　① John G. Thompson. Mobility of the Factors of Production as Affecting Variation in Their Proportional R elation to Each Other in Farm Organization[J]. The Journal of Political Economy, 1921,(29):43.

　　② Cook M L. The Future of U.S. Agricultural Cooperatives: A Neo-Institutional Approach[J]. American Journal of Agricultural Economics. 1995,77(10):1153－1159.

特点,还拥有例如合作社中的成员需要付出较高的首期投资,享有和投资投入额度差不多的可转让交货权利的特点。合作社成员收入的提高主要依靠发展加工业和提升货物的附加价值。同时他指出了传统合作社的三种具体形式:合作社企业、农业服务合作社和农业共同经营组合。事实上,他所研究的传统农业的形式与我国现行的新型农业经营主体主要形式类似,即家庭农场、专业大户、农业龙头企业和农业服务合作社。这些实际情况也表明了中国现代农业的发展与国外农业合作社发展的一些差距,也就更加坚定了我们近来不断提倡和践行的让市场在资源配置中发挥决定作用。相信随着财税、金融扶持以及农业保险等政策的扶持,我国农业现代化进程的步伐会不断加快,发展也会日益成熟和先进。

2. 国内文献综述

近些年来,我国对新型农业经营主体的研究,主要集中在基本概念的界定、发展的现状与面临的难题以及财税等一系列扶持政策方式的讨论。对于新型农业经营主体的基本概念,苑鹏、张瑞娟(2016)认为在农产品买方市场的硬约束和政策诱导创新的外部激励下,各类新型农业经营主体应运而生。它们以市场为导向,以现代科技为支撑,以订单生产为保障,以适度规模经营为前提,开展集约化、组织化、社会化的生产经营活动,努力提高全要素生产率,构建农产品供应链,追求利润最大化,促进了产业融合发展和现代农业产业体系的建设步伐。① 谈及新型农业经营主体的发展所面临的问题,王国敏(2014)指出近年来,我国支农惠农的力度虽然有一定加大,同时也制定了相应的农业补贴政策,但是针对新型农业经营主体的专项补贴非常少,大部分惠农转款是用于农场基础设施建设和对传统农户支持方面。也就是说新型农业经营主体缺乏专门的专项资金扶持政策和税收优惠。②

对于用于补贴新型农业经营主体的资金,崔宁波(2014)认为政府应该加大对新型农业经营主体的财政补贴扶持力度,为了提高资金使用效率,应该将一部分财政专项资金直接用于对他们的投资。通过对中外现代农业发展的研究,魏志甫(2015)指出对新型农业经营主体的培育要从两个方面来进行,分别是正向激励即常规地进行税收优惠和财政补贴,另一方面是通过提高土地税等反向激励政策来抑制土地非粮化和非农化。③ 另外,汪发元(2014)还指出应将现有普惠制的财税补贴政策改为针对不同经营主体有一定条件的扶持政策,重点关注那些有发展前景较好、辐射带动能力强的新型农业经营主体。④

目前对于新型农业经营主体发展的财税政策补贴的改进,主要侧重于提高补贴

① 苑鹏、张瑞娟.新型农业经营体系建设的进展、模式及建议[J].江西社会科学,2016,(10).
② 王国敏,杨永清,王元聪.新型农业经营主体培育:战略审视、逻辑辨识和制度保障明.西南民族大学学报,2014(10).
③ 魏志甫.法治与市场:培育新型农业经营主体的国际经营及借鉴[[J].经济研究参考,2015(58):29 - 40.
④ 汪发元.新型农业经营主体成长面临的问题与化解对策[J].经济纵横,2014(2):31 - 35.

的专门性和针对性,激励的方式也要不断创新,打破以往惯有的补贴激励,也可以通过提高税收来进行生产发展方向的引导。

二、新型经营主体的相关概念界定

(一)新型农业经营主体

新型农业经营主体的概念第一次在官方正式文件中被提及是在 2012 年,此前多是理论研究和政策研究的文章中使用的概念。它专指在家庭联产承包责任制的基础上,由半自给、小规模形态的农村供给模式发展而成的具有农村生产技术水平及其管理水平较高、经营规模较大,并能够产生正外部性对周边的农业生产起辐射带动作用的农村合作组织。① 之所以说新型农业经营主体的行为具有正外部效应,是指它所具有的规模化社会化的生产不仅带动了周边农户的生产,也促进了自身创新能力的提高,产生了社会边际效益大于私人边际效益的现象。

对新型主体概念的界定需要区分两个重要的方面。首先,与新型农业经营主体的概念相对应的是小规模农户家庭,它克服了其在生产要素利用效率和规模经济方面的缺陷。其次,新型主体所要求的不仅是较高的经营管理水平和物质技术装备,更要我国人多地少的国情,做到规模经济、资源利用与产出效率并重,真正将农业经营从以往的“规模经营主体”变为“新型经营主体”。②

(二)新型农业经营主体的特征

新型农业经营主体与传统生产经营方式相比其特征主要概括为以下四个方面:一是以集约化为标志。和现代企业的告诉发展不同,由于融资不便利导致的资金问题,迫使通过增加劳动力要素的投入来增加农业生产的效率是传统农户的主要方式。新型农业经营主体在生产要素利用方面具有有利优势,可以充分这些生产经营要素的投入,通过与现代企业经营方式接轨的管理意识和高水平的生产技术,来大幅度提高经营规模效益、产出效益。二是以市场化为导向,传统农户是以自给自足为主要特征的,生产商品率较低。而对新型主体来说,市场需求发展商品化生产是其内生动力,并且与工业化城镇化的大生产背景相适应的,因而他们的商品化程度和经济规模效益都有大幅度的提高。三是以专业化为手段。传统的农户生产种类丰富、规模较小,经济效益不明显,兼业化倾向明显。但随着生产力水平的提高和分工的专业化,专业大户等不同类型的新型主体都将自己的生产活动集中于农业生产经营的某一个领域,更加注重规模化的效益。四是以规模化为基础。因为过去生产力水平比较低,传统的农业经营的生产规模很难得到扩大。而新型主体利用不断改善的农业基础设

① 李少民.支持新型农业经营主体财政政策研究[J].地方财政研究,2014(10)
② 宋洪远,赵海.新型农业经营主体的概念特征和制度创新[J].地方财政研究,2014(10)

施、技术装备水平和空闲的大量土地资源,不断扩大自身规模,追求较高的经济效益。

(三)新型农业经营主体的主要类型

20世纪90年代末开始,随着大量的农村劳动力进城经商务工,谋求生计,农村土地流转速度及规模增加,农村结构调整较大。在此基础上各类生产经营组织获得了不断成长壮大的机会,也致使其成为推动农业经营体制创新的重要力量。现有关于新型农业经营主体的文献资料中,其普遍被分为:家庭农场、农业龙头企业、农民专业合作社和专业种养大户四种类型。或者可以简单地分为下面三类:家庭农场、农业企业、农业合作社。

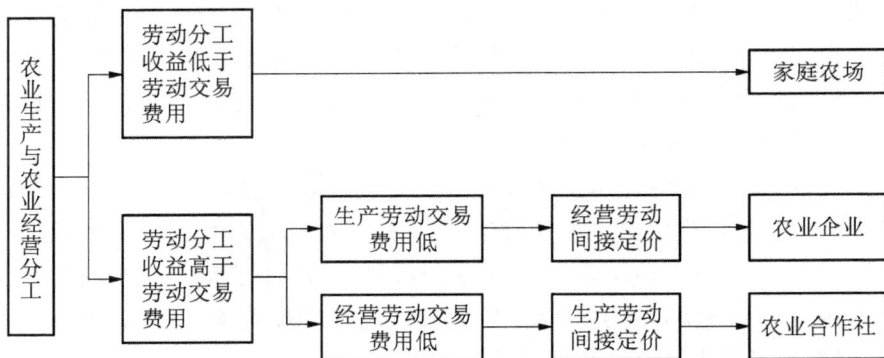

其中,家庭农场的名称来源于西方国家的大规模经营农户。在我国农村分工分业迅猛发展的背景下,家庭农场的主要劳动力是家庭成员,面向市场从事专业化、商品化、规模化生产经营,务农收入为家庭农场主要收入来源的小型农业经营组织。家庭农场是不断推进市场化、现代化建设下的产物,是农业生产逐步迈向规模化的有力代表。[①]

专业种养大户相对来水概念较为通俗,和家庭农场的本质区别不大。具体来说,它的生产经营规模一般要高于初级的家庭农场的生产,属于专门从事某一领域或行业的农业经营者。虽然涵盖不同地区、不同行业的专业大户所设置的标准相差很大,但它最终归属的范畴仍属于家庭经营。

农民专业合作社是一种互助性生产经营组织,它是在家庭联产承包责任制基础上,按照自愿联合和民主管理原则组织起来的。

农业龙头企业属于农产品加工或者是流通企业,以订单合同、相互合作的方式带动农户进入市场进行生产经营活动。龙头企业的经济实力在所有新型农业生产经营主体中最为雄厚,生产技术更加先进,管理人才机制也更加现代化,更容易有效地与现代化大市场对接。

---

① 葛宗保.安徽省培育新型农业经营主体的财税政策优化研究——结合我国基本国情[D].安徽大学,2016:9-10.

三、江苏省新型农业经营主体财税支持政策的实施现状

(一)近年来江苏财税支持新型农业经营主体发展的实践

1. 调整财税政策,增强农业新型经营主体的吸引带动能力

首先,江苏省通过重点补助100—300亩的土地规模流转等来调整农村土地流转的补贴政策,让农村土地有方向地进行转移,更多的惠及新型农业经营主体。另外,为了加强对分散农户的吸引和带动,增加了对高效设施农业、粮食高产创建等项目设施的投入,来扩大家庭农场和专业大户等新型主体的规模。[①]

增值税方面。农民合作社自产自销以及分类、加工包装等初加工所获得的收入免征增值税;农民专业合作社销售的农副产品和销售给合作社内部的农用产品、大型机械免征增值税。龙头企业外购农产品再加工的成品仍属于农产品使用低税率,销售自产农产品所得收入免征增值税。

所得税方面。一是针对龙头企业的企业所得税,采取公司和农户合作的模式从事与种植或养殖业相关的行业,可以免征或减征企业所得税;对于合作社从事农林畜牧业所获得收入,减免方式类似于农业龙头企业;二是针对合作社成员的个人所得税,如果属于其从合作社内部获得的自产自销的产品,可以对相关人员免征个人所得税。

2. 设立专项资金,支持新型经营主体发展

针对新型农业经营主体的发展,扩大财政资金的引导和促进作用,省财政先后设立了农业产业化、农业专业合作、家庭农场等支持其发展的专项资金。一是家庭农场,江苏省财政新增专项扶持示范家庭农场发展资金1000万元。二是农民专业合作社,省财政自2006年起已经设立了农民合作社专项扶持资金。三是农业产业化龙头企业,自2002年起开始设立专项资金扶持农业产业化发展,每年的投入也是逐年增加,极大地推动了农业产业化、社会化的步伐。

(二)江苏省新型农业经营主体的发展现状

改革开放以来,随着社会市场化的不断深入,江苏省的农业经营活动及组织的发展也经历了不同的阶段:农户主体的确立、农户主体的分化和新型农业经营主体。目前江苏省新型农业经营主体的类型与全国的四大主要类型相似。这些经营主体越来越成为江苏实现农业现代化的主力军,推动了江苏现代化农业的发展,在保证粮食安全和农产品有效供给方面发挥了重要的作用。

---

① 孟菲,段棋华.财政支持新型农业经营主体发展研究——以江苏省为例[J].经济研究导刊,2017(21)

1. 农业经营主体的队伍逐渐扩大

江苏作为东部沿海城市，农业的持续发展受到人多地少的约束，同时资源种类也较为稀缺。特别是国际一体化的进程加快，传统的农业生产模式已经很难适应江苏本地较快的发展速度，农业发展规模化是推进江苏省农业现代化发展的基本要求。[①]目前，江苏省全省的新型农业经营主体的数量中，专业大户占据首位，有 23.5 万，随后依次是农民专业合作社 6.9 万、农业龙头企业 3.7 万、家庭农场 3.4 万。家庭农场和专业大户共经营土地 102.13 万，占农业总体规模经营面积的 75.5%。其中江苏省 13 个市的耕地面积和省级以上的龙头企业数量情况大致如下图 1，图 2。

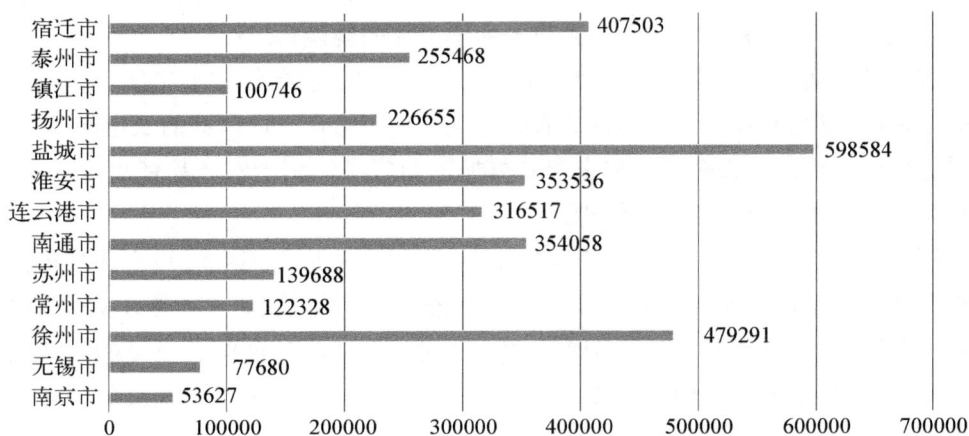

图1　各市耕地面积（公顷）

注：数据来源：《江苏统计年鉴2017》

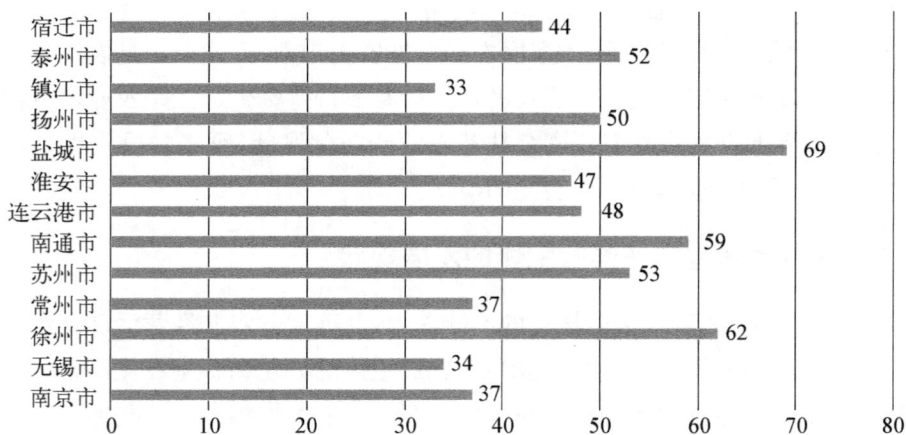

图2　各市省级以上农业龙头企业个数

注：数据来源：《2015年省级示范家庭农场名录》

---

① 赵月兵,顾俊.江苏新型农业经营主体发展现状与对策建议[J].农业科技管理,2015(01).

从耕地面积和农业龙头企业个数的数据看来,盐城市和徐州市分别位居江苏省前两位,这与两个地级市的地形地貌相联系。两个地区大都以平原为主,土壤肥沃,两者占地面积在省内都位居前列,有利于进行大面积的耕地种植。而南京地貌则属于丘陵地区,不利于农林牧渔的大面积推广,从而耕地面积和农业龙头企业个数在全省排名靠后。根据江苏省内发展农业的不同基础条件,政府在进行财税政策补贴时也应该因地制宜。根据江苏省统计年鉴的分类,可以将省内主要农作物划分为三类:粮食、棉花和油料。

表1　主要农产品产量占比及排名

地区	粮食		棉花		油料	
无锡市	0.998	1	0.00000	13	0.012	12
宿迁市	0.988	2	0.00017	11	0.012	13
苏州市	0.985	3	0.00061	7	0.014	11
淮安市	0.981	4	0.00002	12	0.019	10
扬州市	0.977	5	0.00033	10	0.022	9
徐州市	0.972	6	0.00536	2	0.023	8
连云港市	0.969	7	0.00041	8	0.031	7
常州市	0.967	8	0.00037	9	0.032	6
泰州市	0.960	9	0.00146	5	0.039	4
盐城市	0.958	10	0.00408	3	0.038	5
镇江市	0.955	11	0.00083	6	0.044	3
南京市	0.910	12	0.00306	4	0.087	2
南通市	0.889	13	0.00961	1	0.102	1

注:数据来源:《江苏统计年鉴2017》

相对来说,棉花的机械化种植水平最低,粮食和油料要求的机械化水平较高。从图表中可以看出,连云港、淮安和宿迁的棉花产量排名较低,农作物的生产也更加倾向于能大规模机械化生产的粮食和油料。因此,政府要加大对这些地区的农产品机械设备的财税政策优惠,鼓励这些地区规模化生产粮食和油料两类农作物。

2. 农业经营主体创新能力逐步增强

现代农业的发展不再只依靠单纯的劳动力,科学技术是推进农业发展的关键动力。江苏省目前主要有涉农类高新技术企业一百余家、省级以上龙头企业600余家以及农业科技型企业500余家。省政府在大力推进农业科技型企业构建的基础上,积极推动科技创新创业平台的建设。科技研发平台已然成为江苏省经营主体走自主创新道路的重要支撑。目前,在涉农企业中建设重点实验室7家,企业院士工作站22家、研究生工作站43家、工程技术研究中心142家和省级公共服务平台32家。

近年来,随着对农业科技创新的投入不断加大,江苏省内农业企业等新型经营主体的发展速度加快、创新能力逐步加强。

3. 农业社会化服务体系逐步完善

农业社会化服务是农业经营主体在发展过程中不可缺少的内容。农业生产活动时间的季节性导致它对农业服务的需求也是季节性的。再加上农业本身多元而分散的特点,使其服务对象也具有多元性和分散性。因而农业社会化服务应该覆盖农业生产全过程。为了配合新型农业经营主体的需求,社会化农业服务的模式在各地得到鼓励和发展,多元服务主体广泛参与、以农业服务机构为主导的农业社会化服务体系在江苏已经初步形成,相应的运行机制和服务模式也得到了不断的完善和创新。江苏省农委积极与银行合作来推动完善农业银行贷款、保险等一系列政策。各类专业服务组织积极参与农业社会化服务,目前数量已经突破 1 万大关。其中有关粮食粮食油专业服务组织超过 6000 个,农作物防害专业化服务组织达到 4380 个。农业服务的加强不仅便利了农业经营主体,更使得农业科技转化为成果,大大推动了江苏省农业现代化的进程。

四、存在的问题

(一)财税政策补贴方式单一,针对性不够强

财政补贴大多是直接补贴,本身存在很多弊端,影响了财政资金财政补贴的使用效益和财税政策的实施效果。现行财税补贴对新型农业经营主体对生产发展的实际需求了解不够深入,对其发展的刺激性不强,不利于支持新型主体的重点发展。一些农业企业为了获得更多的政府资金支持,会增加与政府官员交流以获取信任,从而增加新型农业经营主体得到扶持的成本。[1]

虽然政府对农业方面的投资和支持力度很大,但大都用于农业基础设施、传统小农户和民生事业上,作为生产效率较高的新型农业经营主体得到的资金和项目的支持很少。其次,财税支持政策实施效率效果不高,由于资金到达新型主体手中时,其间经历的中间环节比较多,最终实际获得的财政资金已是少之又少。

(二)农业保险税收优惠机制以及农业风险补偿机制不够完善

我国农业由于机械化规模化程度不够高,现存的市场风险较大,属于高风险低收入的产业,农产品保险回报率较低切亏损几率较大。同时因为政府对涉及农业的保险机构政策扶持较少,导致大多数的保险机构不愿意扩大其涉农保险的业务保险。农业保险机构本身对支持农业长久发展是不可或缺的机构,如果该类机构的经营得

---

① 葛宗保.安徽省培育新型农业经营主体的财税政策优化研究——结合我国基本国情[D].安徽大学,2016:31-41.

不到鼓励,运营得不到优惠,将会影响我国农业尤其是新型主体的持久健康发展。

(三)财税政策配套机制不够完善,标准过于统一

针对不同地区不同发展状况的主体所采取的配套标准类似,不从主体发展的角度进行思考配置,很难真正提升新型主体生产的规模效益。不同地区的经济发展水平不同以及政府所提供的配套设施不相同,越需要获得政府扶持的新型主体获得支持的资金更少,阻碍了新型主体进一步的有效发展。

(四)政策支持效果缺乏检验

新型农业经营主体是农业经营发挥规模化效益的重要载体。合理高效的财税支持政策可以有效防范和降低农业市场固有的风险,减少信息不对称给农业主体发展带来的损失。但目前江苏省乃至全国范围内,都未建立起规范的新型农业经营主体财税支持政策的指标评价体系。财税政策与经营主体的实际需求配置是否恰当,政策的实施效果是否符合预期,都是新型农业经营主体培育过程中急需解决的问题。

五、安徽省案例启示

(一)安徽省案例描述

安徽省是一个农业大省,近些年来开始对新型农业经营主体构建财税支持政策体系,出台了一系列政策措施,培育和扶持新型农业经营主体发展,并且及时开展绩效评价来检验财税支持政策的实际成效。

1. 绩效评价方法

财税支持政策的绩效评价必须通过构建指标来实现,此次案例主要采用了其他行业惯用的层次分析法。关于评价指标的构建,主要是根据相关的文献研究、经验的总结以及实地调研数据来实现,同时主要采取两级指标形式。接下来对于指标权重的确定,该案例采取了德尔菲分析法,也就是采取匿名询问专家意见,反复填写调查问卷,以获得期望结果的方式。

2. 成效与结论

此次调研进一步了解了安徽省新型农业经营主体实际发展状况及其对财税支持政策的需求情况。农民专业合作社从事的生产范围主要是种植和养殖业务。家庭农场和专业合作社纷纷因为农产品价格低、生产成本高等因素的制约加深了资金困难的问题。

表2　专业合作社从事业务及发展中遇到的问题(%)

主要从事业务	所占比例	发展遇到的问题	所占比例
种植业务	70%	科技信息缺	42%
养殖业务	36.7%	产品销售	48.3%

（续表）

主要从事业务	所占比例	发展遇到的问题	所占比例
农机服务业务	26.5%	融资难、融资贵	56.5%
土肥服务业务	10.7%	用电价格、用电手续等	29%
农业喷洒业务	12.10%	内部制度混乱	9%
资金互助业务	4.20%	发展方向	33.60%

注:数据来源:根据调研数据整理所得

在经营主体对财税政策满意度的政策实施效果分析中,发现对于现行财税政策的优化,新型农业经营主体优化意愿最强的方面是希望政府出台与新型主体实际需求相适应的财税扶持政策,其次是多样化优化现有财税补贴方式,最后是简化有关财政补贴的行政办理手续。

通过对安徽省新型主体财税政策优化实证研究的分析,可以进一步认识到在江苏省培育新型农业经营主体的过程中,也要注重针对不同新型主体的实际需求运用不同的财税培育政策,可以采用有条件的扶持,将发展前景好的新型主体区分开来,以加强它们的辐射带动能力。在新型农业经营主体发展遇到资金困难时,财税政策应该加大扶持,降低农业生产经营成本和风险。同时财税补贴的方式应该多样化,要加强运用财税政策引导新型主体向生产技术与生产效率提高的健康方向发展。

（二）对江苏的启示

目前国内缺乏完整合理的针对财税政策的绩效评价体系,在安徽省的案例中,主要涉及关于经营主体的财税支持政策实施效果的分析以及对财税支持政策的需求分析。对于江苏省的财税政策绩效评价体系的构建,除了借鉴安徽省案例中所采用的分析方法,还可以在此基础上根据江苏省发展的实际,加强对新型农业经营主体发展的全面统计指标体系及其评价指标体系的建立,更好地了解经营主体发展的实际状况。不仅仅依靠调研所得的问卷数据进行初步的需求状况分析,还可以使用 IMD 综合评价方法与面统计与抽样调查方法来开展研究,避免出现对新型主体农业经营规模与生产运营效益了解不够深入的问题。

1. 江苏省新型农业经营主体发展评价体系建立

统计指标内容:(1)属性水平:经营主体年龄、性别、受教育程度;(2)组织化水平:工商登记、拥有成员户数;(3)规模化水平:经营主体具体数量、类型、产业规模、经营效益;(4)专业化水平:土地流转方式、年限、机械化程度、农工数量等。

研究方法:采取 IMD 综合评价法,根据政策支持环境、农业科技应用、农业经营效益、组织化水平、生产能力等 5 个方面建立指标评价体系,指标体系分为两级,同时设置指标权重。具体做法是以新型农业经营主体资料为准,把当年的各项统计数据作为实现值,目标值是参加测评对象指标的平均值,目标值的基本得分是 60 分,超过此标准按权重加分。

评价总模型：

$$A_i = \sum^{5} A_i W_i \; ;$$

$$B_i = \sum^{18} S_{ji} W_{ji} \; ;$$

$$T = A_1 W_1 + A_2 W_2 + A_3 W_3 + A_4 W_4$$

其中 A_i 为一级指标实际总得分，A_i 为一级指标实际得分，W_i 是一级指标所占总分比重；B_i 为二级指标按权重实际得分，S_{ji} 为二级指标所占总分权重，W_{ji} 为二级指标实现值与目标值的比值；T 是针对某地区新型农业经营主体综合评价的最终实际得分。

2. 江苏省新型农业经营主体财税支持政策指标体系构建

通过理清江苏省现行新型农业经营主体的财税支持政策以及利用实地调研数据，把握新型主体财税政策的实际需求。具体选取方法是挑选出代表江苏省不同经济发展水平的三个县，每县选择4—6个乡，再从其中选取包含有各类新型农业经营主体的村，对与其培育相关的财税政策实施效果与供需状况进行分析调研。

绩效评价指标内容：规模指标、投入产出指标、运营状况指标和满意度指标的四个一级指标及其下设的一系列二级指标；指标权重设定采取德尔菲法，先将评价指标用问卷的方式发送给相应的专家，尤其对指标权重进行设定，将所获内容进行归纳整理，再反馈给专家的方式进行多次询问来得到反馈结果；具体的绩效评价分析方法是采用其他行业通用的层次分析法，逐步细化评价指标，对其进行评判得分并乘以相应的权重，来检验财税支持政策对新型农业经营主体的培育会产生何种影响，以提出合理的财税优化政策。

表3 评价指标构建情况表

规模指标	家庭农场注册资本	通过注册资金和后续投入状况可以一定程度上反映家庭农场的规模
	家庭农场种植面积	包括水稻、小麦、蔬菜等种植面积
	家庭农场用工数量	通过常年用工数量和季节性用工数量均衡
投入产出指标	每亩产值	通过每亩产量乘以农作物的价格衡量
	每亩成本	通过种子、农药、化肥、水稻、水电、机收、机耕、机种和日常田管等成本衡量
运营状况指标	规模经营能力	通过带动农户数量、销售总额等衡量
	服务水平能力	通过吸收普通成员数和统一农产品采购、供应等衡量
	创新发展能力	通过投入科研费用等衡量
满意度指标	财政补贴政策满意度	通过补贴力度和针对性等反应
	税收减免政策满意度	通过税收减免幅度和税收覆盖范围等反映

六、政策建议

（一）增加财政扶持和税收优惠力度

为了更好地促进新型主体健康平稳发展，我们需要在资金扶持、农业技术推广等方面扩大财政补贴力度。在涉及农业生产经营方面，税收优惠政策的范围要进一步扩大。具体来说，地方政府要利用财政收入建立合理有效地长期投入机制，保证在支持新型农业经营主体发展方面有充足的资金，积极构建以政府财政资金投入为主、社会资本投入为辅的多元化专项基金来支持其发展。将财政支农补贴直接发张到新型主体手中，增加其补贴项目和扶持力度，以降低他们的生产经营成本，提高农业生产的产出效率。扩大各类税收涉农的优惠范围，特别是增加对保险机构涉农保险业务的税收优惠，以降低农业保险机构的市场风险，从而更好地促进新型农业经营主体的健康发展。

（二）完善支持农业发展的基础设施配套建设

财税政策对于农业的支持是一个长期而艰巨的工程，同时必须补充健全相关的基础配套设施，从而更好地促进新型农业经营主体健康发展。保证土地规模化较集中的优势区域得到农业基础设施建设项目更为集中的支持。完善与农业生产经营密切相关的农田水利等基础设施，进一步的改进农业生产活动的条件，增强农业生产抵御自然灾害风险的能力。在农产品交通运输、农业生产设施用电等方面，财税政策也要积极落实针对新型农业经营主体的专门优惠政策。

（三）优化现有的财税政策扶持方式

科学合理并与新型主体实际发展情况相一致的扶持方式才能真正促进新型农业经营主体健康发展。首先，逐步将对农产品传统的价格直接补贴、救灾补贴和农业机械设备购置补贴改为农业保险补贴，这是对现有的财政扶持农业的结构的优化。为了更好地降低新型农业经营主体的生产风险，鼓励涉农保险机构扩大涉农保险范围，更好地将优惠落实到与农业生产有关的业务。扶持项目的获得要采取公开、公平与公正的方式，重点扶持有发展潜力的规模化社会化的新型农业经营主体。其次针对不同类型的主体采取不同的项目扶持方式。随着十九大的召开，市场在农业经营方面需要发挥更大的作用，即市场在资源配置中起决定作用，不再是政府全权负责，而是采取结合新型主体自身发展情况，调整扶持政策的方式。特别是对市场环境的复杂多变无从应对的经营主体，可以对其提供更多的财税补贴以促进其发展。最后，要取代部分过去传统的补贴方式，采取奖励的方式来鼓励高效能的农业经营主体。对于发展情况良好的主体，政府应该有针对性地对其给予奖励，以此激励一些发展滞后、不注重生产效益的农业企业。

（四）开展财税扶持政策绩效评价

在推进农业现代化发展的步伐中，专业化、组织化的新型农业经营主体的生产经营发挥着十分重要的作用。只有根据农业生产经营活动发展的实际状况，采取科学有效的扶持方式才能达到预期的规模经济效益。为了提升农业在市场的竞争力水平以及真正实现农产品的产业价值链升级，各地政府应该系统地研究新型农业经营主体的发展数据，开展建立起一套完整科学的财税政策绩效评价体系，完善现行培育方式中的已有缺陷。这些举措不仅对进行农业经营活动的科学管理具有指导意义，同时对于实现新型主体农业经营活动健康持续发展和改善农村经营环境，让其发展面临一系列问题获得切实可行的解决方案具有十分重要的效用。

第十九章　江苏省扶持中小企业发展的财税政策效果分析

一、引言

（一）研究背景及意义

改革开放以来,我国经济飞速发展,2010 年一跃成为全球第二大经济体,国内生产总值连年高速增长,其中企业是推动我国经济发展的重要组成部分。我国进入发展新时代,李克强总理公开提出"大众创业、万众创新"的号召,鼓励草根创业,中小企业的发展进入了一个崭新的阶段。中小企业占比我国企业总数的 97%,提供了半数以上的就业,为促进充分就业、经济发展、社会稳定发挥了不可忽视的作用。但是中小企业也面临着一些困境,融资难、融资贵一直是困扰中小企业的首要问题。经营周期短、不稳定、内部管理不规范也是中小企业的一个短板,使得中小企业很难拥有和大企业竞争的优势,难以形成一定的规模。因此,政府需要出台一系列积极的财政政策,为中小企业的发展营造良好的发展环境,帮助中小企业走出困境是有必要的。而且世界各国无论是发达国家还是发展中国家,普遍注重中小企业的发展,运用一系列政策来促进中小企业的发展。

本文分析财税扶持政策对中小企业的效果,探寻政府补贴和税收优惠政策是否起到显著的效果以及存在的一些不足之处,对于完善政府对中小企业扶持的制度体系,加快中小企业的发展,提高政策施行效率,具有非比寻常的意义。本文主要运用实证分析的方法,对江苏省上市中小企业的数据进行研究,从政府补贴和税收优惠两方面对企业的经营影响,来探究政府政策实施的可行性,并结合中小企业现状,对比国内外研究现状,提出一些促进中小企业发展的新方法和新思路。

（二）国内外研究综述

1. 国外研究现状

中小企业融资研究。Adrian(2010)基于信用定量的理论框架和信息不对称的理论分析,对中小企业融资难问题的答案做出了相应的解释:商业银行与中小企业之间存在信息不对称现象。Alexis(2014)用信息不对称模型证明:由于道德风险的存在,中小企业融资市场环境并不完美,对中小企业融资将产生一定的影响,这是最基本的原因。

中小企业技术创新研究。Xulia Gonzalez、Consuelo Pazo(2008)认为,企业进行技术创新和政府的财政支持息息相关,享受财政支持的企业往往比不享受的企业进步更快。政府的研发费用补助能够促进企业的科技进步。

财政和税收政策扶持研究。青木昌彦(1998)认为政府的干预能够有效调节市场失灵,政府与市场之间建立一个协调组织,通过中介组织完善对市场的调节,并且还需要政府采取一系列财税扶持政策促进中小企业的发展。①

2. 国内研究现状

近年来,我国中小企业对于我国的经济发展起着重要的作用,张思文,张薇、朱民田(2017)《我国中小企业发展困境及对策研究》文章中有数据显示,到 2015 年,我国中小企业超过 2000 万家,年营业额超过 2000 万美元的有 36.5 万家,累计贡献税收超过 2 万亿元,约占工业企业总额的一半,更重要的是,中小企业创造城市 80% 以上的就业机会,改善了社会民生,缓解了就业压力。

然而,中小企业的发展也不是一帆风顺的,阻碍中小企业发展的一个重要因素是税负过重。李双(2017)《我国中小企业税收优惠法律制度研究》研究中发现,近年来中小企业数量不断增加,盈利能力得到加强。然而,由于中小企业自身的不足,税收激励法律制度还没有完全覆盖。我国中小企业的税收优惠制度明显不足,税负重,还不能实现企业最大化税收优惠的目标。②

融资困难是中小企业面临的另一个大问题。朱晓光(2017)《我国中小企业融资现状及对策研究》文章中指出:通过对我国中小企业融资和融资现状的分析,中小企业的稳定性较差,管理风险相对较大;政府缺乏相关的政策扶持;金融机构对中小企业的重视程度是不够的,私人融资活动既困难又危险。

3. 研究述评

经过大量文献研究发现,国内外学者对中小企业发展和财税扶持政策进行了较为全面的分析,既从企业自身内部特点进行了分析,也从财税扶持政策效果进行了分析。中小企业对经济发展确实起到了不可忽视的作用,但是中小企业也面临着税负重、融资难等问题。中小企业集中于劳动密集型传统行业,在信息全球化的今天,缺乏科技创新的竞争优势。因此,政府政策在税收、财政支出、技术创新等方面的扶持,会给中小企业的转型和发展带来巨大的动力。本文以江苏省为例,着重在于研究中小企业财税扶持政策的效果,以便对我国财税扶持政策提出建设性意见。

---

① 青木昌彦.政府在东亚经济发展中的作用[M].北京:社会科学文献出版社,1998:36-38.
② 李双.我国中小企业税收优惠法律制度研究[D].吉林:吉林财经大学,2017.

二、概念界定与理论分析

（一）中小企业的界定

1. 中小企业的概念

中小企业是与大型企业相比，行业人员规模、资产规模与经营规模都比较小的经济单位，经营规模较小，这样的企业通常是由单一个人或少数人提供资金，所以在大多数情况下，业主直接管理。对中小企业的定义方法上，国家一般分为为质和量两个方面。质的指标主要从企业如何组织、融资和企业在行业里的地位等这些方面来考虑，量的指标就是企业的员工数量、资产规模、实收资本等。大多数国家的划分方法是按照量的指标，如美国国会在 2001 年出台的《美国小企业法》为中小企业定义标准为不超过 500 名员工，比如英国，欧盟采取量的指标的同时，也有定性指标作为辅助。

2. 我国中小企业的理论标准

根据工业和信息化部、国家统计局、国家发展改革委、财政部联合印发的《统计上大中小微型企业划分办法(2017)》，大陆现行的划分标准如下：

表 1　统计上大中小微型企业划分标准

行业名称	指标名称	计量单位	大型	中型	小型	微型
农、林、牧、渔业	营业收入(Y)	万元	$Y \geq 20000$	$500 \leq Y < 20000$	$50 \leq Y < 500$	$Y < 50$
工业*	从业人员(X)	人	$X \geq 1000$	$300 \leq X < 1000$	$20 \leq X < 300$	$X < 20$
	营业收入(Y)	万元	$Y \geq 40000$	$2000 \leq Y < 40000$	$300 \leq Y < 2000$	$Y < 300$
建筑业	营业收入(Y)	万元	$Y \geq 80000$	$6000 \leq Y < 80000$	$300 \leq Y < 6000$	$Y < 300$
	资产总额(Z)	万元	$Z \geq 80000$	$5000 \leq Z < 80000$	$300 \leq Z < 5000$	$Z < 300$
批发业	从业人员(X)	人	$X \geq 200$	$20 \leq X < 200$	$5 \leq X < 20$	$X < 5$
	营业收入(Y)	万元	$Y \geq 40000$	$5000 \leq Y < 40000$	$1000 \leq Y < 5000$	$Y < 1000$
零售业	从业人员(X)	人	$X \geq 300$	$50 \leq X < 300$	$10 \leq X < 50$	$X < 10$
	营业收入(Y)	万元	$Y \geq 20000$	$500 \leq Y < 20000$	$100 \leq Y < 500$	$Y < 100$
交通运输业*	从业人员(X)	人	$X \geq 1000$	$300 \leq X < 1000$	$20 \leq X < 300$	$X < 20$
	营业收入(Y)	万元	$Y \geq 30000$	$3000 \leq Y < 30000$	$200 \leq Y < 3000$	$Y < 200$
仓储业*	从业人员(X)	人	$X \geq 200$	$100 \leq X < 200$	$20 \leq X < 100$	$X < 20$
	营业收入(Y)	万元	$Y \geq 30000$	$1000 \leq Y < 30000$	$100 \leq Y < 1000$	$Y < 100$
邮政业	从业人员(X)	人	$X \geq 1000$	$300 \leq X < 1000$	$20 \leq X < 300$	$X < 20$
	营业收入(Y)	万元	$Y \geq 30000$	$2000 \leq Y < 30000$	$100 \leq Y < 2000$	$Y < 100$

（续表）

行业名称	指标名称	计量单位	大型	中型	小型	微型
住宿业	从业人员（X）	人	$X \geqslant 300$	$100 \leqslant X < 300$	$10 \leqslant X < 100$	$X < 10$
	营业收入（Y）	万元	$Y \geqslant 10000$	$2000 \leqslant Y < 10000$	$100 \leqslant Y < 2000$	$Y < 100$
餐饮业	从业人员（X）	人	$X \geqslant 300$	$100 \leqslant X < 300$	$10 \leqslant X < 100$	$X < 10$
	营业收入（Y）	万元	$Y \geqslant 10000$	$2000 \leqslant Y < 10000$	$100 \leqslant Y < 2000$	$Y < 100$
信息传输业*	从业人员（X）	人	$X \geqslant 2000$	$100 \leqslant X < 2000$	$10 \leqslant X < 100$	$X < 10$
	营业收入（Y）	万元	$Y \geqslant 100000$	$1000 \leqslant Y < 100000$	$100 \leqslant Y < 1000$	$Y < 100$

（二）理论分析

1. 政府干预论

20世纪30年代，从西方国家爆发了席卷全球的经济危机，人们逐渐意识到主张放任自由的萨伊定律已经不能很好地解释经济规律，单凭市场机制自身调节经济无法实现充分就业、社会稳定和经济增长，许多国家出现市场失灵状况。为了解决困难，英国经济学家凯恩斯提出了政府主动干预经济的主张，实行积极的财政政策，通过增加财政支出、减税一系列措施来调节总需求。凯恩斯主义很好地解决了资本主义危机，政府干预理论第一次登上历史舞台。到了20世纪七八十年代，凯恩斯的政府干预论开始失效。这时新自由主义认为政府过度干预经济，导致市场机制存在了缺陷，不能够有效运行。应当减少政府的干预，加强市场机制的调节作用。哈耶克也主张适度的政府干预，政府干预必须在有一个统一的适用于所有人的原则的条件下进行，也就是法制下的自由。

2. 中小企业成长理论

中小企业的成长会受到很多因素的制约。内在因素包括企业自身管理、经营模式、生产规模等，外在因素主要有企业竞争、融资环境、政策导向等。中小企业的成长可以分为初始阶段、成长阶段、成熟阶段和衰败阶段。初始阶段指企业刚刚建立，此时企业需要面对其他已有企业的排挤，企业负担过大，也是企业最容易灭亡的阶段。成长阶段指企业产品开始投入生产、盈利的阶段，企业各项制度开始逐步完善，走向正规，此时公司管理者应该抓住机遇，使得企业获得更好发展。成熟阶段指企业占有了一定的市场份额，产品生产稳定并获得较好利润，企业各项制度已经健全，企业生产应该努力维持在这一阶段。衰败阶段指企业业绩开始出现下滑，公司面临困境，会出现创新意识下降、资金周转困难、内部竞争激烈等各种恶性现象，企业管理者应该积极寻求对策，努力改变现状，实现企业的二次创业。

三、财税政策扶持中小企业的现状分析

(一)江苏省中小企业发展的现状分析

1. 规模效益稳定提升

2016 年,江苏省实有登记注册中小型企业 46651 家,较 2015 年减少 1%,占企业总数的 97.39%,其中中型企业 6018 家,小型企业 40633 家,江苏省中小企业已经形成了一定规模。工业总产值为 100165.55 亿元,较 2015 年增长 7.2%。新产品产值为 12928.4 亿元,较 2015 年增长 17.8%。工业销售产值 99034.81 亿元,较 2015 年增长 7.8%。出口交货值为 8876.98 亿元,较 2015 年增长 2.8%。可见,江苏 16 年中小企业数量虽然较 2015 年有所减少,但是各项产值全都上升,说明规模效益在稳定提升。

表 2   规模以上工业企业单位数和产销总值(2016 年)

企业规模	企业单位数(个)	工业总产值(亿元)	新产品产值(亿元)	工业销售产值(亿元)	出口交货值(亿元)	平均用工人数(万人)
中型企业	6018	39928.40	7523.78	39599.85	5242.86	312.16
小型企业	40633	60237.15	5404.62	59434.96	3634.12	440.22
中、小型企业	46651	100165.5	12928.4	99034.81	8876.98	752.38

数据来源:江苏统计年鉴(2017)

2. 产业结构继续调整优化

2016 年,江苏新注册市场主体数量为 133.14 万户,比 2015 年增长 25%。新增注册资本 29575.23 亿元,比 2015 年增长 45.2%。2016 年全省新注册企业中,第一产业企业有 0.90 万户,占新注册企业的 1.6%,比 2015 年下降 0.8 个百分点。第二产业企业有 9.7 万户,占新注册企业的 17.7%,较 2015 年同期下降 1.3 个百分点,第三产业企业有 4.26 万户,占新注册企业的 80.7%,比 2015 年上升 2.1 个百分点。说明江苏中小企业 2016 年在第一、第二产业分布较 2015 年有所减少,第三产业有所提升,产业结构在不断优化。[①]

与此同时,中小企业发展仍存在一些问题,突出的是中小企业是传统企业,产业水平不高。中小企业生产模式落后,管理粗放,效率低,创新能力不足。产业结构急需调整,一些行业出现了产能过剩,一些传统中小企业的发展仍然困难重重,存在着突出的融资难问题,没有建立完善的服务体系,需要进一步优化发展环境。

①   林汉川,秦志辉,池仁勇.中国中小企业发展报告 2017[M].北京:北京大学出版社,2017:8-9.

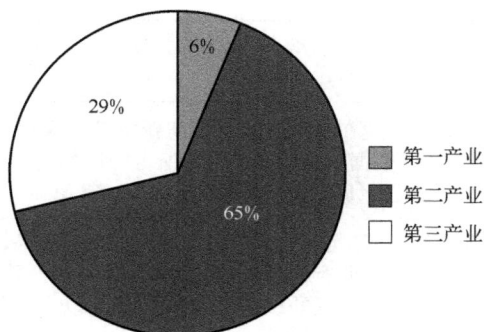

图 1　江苏省新登记企业中各产业占比情况

数据来源:根据江苏省工商局资料整理

(二)财税政策扶持中小企业发展的现状分析

1. 江苏财政政策扶持中小企业发展的现状分析

(1)对中小企业投融资的扶持。扩大企业贷款担保基金规模,各设区市和县(市)担保基金两年内分别达到 3000 万和 1000 万,创业担保贷款达到基本担保基金余额的 5 倍。适用于小型和劳动密集型小企业的现行小额担保贷款的政策调整适用于所有符合条件的小微企业。全面扩大小微风险投资基金规模,将风险补偿资金池扩大到 20 亿元,撬动 200 亿元融资规模,着力提高中小微企业在制造业的信贷投放能力。

(2)对中小企业的财政资金扶持。对于省内企业在"新三板"成功上市,省政府将给予每家上市公司 30 万元的奖励;在江苏省股权交易中心成功上市的前 200 家公司,省政府向每家上市公司奖励 20 万元。省重点项目资金补贴不超过 50 万元,一般项目补贴不超过 30 万元。重点支持创新园区省级以上中小企业技术创新和新产品开发的快速发展,增强企业自主研发能力和快速反应能力。

2. 江苏税收优惠扶持中小企业发展的现状分析

税收优惠政策形式是多种多样的,税收优惠主要体现在税种、税率方面。本文把税收优惠政策分为直接税收优惠和间接税收优惠两个方面。主要形式有减税、免税、税前扣除、投资抵免、加速折旧、加计扣除等。具体情况如表 3 所示:

表 3　税收优惠政策

直接税收优惠	免税优惠	2018 年 1 月 1 日至 2020 年 12 月 31 日,增值税小规模纳税人,月销售额不到 3 万元的,免征增值税;2018 年 1 月 1 日至 2020 年 12 月 31 日,如果贷款合同是金融机构和小微企业签订的,不征收印花税;在纳税年度内,居民企业转让技术所有权的收入不超过 500 万元,不征收企业所得税;一些高等学校、科研机构等通过提供技术服务获得的收入、免征企业所得税等。
	减税优惠	在纳税年度,居民企业转让技术所有权的收入超过 500 万元,企业所得税减少一半征收;按照规定,高新技术企业和技术先进型服务企业征收 15% 的企业所得税,小微企业的税率为 20%。

(续表)

直接税收优惠	税前扣除	2014年1月1日至2018年12月23日,金融企业中小企业贷款损失准备金企业所得税税前扣除。
	投资抵免	创业投资企业在未上市的中小高新技术企业中采用股权投资方式超过2年的,可以根据其在股权投资中所占的比例,在其扣除创业投资企业的全部2年的70%时,为应纳税所得额。
间接税收优惠	加速折旧	企业用于30万元以下单位研究开发的一起设备,可以一次清点,也可以分几次清点。企业所得税税前扣除时,固定资产可以单独管理,不提折旧。用于企业研究开发的设备价值在30万元以上。允许采用双倍余额递减法或年度总和法加速折旧。
	研究开发费加计扣除	未形成无形资产的中小科技企业开发的新产品、新技术、新工艺的研发费用,计入当期损益,并按规定扣除75%的研发费用;形成无形资产的,按175%无形资产的成本进行摊销。

四、江苏省中小企业发展财税扶持政策效果的实证检验

(一)研究思路

本文建立了两个模型来研究政府补贴和税收优惠对企业盈利水平和企业研发努力度的影响。以防出现伪回归问题,检验模型中各个变量是否平稳,首先需要对面板数据进行单位根检验,为了较好的计量模型,本文选用 Summary 单位根检验。在单位根检验通过之后,再对面板数据进行协整检验,有 kao 和 pedroni 两种检验方法,来确定解释变量和被解释变量之间是否存在长期关系。最后,对面板数据进行回归,得出更为实用的回归关系。

(二)研究假设

模型一假设一:政府补贴和税收优惠对中小企业盈利水平有激励作用。
模型一假设二:政府补贴和税收优惠对中小企业盈利水平没有激励作用。
模型二假设一:政府补贴和税收优惠对中小企业研发努力度有激励作用。
模型二假设二:政府补贴和税收优惠对中小企业研发努力度没有激励作用。

(三)数据来源、变量与模型设计

1. 数据来源

为了较好地进行计量,增加模型结果的准确性,文中模型一选取了深圳证券交易所上市的江苏中小企业板 36 家江苏中小企业 2008—2016 年九年内的 324 个观察数据,来研究江苏中小企业财税扶持政策的效果;模型二剔除了模型一中的 14 家企业,选取了 22 家江苏科技中小企业 2008—2016 年九年内的 198 个观察数据,来研究江苏中小企业财税扶持政策对企业研发支出的影响。

2. 变量设计

（1）解释变量。模型一和模型二研究的解释变量都是财政和税收政策。财政和税收政策包括财政补贴和税收优惠。本文选用政府补助收入作为衡量财政补贴的标准，选用所得税优惠额作为衡量税收优惠的标准，所以本文有两个解释变量，即补贴收入（Gov）和所得税优惠（Tax）。

（2）被解释变量。模型一研究的被解释变量是企业盈利水平，本文选用净利润来衡量企业的盈利水平（Pro）。模型二研究的被解释变量是企业研发努力度，本文选用企业研发费用来衡量企业的研发努力度（R&D）。

3. 模型设计

根据上述研究假设和变量定义，为了调查每个因素的变化率分别对企业盈利水平和研发努力度的影响程度，我们可以利用解释变量和被解释变量的对数形式来构造以下两个分析模型：

模型一：$LnPro = \beta_0 + \beta_1 LnTax + \beta_2 LnGov + u_0$

模型二：$LnR\&D = \beta_0 + \beta_1 LnTax + \beta_2 LnGov + u_0$

（四）回归分析

1. 面板数据的单位根检验

本文使用 Eviews7.2 软件来进行计量分析，分别对模型一中补贴收入（Gov）、所得税优惠（Tax）和企业的盈利水平（Pro）和模型二中补贴收入（Gov）、所得税优惠（Tax）和企业的研发努力度（R&D）进行 Summary 单位根检验。模型一检验结果如表 4 所示，模型二检验结果如表 5 所示，可以看出原序列平稳。

表 4　模型一的 Summary 单位根检验

	变量	LnGov	LnTax	LnPro
LLC 检验	统计量	−13.6291	−5.373748	−6.05894
	Prob.	0.0000	0.0000	0.0000
IPS 检验	统计量	−5.35731	−0.74510	−1.115644
	Prob.	0.0000	0.2281	0.1238
ADF 检验	统计量	169.054	100.304	105.183
	Prob.	0.0000	0.0154	0.0065
PP 检验	统计量	220.412	107.994	123.828
	Prob.	0.0000	0.0039	0.0001
	平稳性	是	是	是

表5　模型二的 Summary 单位根检验

	变量	LnGov	LnTax	LnR&D
LLC 检验	统计量	−13.2752	−7.32234	−10.6331
	Prob.	0.0000	0.0000	0.0000
IPS 检验	统计量	−1.52650	−0.54235	−0.66541
	Prob.	0.0634	0.2938	0.2529
ADF 检验	统计量	83.6052	62.9358	71.8817
	Prob.	0.0003	0.0319	0.0050
PP 检验	统计量	139.344	111.542	86.5347
	Prob.	0.0000	0.0000	0.0001
	平稳性	是	是	是

2. 面板数据的协整检验

在对上面进行单位根检验之后,可以看出两个模型中的变量都是平稳时间序列,在此基础上,我们就可以进行协整检验,检验结果如表6、7所示,可以看出变量之间存在协整关系。

表6　模型一的协整检验

检验方法	检验假设	统计量	统计值(P 值)
Kao 检验	H0:不协整	ADF	−6.573027(0.0000)*
Perdroni 检验	H0:不协整	Panel v-Statistic	−0.673406(0.7497)
		Panel rho-Statistic	4.372369(1.0000)
		Panel PP-Statistic	−3.528614(0.0002)*
		Panel ADF-Statistic	−3.209118(0.0007)*
	H0:不协整	Group rho-Statistic	6.370047(1.0000)
		Group PP-Statistic	−11.22178(0.0000)*
		Group ADF-Statistic	−5.756785(0.0000)*

注:＊表示 $P<0.05$。

表7　模型二的协整检验

检验方法	检验假设	统计量	统计值(P 值)
Kao 检验	H0:不协整	ADF	−3.593961(0.0002)*
Perdroni 检验	H0:不协整	Panel v-Statistic	6.996632(0.0000)
		Panel rho-Statistic	3.152487(0.9992)
		Panel PP-Statistic	−4.142349(0.0000)*

检验方法	检验假设	统计量	统计值（P 值）
Perdroni 检验	H0：不协整	Panel ADF-Statistic	$-3.652101(0.0001)^*$
	H0：不协整	Group rho-Statistic	$4.878136(1.0000)$
		Group PP-Statistic	$-6.407851(0.0000)^*$
		Group ADF-Statistic	$-3.489693(0.0002)^*$

注：* 表示 $P<0.05$。

3. 模型回归

基于以上单位根检验和协整检验，得出两个模型中各变量平稳且存在长期的稳定关系，现对两个模型进行回归，根据输出结果，得出如下回归方程：

模型一：$\mathrm{LnPro}=5.750795+0.080920\mathrm{LnTax}+0.704156\mathrm{LnGov}$

$$t=(12.00088)\quad(3.932763)\quad(24.70527)$$

$$R^\wedge=0.700033\quad \mathrm{DW}=0.750818\quad F=374.5589$$

以上结果表明，回归系数显著不为 0，调整后的样本决定系数为 0.700033，说明模型的拟合优度比较高。从回归结果看，企业盈利水平（Pro）与补贴收入（Gov）和所得税优惠（Tax）同向变动，政府补贴每增长 1%，对企业利润增长的贡献率为 0.08%，所得税优惠每增长 1%，对企业利润增长的贡献率为 0.70%。这说明政府补贴和税收优惠对企业盈利水平具有正相关的作用，这是因为政府补贴和税收优惠都会直接降低企业成本，提高企业竞争力，企业能够获得更大的利润。从回归结果看出，政府补贴的效果明显低于税收优惠，相关性很弱。可能原因主要有以下几点：首先，政府补贴有一定条件限制，具有一定的政策导向性，符合条件的企业才有可能得到补贴，具有一定的不稳定性。而税收优惠针对所有企业，具有普惠性，从而从长期总体来看，税收优惠的效果要显著一些。其次，除了政府补贴之外，还有其他因素影响企业盈利水平，比如说企业管理水平、企业规模结构，等等。最后，由于本文选取企业数据有限，受时间空间的影响，分析出来的结果具有不准确性。

模型二：$\mathrm{LnR\&D}=4.663292+0.320481\mathrm{LnTax}+0.476523\mathrm{LnGov}$

$$t=(4.756566)\quad(6.476058)\quad(8.770938)$$

$$R^\wedge=0.464743\quad \mathrm{DW}=0.541652\quad F=84.65564$$

以上结果表明，回归系数显著不为 0，调整后的样本决定系数为 0.464743，说明模型的拟合优度比较高。从回归结果看，企业研发努力度（R&D）与补贴收入（Gov）和所得税优惠（Tax）同向变动，政府补贴每增长 1%，对企业研发费用增长的贡献率为 0.32%，所得税优惠每增长 1%，对企业研发费用增长的贡献率为 0.48%。这说明政府补贴和税收优惠对企业研发努力度具有正相关的作用。在政府鼓励创新创业的环境背景下，财税扶持政策多倾向于创新创业方面，从而财税政策对企业的研发投入起到促进作用。财税政策具有外溢性,在有效改善企业经营环境的同时,还会激发企业的创新潜力,有了扶持政策后,企业可以在自主创新方面投入更多资金和精力。

五、结论与建议

(一)结论

通过以上模型分析,可以得出以下结论:政府补贴和所得税优惠对企业盈利水平都起到正向促进作用,使得企业经营环境有所改善,所得税优惠比政府补贴的影响更为显著一些;财税扶持政策有一定的外溢性,对中小企业的扶持政策还会促进企业的研发努力度,会鼓励企业增加研发热情,注重科技创新,提高市场地位。从总体上来看,财税扶持政策虽然起到一定激励作用,但是效果不是很显著。根据对江苏中小企业现状和财税扶持政策的分析,结合模型回归的结果,本文提出如下建议。

(二)建议

1. 鼓励自主创新

技术密集型企业应该得到政府更多的政策倾斜,扩大科技创新财政专向补贴力度,提升企业自主创新能力和自我生存能力,防止企业对政府政策产生过度的依赖。适当调整税收优惠政策,改变政府对直接优惠的偏好,转变成以间接优惠为主的税收优惠方式,并对中小企业所发生的研发费用进行高额税前扣除,鼓励他们加大研发力度。大力扶持第三产业企业发展,建立第三产业企业额外奖励制度,完成从传统型企业到技术密集型企业的转变。

2. 政府补贴和税收优惠政策有机结合

充分发挥政府补贴和税收优惠两种政策工具的长处,实现"一加一大于二"的效果。实行更加全面更加深入的税收优惠措施,扩大中小企业税收优惠整体受益面。发挥财政资金的政策导向性,扶持生存环境困难企业、带动特定产业企业发展和奖励发展突出企业。两种政策之间互补空位,优势结合。总体上发展以税收优惠为主、政府补贴为辅的扶持模式,以达到财税扶持成本最小,受惠企业利益最大的目的。

3. 加强监督管理

完善财政资金管理制度,建立健全评价体系,跟踪财政资金使用机制,实时监测和评价资金使用情况,切实监督财政资金在促进和支持中小企业发展中的作用。对中小企业实行全面动态监测,以便及时掌握中小企业发展情况,防范可能发生的风险,根据实时情况制定对应政策。加强税收监管力度,扩大查账征收的范围,增加信用等级较差的企业查账次数,及时发现并清理在税管上存在的一些缺陷,为中小企业的良好发展提供稳定规范的管理环境。

4. 完善财税扶持体系

可以适当减少非税收负担,对于各级政府各项行政收费项目进行划分,行政收费和政府性基金制定一定的规范标准,并及时调整优化。对于各级政府和公共行政收费项目和标准规范,将根据中小企业收费标准实际情况,公布新的收费标准。制定相应的税收优惠政策,促进中小企业对人才的吸引力,对有突出贡献的人员给予奖励。针对不同地区不同行业的企业实行不同的税收优惠,因地制宜,避免出现"一刀切"的情况,比如加大对 IT 行业的税收优惠力度等。

5. 落实政策宣传

大部分中小企业不了解税收优惠政策,加强税收政策宣传力度和培训是有必要的,及时组织相关财务人员培训,增加政策公示平台。政府在制定财税优惠政策的同时也推进建立中小企业风险评估机构,为中小企业提供相关咨询,切实提供国家最新的相关法规政策信息。财政部门还应配合其他部门积极引导舆论,积极推进财税政策,促进中小企业发展。

第二十章　江苏省城市公共服务对居民收入的影响力分析与政策建议

一、引言

在二十一世纪,中国的城市发展极为迅速,对各种公共服务的需求日益旺盛,甚至可以说,城市公共服务的具体状况是城市的名片,是一个城市综合实力的象征,是指代城市竞争力的主要标志。城市政府提供公共服务具有以下极其重要的作用:第一,可以有效缓解当前面临的突出的社会问题,例如各种基本保障和基本服务可以有效缓解因失业带来的劳动者与解雇方之间的矛盾关系;第二,有利于健全公共服务供给体制并引导各级政府逐步树立以公共服务为中心的政府职能观和绩效观,更加突出为人民服务的核心理念;第三,通过群众对公共服务的监督与反馈,能更加清晰地反映财政分配在公共服务方面的合理性与效率;第四,通过提升公共服务的品质与范围,可以使城市居民生活水平提高,提升居民幸福感,增加政府的向心力,提高政府的管理能力和竞争力。

随着经济发展的不断深入,居民在获取收入的过程中,对各种公共服务的依赖也日益深化。生活中有很多这样的例子:随着教育的普及,城市居民愿意花费在教育上的可支配收入增加,各地对高等学校和高中的教育水平要求越来越严格;只用扫码付费便可使用的共享单车,不仅体现了科技类公共服务为居民生活带来的便利,也促进了交通类公共服务产品的更新升级,给居民带来更好的生活体验;进行广场舞活动的居民活动场地也得益于基础公共设施的建设……这样的例子数不胜数。一方面,居民的生产生活日益依赖各种公共服务;另一方面,各种公共服务也会促进居民收入的提升。通过思考与对数据的观察,笔者得出了后文几个结论。一是公共服务本身就直接创造就业和收入,比如在提供各类公共服务的同时,政府需要人力、物力来实行供给计划,例如医疗类的公共服务需求刺激了医疗用品制造类企业的人力需求,创造就业,环卫工人在获得就业的同时也按照政府意愿为社会公众提供了环保类的公共服务,各地地铁、高铁在提供交通运输类公共服务的同时也通过客流量产生了收入。二是经由优良的公共服务,比如交通方面向社会推广城市共享单车,降低了居民生活成本、交通成本,从而增加了劳动者的可支配收入。三是医疗、教育、体育、文化等公共服务,提升了居民的生活质量、身体素质、人力资本,从而提高了居民获取更高收入的机会。四是公共服务的各类政策影响居民收入水平:养老保险、医疗保险、住房保障、困难及灾害救助制度、财政补贴等公共服务对全社会居民的宏观收入水平产生直接或间接的影响并且直接增加居民收入或减少居民支出从而间接增加居民收入;公共服务通过对就业的促进和对中小企业的政策支持能够增加劳动就业从而增加居民收入;最低工资标准、治理工资拖欠等公共服务对居民收入起保障作用;税收等政策直接调节居民的实际收入水平。

那么在江苏省内,公共服务与居民收入的关系又是怎样的呢? 至今,学术界并未给出一个细致且明确的研究。江苏省地理位置优越,有优良且丰富的自然资源,是长江三角洲的重要组成部分。作为东部发达省份,它和全国的分析存有很大差别。由于地理、人文、特殊环境,江苏省表现出诸多特异性,研究江苏省的公共服务对居民收入的影响,具有极其重要的意义。但是,公共服务种类众多,各种服务对居民收入的影响存有差异,且在江苏省会存在与其他省份不同的特异性,所以究竟是哪些公共服务对居民收入影响更大? 不同地区之间,各种公共服务对居民收入的影响存有哪些差异? 了解这些内容,便于省政府因地制宜地发展当地公共服务,以最大限度地提升居民收入,且优化财政资源在各个地区之间的配置。

基于此,本文采用江苏省十三个地级市从 2007 年至 2017 年的统计年鉴面板数据,通过回归分析,不仅研究了各种公共服务对江苏省居民收入的影响力大小,还讨论了公共服务影响居民收入的地区差异,以期为江苏省优化公共服务供给、提升居民收入的种种制度设计,提供重要的理论参考。

二、国内外研究综述

通过上述分析可知,公共服务和居民收入之间存在明显的互动关联。目前学术界对这一内容已有若干研究,主要可分为如下几个方面:

第一,公共服务具有居民收入的再分配作用。(1) 公共服务提供的公共产品具有利用产品代替财富的效果。个人长期收入不仅包括税后现金收入,还包括政府提供的公共服务的"以货代款"的利益。roll 和 audun(2003)通过对挪威城市公共服务发展过程中的老年人与有孩子的家庭的分配情况的经典数据的研究,发现在很长一段时间内,这两类人群均处在收入分配格局的中间部分,说明了公共服务具有平衡收入分配格局的功能。(2) 向特定人群提供有针对性的公共服务可以更好地满足公共需求,特别是低收入人群。somik v.lall(2006)通过研究印度普纳的公共房屋供给和家庭之间的匹配关系,以及家庭对公共房屋的需求,说明了个人收益与公共服务之间的关系,并进一步讨论了公共服务的价值和服务对象问题。他认为在居民负担着的财务压力下,政府应该区分优先级地提供公共服务。如果政府提供更迎合穷人需求的服务,公共服务将更有价值。(3) 公共服务有利于经济发展或增长,继而影响收入分配。各类社会性公共服务对于经济发展的调查研究表明,公共服务与经济增长之间的因果关系仍具有不确定性(ronald c. fisher,1997)。

第二,公共服务能够改变消费者行为(clotfelter,1977)。例如在邮电行业中,由于邮电行业基础公共服务设施的更新升级,4G 通讯增加了人们对于新一代智能手机的需求,增加了人们对于邮电产品的消费,更深层次的是通过手机上的网购 app,人们的消费观念、消费形式也会受到潜移默化的影响;公共服务在引导当地居民的消费行为的同时会衍生与该公共服务相关的产品需求,进而产生私人供给。前文所说的由于邮电行业升级催生智能手机消费一例中,对于新型的匹配的智能手机壳、钢化膜,很大一部分都是由此产生的私人供给。

第三,由于近年来受西方学术思想和实践建设的影响,关于我国城市公共服务设施配置的影响以及"服务型政府"、"友好型政府"等概念流行的城市建设、城市公共服务设施配置研究也越来越多。研究的重心集中在城市公共服务设施配置的现状,影响因素,以及规划布局。对当前城市公共服务设施配置存在的问题进行研究解决,便能为城市公共服务设施的优化提供参考。韩传峰(2004)等人以城市公共图书馆服务系统为例,为现有的城市公共服务设施提供评估计算方法以权衡其价值,其中包括评价计算方法的标量和向量计算方法,并指出这些计算方法的应用可以广泛适用于同一类型的公共服务设施,从而进行整体价值评估和详细评价的分类。陈秀雯(2007)分析了城市社区公共服务设施的特点和生活在社区的居民对公共服务设施的需求,并以此对国家标准和国内部分城市的主要公共服务设施指标项目进行了分析,建立了满足居民基本生活需求的社区公共服务设施性能综合评价指标体系。

上述研究较为细致地讨论了"公共服务对居民收入影响"及其具体机制,却尚未针对江苏省开展细致的研究。而正如引言所述,细致分析江苏省,对理解全国各种公共服务对居民收入影响具有极其重要的研究价值,加之江苏省的数据相对完整,所以以之为分析对象也符合"研究可行性"的需要。

三、江苏省城市公共服务与居民收入现状研究

鉴于公共服务种类繁多,本文主要以年鉴中可以搜集到的数据为基础,重点研究文教、医疗、环保、能源这四个方面的基本公共服务状况。

(一)公共服务、居民收入历史及趋势

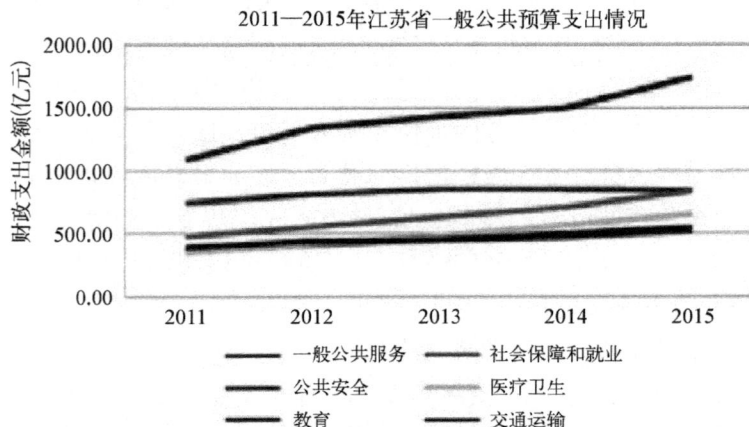

图1 江苏省一般公共预算支出情况(摘自《江苏省城镇化进程中的公共产品供给研究》彭璐)

尽管政府面临严峻的财政压力不断加大了公共预算支出,但供给还是无法满足需求。图 1 为近 5 年江苏省在一般公共服务、公共安全、教育等方面的财政预算支出情况。从表 1 中可以看出除了教育支出在近几年保持较高增长外,其余各项增长缓慢,一般公共服务还有下降趋势。

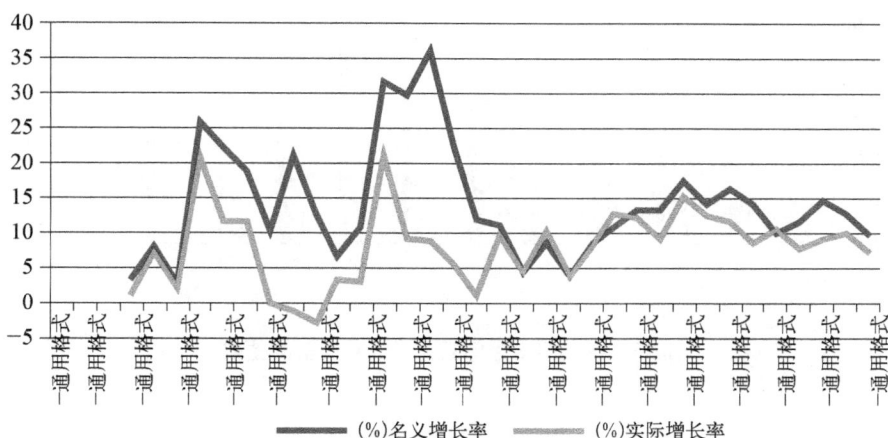

图 2 城镇居民人均可支配收入增长情况(根据《江苏统计年鉴 2017》绘制)

由统计年鉴数据与上图可知,在居民可支配收入绝对值每年快速上升的同时,居民收入的实际增长率自 1995 年以来一直在波动,不甚稳定,对比 20 世纪九十年代,居民收入的实际增长率总体趋于稳定,代表了居民收入在以一个较快的速度稳定提升。

日前,国家统计局公布了 2017 年全国 31 省人均收入排行,其中江苏以 18266 元的数据位列第五。2016 年,江苏省居民人均可支配收入达到 32069 元,较 2015 年增长百分之八点六,超过全过人均水平。中低收入人群的可支配收入增长幅度已经超过高收入人群。

另外,城市居民收入可支配收入处于稳定增加状态。2018 年前三季度全省居民人均消费性支出 15225 元,其中城镇居民人均消费支出 18557 元,月均 2061 元左右。前三季度城镇居民人均可支配收入为 28341 元。这是城镇居民实实在在拿到手的一部分。其中,消费于食品类的为 5251 元,消费与生活类的为 4231 元,各自占总消费支出的 28% 和 23%。统计资料还显示,除去衣食住行方面,用于文教娱乐、交通环保、卫生通信方面的支出有日渐上升的趋势,也符合物价逐渐上涨的市场环境。

(二)公共服务与居民收入的地区差异

由图 5 可知,首先,在教育设施方面,为了遵循新型城镇化发展要求,近几年教育发展逐步均衡,基础教育设施资源在不断整合"抱团取暖",旨在提高教育质量。江苏省 13 个地级市里除了苏北某几个城市比较落后之外,其他地区都保持着较高的师生比水平,这也体现出教育平等、以人为本的发展理念,苏北地区应当继续推行九年制义务教务,贯彻这一理念。

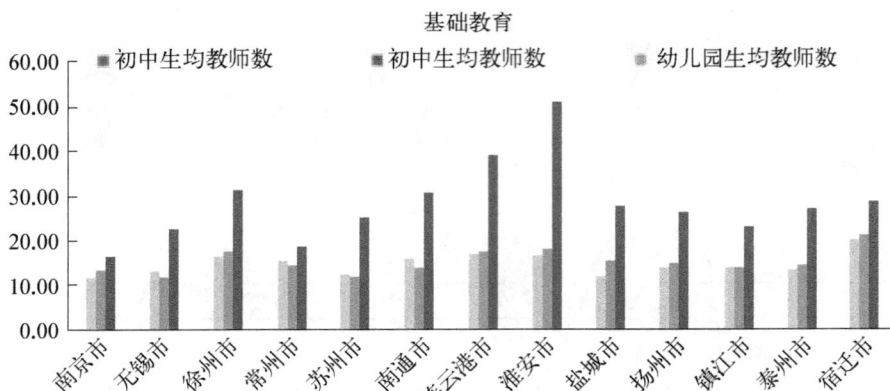

图 3　各地级市之间教育类公共服务的差别

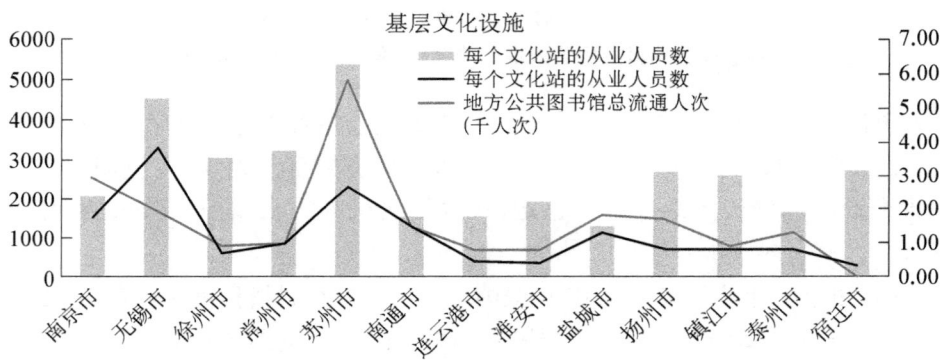

图 4　各地级市之间文化类公共服务的差别

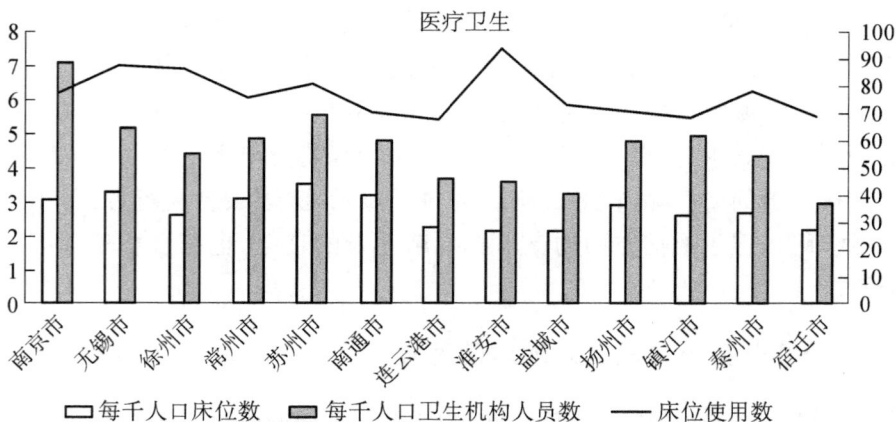

图 5　各地级市之间体育类公共服务的差别

人均可支配收入(万元)

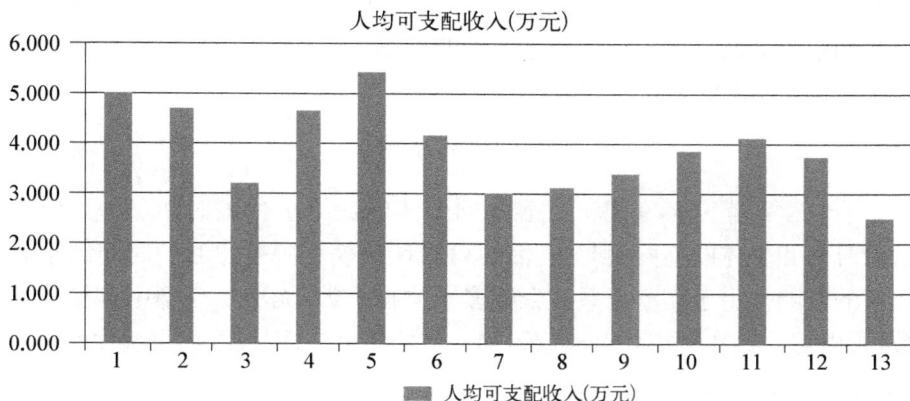

图 6　各地级市之间人均可支配收入的差别(图 3、4、5、6 由《江苏统计年鉴 2017》绘制)

其次,在医疗设施方面,伴随城镇化水平发展,公共卫生的目标体现在公益性、社会性以及公平性三点上,医疗体系日渐完善。苏南地区的苏锡常镇与南京五市均保持着领先水平,13 个地级市除了苏北某几个城市发展水平相对较低外,其他城市的差距不大,但从实际使用状况来看,医疗设施的供需矛盾依旧突出,并且缺少大型公共医疗设施。

最后,在文化设施方面,综合近几年城市居民支出情况,家庭人均每年消费支出中,文化支出所占的比重越来越大,且该比重在城市居民各类支出中占比最大。随着城镇居民对生活质量的要求变高,大部分人将目光逐渐投至文化娱乐方面。

综合上述几个方面,2017 年度对比 13 个城市基本公共服务综合水平,南京、苏州、无锡一直位于领头羊的位置;其次是常州、扬州、南通、泰州、镇江;其他城市还在蓄力发展。由此,江苏省的基本公共服务水平与人均可支配收入方面,苏南地区均高于苏北地区。苏南、苏北地区之间的公共服务平衡性还需要进一步改善。

四、回归分析

(一)选择面板数据模型的原因

面板数据模型(Panel Data 模型)是近 20 年来计量经济学理论与方法的重要发展之一,已在国内居民消费结构变动的实证分析方面得到一定应用。面板数据,同时包含了时序数据与截面数据,这样就既可以分析个体之间的差异又可以描述个体动态变化的特征;其次是建立需求模型时,模型中收入、价格、滞后变量通常是高度相关的,因而往往存在多重共线性的问题,但 Panel Data 可以有效削弱模型中的多重共线性问题的影响,从而得到更为精确的估计结果;再者,Panel Data 可以有效地扩大样本容量,提高模型的估计精度。改革开放以来,江苏省城市公共服务的种类结构处于不断变化中,无法使用较长时期的数据建立模型,但采用时期较短的时序数据又会使得样本容量不足,而 Panel Data 则将同期数据扩大了十几倍,从而可以有效地解决因观察期限较短而造成的样本数据较少的问题,所以本文选择采用 Panel Data 模型。Panel Data 模型的一般形式为:

$$y_{it} = \alpha_{it} + x_{it}\beta_{it} + \varepsilon_{it} \qquad (1)$$

其中,x_{it} 为解释变量,下标 i 代表不同个体(地区),t 代表时间(年)。模型中的系数随着时间和个体的不同而改变,因而可以反映模型中被忽略的时间因素和个体差异因素的影响。由于模型中系数个数多于方程个数,无法从模型中直接识别出所有参数,所以估计参数时需要对模型附加一定的约束条件,根据约束条件的不同可以将 Panel Data 模型分成以下类型:

1. 变系数模型与变截距模型

实际应用中通常对模型(1)附加一定的约束条件。如果消费需求的差异主要表现在横截面的不同个体之间,则参数不随时间而变化,模型中的截距系数 α 和斜率系数 β 随着个体的不同都在改变,则称变系数模型。在变系数模型上再假定斜率系数都是常数,则得到变截距模型。若假定模型截距与斜率系数都是常数,则得到混合回归模型。即模型中被忽略的个体差异因素对截距和斜率系数都无影响,此时相当于把 T 个时期的横截面数据融合成一个混合样本(样本容量 nT),所以称为混合回归模型。

2. 固定效应模型

(1) 个体固定效应

检验是否为个体固定效应是通过 F 检验的零假设:$H_0 : \lambda_1 = \lambda_2 = \lambda_3 = \cdots \lambda N - 1$

$$F_1 = \frac{(RRSS - URSS)/(N-1)}{URSS/(NT - N - K + 1)} \sim F(N-1, N(T-1) - K + 1)$$

其中:$RRSS$ 为有约束模型(即混合回归模型)的残差平方和,$URSS$ 为有约束模型 ANCOVA 估计的残差平方和。λ_i 表示不同个体之间的差异化效应,N 为个体数量,T 为时间,K 为解释变量个数。在给定的显著水平下,如果拒绝了零假设 H_0,则模型应设定为个体固定效应模型。

(2) 时点固定效应

检验是否为时点固定效应是通过 F 检验的零假设:$H_0 : \lambda_1 = \lambda_2 = \lambda_3 = \cdots \lambda T - 1$
在零假设下,F 统计量

$$F_2 = \frac{(RRSS - URSS)/(T-1)}{URSS/(NT - N - K + 1)} \sim F(T-1, N(T-1) - K + 1)$$

其中:$RRSS$ 为有约束模型(即混合回归模型)的残差平方和,$URSS$ 为有约束模型 ANCOVA 估计的残差平方和。λ_i 表示不同个体之间的差异化效应,N 为个体数量,T 为时间,K 为解释变量个数。在给定的显著水平下,如果拒绝了零假设 H_0,则模型应设定为时点固定效应模型。

（3）个体时点固定效应

检验是否为时点个体固定效应也是通过 F 检验的零假设：$H_0：\lambda_1＝\lambda_2＝\lambda_3＝\cdots$ $\lambda N-1，\gamma_1＝\gamma_2＝\gamma_3＝\cdots\gamma T-1$。在零假设下，$F$ 统计量

$$F_2＝\frac{(RRSS-URSS)/(N+T-2)}{URSS/(N-1)(T-1)-K+1)}$$
$$\sim F(T+T-1,(N-1)(T-1)-K+1)$$

其中：$RRSS$ 为有约束模型（即混合回归模型）的残差平方和，$URSS$ 为有约束模型 ANCOVA 估计的残差平方和。λ_i 表示不同个体之间的差异化效应，γ_i 表示不同截面（时点）之间差异化效应 N 为个体数量，T 为时间，K 为解释变量个数。在给定的显著水平下，如果拒绝了零假设 H_0，则模型应设定为时点个体固定效应模型。

如果我们只考虑模型在个体（或时间）上的差异且模型为固定效应模型时，可以采用 F 检验来识别模型是个体固定效应模型、时点固定效应模型、时点个体固定效应模型。

（二）变量的选择

鉴于公共服务种类繁多，本文主要以年鉴中可以搜集到的数据为基础，重点研究能源、交通以及社会性公共服务方面的基本公共服务。从年鉴中较为完整且具有代表性的统计数据入手，选取的面板数据变量有如下：

1. 被解释变量

本文着重讨论江苏省城市公共服务对居民收入造成的影响，故选取并结合各年 CPI 折算过的城镇居民人均可支配收入（万元）作为被解释变量。

2. 解释变量

在需求模型中，居民收入受到各种不同公共服务的制约和影响。本文选取的解释变量总体来说分为三大类，即经济性公共服务、社会性公共服务以及其他解释变量。

经济性公共服务的种类中，稳定的水资源供给是一个城市进行各类经济性活动的源泉，而在交通方面，交通工具的数量则是居民出行效率的重要体现。故能源类的公共服务选取市区全年供水总量（亿吨）为解释变量，交通类的公共服务选取市区每万人拥有公交车辆（标台）为解释变量。

社会性公共服务中，教、科、文、卫都是影响居民可支配收入的重要方面。教育类的选取市区高等学校在校人数（万人）为解释变量，科技类的以年末专利受理量（千件）为解释变量，文化类的以市区每万人拥有的公共图书馆藏书量（百册）为解释变量，卫生类的选取市区卫生机构床位数（万张）为解释变量，环保类的选取市区人均公园绿地面积（平方米）为解释变量。其中，由于市区人口流动性较大，各地区高校数量以及在校人数受政策与各方面原因影响每年都在发生变化，年末专利受审数量的申

请人有个人也有多人团队，因此选择包含整个地区能源、文教、科技总量的分市数据能更好地体现特异性，故在之后的分析中这三项使用各市总量数据进行回归。

另外本文还选取了人均 GDP 增长率，人均文教支出（万元）、财政人均教育支出（亿元）作为其他控制变量。

（三）城市公共服务与收入线性回归模型的建立和分析

1. 全省数据模型的识别

首先需要对江苏省城市公共服务对居民收入影响力的模型进行识别。本文采用的是江苏省 13 个市 10 年的面板数据，它具有样本期短而截面数据长的特征，因而可以认为模型参数是与研究对象的个体差异有关而与时间序列无关，这样我们可以认为本文选用的模型是固定效应模型。

其次，由于模型本身是对自身（全省 13 个市）的个体差异研究，所以基于个体固定效应的回归模型应该是较为可取的方法。

根据前文的分析，本文使用如下数据开展回归分析：居民收入和居民对市区全年供水总量，市区每万人拥有公交车辆，年末专利受理量，市区每万人拥有的公共图书馆藏书量，人均文教消费，市区高等学校在校人数，市区卫生机构床位数，市区人均公园绿地面积，人均 GDP 增长率和财政教育支出，分别以 income，water，bus，book，consumption，stu，bed，green，rate，GDP，financial 表示。最终建立了如下的线性模型：

$$Y = \beta_0 + \beta_1 water + \beta_2 bus + \beta_3 book + \beta_4 con + \beta_5 stu + \beta_6 bed + \beta_7 green + \beta_8 rate + \beta_9 gdp + B_{10} fin + \varepsilon，$$并利用 stata 软件进行数据处理。

2. 全省数据回归结果分析

利用 stata 软件对数据进行模型检验，全省数据使用个体固定效应模型。

表7　江苏省城市公共服务对居民收入影响力的全省数据回归

解释变量	回归系数	t 统计值	p 值
常数项 c	1.32875	4.78	0
供水量	−0.0126598	−0.25	0.806
每万人拥有的公交车数量	0.0160878	1.49	0.139
高等学校在校人数	0.0070372	1	0.32
年末专利受理量	0.1692364	4.1	0
每万人拥有的图书馆藏书量	−0.0156894	−0.45	0.655
卫生机构床位数	−0.0563031	−0.56	0.576
人均公园绿地面积	0.0023856	0.18	0.861
人均 GDP 增长率	−0.7436303	−2.29	0.024

（续表）

解释变量	回归系数	t 统计值	p 值
人均文教消费	2.1965	2.87	0.005
人均财政教育支出	0.0015682	1.18	0.24

回归结果如表7,可以看出:① 年末专利受理量通过了显著性为1%的检验且回归系数符号为正,表明随着科技方面专利受理量的增加,居民收入也在增加。② 人均文教支出通过了显著性为1%的检验且回归系数为正,表明随着文教支出的增加,居民受文化影响增加,受教育程度提高,从而增加了居民在工作中的收入。③ 人均财政教育支出通过了显著性为5%的检验且回归系数为正,表明随着财政教育支出的增加,居民收入能够从中获利,因此提高。④ 供水量,每万人拥有的公交车数量,高等学校在校人数,图书馆藏书量,卫生机构床位数,人均公园绿地面积均未通过显著性检验。⑤ 从江苏省总体来看,影响居民收入的公共服务种类主要有教育、科技、文化等。

3. 苏南、苏北分地区回归结果

（1）苏南地区模型检验以及回归分析结果

利用stata软件对苏南地区数据进行检验,发现对苏南地区而言,应使用混合回归模型。

表8　苏南地区城市公共服务对居民收入影响力的回归结果

解释变量	系数估计值	p 值
常数项 c	1.622342	0.165
供水量	−0.3663541	0
每万人拥有的公交车数量	−0.0360919	0.178
高等学校在校人数	0.0092545	0.425
年末专利受理量	0.0258913	0.684
每万人拥有的图书馆藏书量	0.0461058	0.319
卫生机构床位数	0.7926315	0.001
人均公园绿地面积	0.0233176	0.583
人均GDP增长率	−1.181054	0.006
人均文教消费	4.736148	0
人均财政教育支出	0.004522	0.042

由表8分析可知:① 供水量通过了显著性为1%的检验且回归系数符号为负,表明随着水资源消耗的增加,居民用于支付水费的收入增加,可支配收入减少;② 人均文教支出通过了显著性为1%的检验且回归系数为正,表明随着文教支出

的增加，居民受文化影响增加，受教育程度提高，从而增加了居民在工作中的收入；③ 卫生机构床位数通过了显著性为 1% 的检验且回归系数为正，表明随着卫生机构床位数的增加，居民用于看病的成本在减少，可用于其他方面的可支配收入也在增加；④ 人均 GDP 增长率通过了显著性为 1% 的检验并且回归系数符号为负；⑤ 人均财政教育支出通过了显著性为 5% 的检验并且回归系数为正，表明随着财政教育支出的增加，居民的可支配收入也在增加；⑥ 每万人拥有的公交车数量，高等学校在校人数，年末专利受理量，图书馆藏书量，人均绿地公园面积均未通过显著性检验；⑦ 以苏南为整体来看，影响居民收入的公共服务种类主要有能源、文化、教育、卫生等。

（2）苏北地区模型检验及回归结果

利用 stata 软件对苏北地区数据进行检验，使用个体固定效应模型。

表 9　苏北地区城市公共服务对居民收入影响力的回归结果

解释变量	回归系数	t 统计值	p 值
常数项 c	1.935254	13	0
供水量	0.0619065	1.08	0.284
每万人拥有的公交车数量	−0.0165904	−2.08	0.042
高等学校在校人数	0.1624405	9.48	0
年末专利受理量	0.3707449	6.08	0
每万人拥有的图书馆藏书量	0.1082731	1.69	0.095
卫生机构床位数	−1.050678	−9.48	0
人均公园绿地面积	−0.0005033	−0.05	0.957
人均 GDP 增长率	−0.4759799	−2.45	0.017
人均文教消费	−0.1456567	−0.29	0.773
人均财政教育支出	0.0019974	1.83	0.073

从表 9 可以看出，① 高等学校在校人数通过了显著性为 1% 的检验且回归系数符号为正，表明随着高等学校在校人数的增加，居民文化程度因此有了提升，促进了收入的增加；② 年末专利受理量通过了显著性为 1% 的检验且回归系数为正，表明随着专利受理量的增加，居民收入也随之增加；③ 卫生机构床位数通过了显著性为 1% 的检验且回归系数为正，表明随着卫生机构床位数的增加，居民用于看病的成本在减少，可用于其他方面的可支配收入也在增加；④ 每万人拥有的公交车数量通过了显著性为 5% 的检验且回归系数为负，表明随着公交车数量的增加，居民的可支配收入会因此而减少；⑤ GDP 增长率通过了显著性为 5% 的检验且回归系数为负；⑥ 图书馆藏书量通过了显著性为 10% 的检验且回归系数正，表明随着藏书量的增加，居民文化程度提升，收入随之增加；⑦ 财政教育支出通过了显著性为 10% 的检验且回归

系数为正,表明随着财政教育支出的增加,居民收入随之增加;⑧ 供水量,人均绿地公园面积,人均文教消费均未通过显著性检验;⑨ 以苏北为整体来看,影响居民收入的公共服务种类主要有:交通、教育、科技、文化、卫生等。

五、结论与建议

首先,通过人均 GDP 增长率可以看出,在经济快速发展的大环境下,居民收入稳步提升,生活水平逐渐提高。在城市居民可支配收入绝对值增加的同时,各类公共服务的供给是必不可少的。对于苏南地区来说,影响居民收入的公共服务种类有能源、文化、教育、卫生类。从苏南地区的回归系数看来,教科文卫和环保事业对提高苏南地区的居民收入有促进作用,需要在当前基础上进一步发展。反观苏北地区,由于其产业结构尚不完善,经济发展落后于苏南地区,所以对苏北地区来说,在保证经济发展的同时,要加快产业转型的速度,同时发展交通以及教科文卫方面的公共服务事业,并做到可持续发展。从苏北地区的回归系数来看,教育、科技、文化类的公共服务对居民收入有促进作用。纵观全省,在保证居民收入稳步提升的同时,要将财政预算用于公共服务上的资金向教育、科技、文化类倾斜并保持其他的公共服务均衡配比,缩小地区间的差距。基于数据分析结论,给出如下建议。

(一) 对苏南地区的建议

首先,政府处于主导地位,必须按照法律法规规范化公共服务的提供,并以此提升居民对此的满意程度。在保证能源类公共服务稳定供应的情况下,寻找新型能源,利用科技的力量将新型能源应用到现实中。在交通道路规划上,避免道路改造完成后的再造,同时也要研发并推广新能源公共交通用具,降低旧型号公共交通工具并逐步将其淘汰。在发展第三产业,推动产业结构优化升级的同时,教育方面,继续推行九年制义务教育,提高全民文化素质,同时,在高等教育方面,培养更多高等教育人才,不仅可以加快本地区的经济发展,增加居民收入,还能向苏北地区甚至全国其他地区输出人才,缩小地区间的教育差异。在兴办教育的同时,因地制宜,完善体制,实现地区间文化内容共享。要做到这点,一是要处理好普及与提升的关系,做好文化基础设施建设,同时要结合科技发展,如免费 WIFI,公开的大数据平台等;二是要处理好文化与地区经济之间的关系,力求做到基础设施同步规划,同步实施,服务内容因地制宜,服务质量稳步提高,确保城镇居民在物质和精神两方面提升生活质量。各级政府要结合当地不同经济发展程度编制资金预算,丰富居民精神文化生活,如提供广场舞场地,开办各类型的文化交流活动如市级的诗歌交流会等。在卫生方面,政府需要对居民健康、卫生资源、疾病防控、妇幼保健现状安排专人进行调研。要在疾病管理、健康促进、健康风险评估及健康素养等方面多加重视;呼吁政府重视公共卫生的职能,增加卫生系统话语权,合理进行资源整合,提升人民群众的幸福感;多关注弱势群体及贫困人群。另外,在其他方面,可以组织私人单位或组织进行社会福利捐赠,同时扩大社会福利的覆盖面,鼓励失业人员在公共服务创造的就业岗位上进行再就业。

(二)对于苏北地区的建议

可以借鉴苏南地区的经济发展历史经验。要先推动产业结构优化,在此基础上完善各类公共服务基础设施的建设,从苏南引进人才、科技,推动城市化发展,带动城市周边地区的城市化发展。基于当前公共服务水平差异突出的现状,苏北公共服务运行模式宏观上应采用"多元化"保障模式,在政府转向"服务型"的同时,利用健全的法律法规充分引导并发挥第三部门的自主性,为城市公共服务的建设做出贡献。在交通方面,根据每个城市不同的地理地貌,做到"有性格"的道路规划,做好道路维护和保养,避免重复施工。积极响应国家号召使用新型能源的公共交通用具,量化生产,降低公交车票价,使交通对居民收入产生的负面影响降低。教育方面,积极推行九年制义务教育,提高城市居民知识水平的同时,发展高等教育。而发展高等教育需要各级政府的扶持以及做好充分的高等教育老师的招募工作。做好这一工作,方便苏北各级政府就地取"才",培养高学历人群对地区的归属感,对本地区的经济发展,提高居民收入也有促进作用。文化方面,可以借鉴苏南地区的发展经验,将科技与居民生活融合,提升居民生活质量的同时,在文化层面还能做到有效推广。例如,建立云图书馆,上传并开放当地的图书馆数据平台,不仅免去了居民的出行花费,还能丰富居民的精神生活。同时政府也应当因地制宜,开放大型广场举办例如广场舞、乐队比赛一类的活动,使居民生活更加丰富多彩。卫生方面,苏北地区政府的当务之急便是医疗公共服务基础设施的建立。只有在此基础上,才能对其输送人力物力,保证居民有病可看,有病可医。

(三)对全省的建议

江苏省公共服务存在一定的区域差别。苏南是江苏经济最发达的地区,苏北虽然也在工业等主要经济指标上体现出快速发展的趋势,但是苏北城市公共服务与苏南的发展还是有差距。因而,苏南要保持经济增长势头并发挥带动作用,搞活自己的特色经济,利用已经取得的成果,继续大力建设各项公共服务工程,苏北则要取长补短,借鉴苏南城乡公共服务与管理的经验,分阶段逐步推进城市公共服务建设进程。为促进江苏省城市居民收入,使江苏经济社会和谐持续发展。

参考文献

［1］2016 年江苏省国民经济和社会发展统计公报.中国统计信息网

［2］2017 年江苏省国民经济和社会发展统计公报.中国统计信息网

［3］关于江苏省 2016 年预算执行情况与 2017 年预算草案的审查结果报告. https://www.sogou.com/link? url ＝ 58p16RfDRLv-dn6ZFd7GSOi6MN1oS0a KPLplXbKyVNTPecayQME0aOTFIFiF1MvmBkUnlRBRdDc.

［4］江苏省"十三五"教育发展规划.［2016 年 8 月 10 日］.江苏省人民政府办公厅.http://www.jznu.com.cn/s/52/t/123/1e/fd/info7933.html.

［5］江苏省"十三五"人力资源和社会保障发展规划.［2016 － 10 － 29］.江苏省人民政府办公厅.http://www.jiangsu.gov.cn/art/2016/10/29/art_46144_2545462. html.

［6］江苏省"十三五"节能减排综合实施方案.［2017 年 6 月 5 日］.江苏省人民政府.http://www.jiangsu.gov.cn/art/2017/6/27/art_46487_2557449.html.

［7］政府采购管理处 2016 年工作总结.［2017 － 02 － 04］.江苏省财政网 http:// www.jscz.gov.cn/pub/jscz/zzjg/jgsz/jgcs/zfcgglc/bszn_czt/201702/t20170204_109535. html.

［8］2016 年全省政府采购规模超过 2200 亿元［2017 － 02 － 06］.江苏政府采购网.http://www.ccgp-jiangsu.gov.cn/xwdt/201702/t20170206_117229.html.

［9］财政部副部长刘伟:在全国政府采购工作会议上的讲话.［2017 年 12 月 15 日］.中国政府采购网 http://www.ccgp.gov.cn/news/201712/t20171218_9350010. html.

［10］董雨浦,白彦锋.营改增背景下的增值税分享比例改革:鞭打快牛？［J］.税收经济研究,2017,(4):63 － 72.

［11］任爱华,李阅历,王宁."营改增"对地方政府财政收入的影响——以河北省为例［J］.会计之友,2015,(21):115 － 118.

［12］王霞.税收优惠法律制度研究［M］.北京,法律出版社,2012:27.

［13］王海平.江苏"营改增"减收调查:地方主体税种亟待重构［N］.21 世纪经济报道,2015 － 10 － 9(10).

［14］袁东明.从产业结构调整角度看"营改增"［N］.中国经济时报,2012 － 10 － 18.

［15］王虹,杨锐利,徐志.全面"营改增"后分税制改革面临的问题与对策分析

[J].地方财政研究,2016,(09):15-31.

[16] 张明,潘大开,汤林闽."营改增"后中央与地方税收分配关系调整的难点[J].税务研究,2013,(07):96.

[17] 王振宇,郭艳娇.地方财政收入负增长现象、影响因素及量化测度:以辽宁为例[J].财贸经济,2016,(04):18-29.

[18] 邓子基.财政收入与GDP的协调关系研究——兼评所谓"国富民穷"之说[J].经济学动态,2011(05):21-25.

[19] 管芳芳,马翠,石向庆.政府的财政极限测算与分析——以江苏省为例[J].西部财会,2017(05):4-8.

[20] 王德祥,雷蕾.我国中等城市财政运行的可持续分析——基于106个地级市2003—2013年的数据[J].财经论丛,2016(11):29-36.

[21] 朱军,王国华.中国地方公共支出规模的膨胀性、成因及其控制[J].当代财经,2012(03):34-42.

[22] 赫东旭,胡筱等.关于地方财政学收入质量的若干问题思考[J].地方财政学研究,2014,(4):40-44.

[23] 浙江省财政收入质量课题调研组.关于浙江省财政收入质量研究[J].财政科学,2017(2):132-139.

[24] 宋丽颖,徐志,江庆,王光俊.如何强化财政收入质量监管?[J].财政监督,2017(06):38-44.

[25] 罗植.中国地方公共服务拥挤性与财政支出结构优化[J].财经科学,2014(5):114-122.

[26] 赵洁琼.中国地方政府预算公开研究[D].华东政法大学,2016.16-42.

[27] 上海财经大学公共政策研究中心.2016中国财政透明度报告[M].上海:上海财经大学出版社,2016.58-152.

[28] 上海财经大学公共政策研究中心.2017中国财政透明度报告[M].上海:上海财经大学出版社,2017:42-147.

[29] 李燕,肖鹏.预算公开国际比较研究[M].北京:经济科学出版社,2016:3-187.

[30] 童伟,田雅琼.俄罗斯政府预算公开制度的构建与发展[J].财政监督,2017,(12):36-41.

[31] 潘力铭.对中国省级层面财政预算透明度的研究——基于2015年省级财政预算公开数据的分析[J].财政科学,2016,(06):37-46.

[32] 周瑞麟.关于地方政府财政预算公开问题的思考[J].当代经济,2017,(18):26-28.

[33] 汤浩.我国新型农村合作医疗财政投入产出效率分析——基于Dea和Sfa方法[D].山东:山东大学,2016,15-16.

[34] 李亚青,黄子丽,冯嘉宏.我国基本医疗保险财政补贴制度:现状、问题与对

策[J].中国卫生政策研究,2015(06):1-3.

[35] 毛翠英,刘炳芳,鲁敬东.江苏新型农村合作医疗财政补助资金的实证研究[J].市场周刊,2013,(12):160-161.

[35] 李瑶.新型农村合作医疗制度的财政补助分析[J].农村社会保障,2015,(8):67-69.

[36] 李双.我国中小企业税收优惠法律制度研究[D].吉林:吉林财经大学,2017.

[37] 陈红.扶持中小企业自主创新的财税政策研究[D].重庆工商大学,2016.

[38] 胡勉勉.长沙市中小企业融资中的政府扶持问题及对策研究[D].国防科学技术大学,2016.

[39] 王琳.促进我国中小企业发展的财税政策研究[D].天津财经大学,2015.

[40] 林汉川,秦志辉,池仁勇.中国中小企业发展报告2017[M].北京:北京大学出版社,2017:8-9.

[41] 青木昌彦.政府在东亚经济发展中的作用[M].北京:社会科学文献出版社,1998:36-38.

[42] 李少民.支持新型农业经营主体财政政策研究[J].地方财政研究,2014(10):28.

[43] 宋洪远,赵海.新型农业经营主体的概念特征和制度创新[J].地方财政研究,2014(10):123-125.

[44] 葛宗保.安徽省培育新型农业经营主体的财税政策优化研究——结合我国基本国情[D].安徽大学,2016:9-10.

[45] 孟菲,段棋华.财政支持新型农业经营主体发展研究——以江苏省为例[J].经济研究导刊,2017(21):19-20.

[46] 郭怀照,周荣荣.新型农业经营主体的评价指标体系研究——以江苏省为例[J].江苏农业科学,2016(12):623-627.

[47] 苑鹏,张瑞娟.新型农业经营体系建设的进展、模式及建议[J].江西社会科学,2016,(10):47.

[48] 郭庆海.新型农业经营主体功能地位及成长的制度供给[J].中国农村经济,2013(4):4-11.

[49] 孟丽,钟永玲,李楠.我国新型农业经营主体功能定位及结构演变研究[J].农业现代化研究,2015,(1):42-45.

[50] 冯俏彬.中国制度性交易成本与减税降费方略[J].财贸经济,2017(4):84-99.

[51] 包兴安.减税降费增强经济增长内生动力[N].证券日报,2016-3-25.

[52] 俞军,杨富荣,徐天明.关于江苏省减轻税费负担的调查——江苏与部分省市企业税费负担的比较[J].价格理论与实践,2012(6):20-23.

［53］杨灿明.减税降费:成效、问题与路径选择[J].财贸经济,2017(9):5-17.

［54］曾金华.减税降费效应显现财政收入增速趋缓[N].经济日报,2017-6-13.

［55］张凡.中国:减轻企业税费负担是当务之急[J].税收征纳,2017(3):4-6.

［56］刘伟,蔡志洲.经济增长新常态与供给侧结构性改革[J].求是学刊,2016(1):56-65.

［57］张蕊.减税降费政府收入"减法"换来经济发展新功能[J].中国财政,2017(4):8-10.

［58］蔺大勇.我国结构性减税政策的效应分析及路径选择[D].吉林财经大学,2014.

［59］张晓明.中国文化产业发展之历程、现状与前瞻[J].山东社会科学,2017,(10):44-49.

［60］蒋红军,于峰.以发展文化产业为路径提升文化软实力的思考[J].艺术科技,2017,30(03):102.

［61］范志杰.发展文化事业促进文化产业政策研究[D].财政部财政科学研究所,2013.

［62］柳光强.完善促进文化产业发展的财税政策研究[J].财政研究,2012,(02):16-18.

［63］兰相洁,焦琳.文化产业财税支持政策的国际比较及启示[J].中国财政,2012,(15):76-78.

［64］刘元发.促进我国文化产业发展的财税政策研究[D].财政部财政科学研究所,2014.

［65］张利阳,吴庆华.文化体制改革与财政税收政策研究[J].湖北社会科学,2010,(03):83-85.

［66］陈庚,傅才武.文化产业财政政策建构:国外经验与中国对策[J].理论与改革,2016,(01):169-174.

［67］杨华.新常态下促进中小企业发展的财税政策研究[J].经济师,2015,(7):16.

［68］高芳菲.缓解中小企业融资困难的财税政策研究[D].山东:山东财经大学,2016.

［69］陈红.支持中小企业自主创新的财税政策研究[D].重庆:重庆工商大学,2016.

［70］中金未来产业研究院.2016年我国创业投资引导基金发展回顾及展望[EB/OL].http://www.sohu.com/a/161971766_424367,2017-08-03.

［71］中华人民共和国财政部.财政支持中小企业发展情况[EB/OL].http://www.mof.gov.cn/zhuantihuigu/czjbqk1/t20140507_1076121.html,2014-05-07.

［72］林树山,张亮亮.小微企业税收优惠政策实施状况调查——以广东省惠州

市为例[J].地方财政研究,2015,(12):47-50.

[73] 凌艳.浙江省小微企业生存及成长性研究[J].统计科学与实践,2016,(7):13-14.

[74] 何晓波.PPP模式下交通基础设施成功因素研究[D].重庆交通大学,2017.

[75] 韩帅奇,李铭珍,杨田田.PPP模式在城市生活垃圾处理中的应用探讨[J].环境科学与管理,2015,40(04):1-4.

[76] 杨雯淇.PPP在我国城市生活垃圾处理领域的应用研究[D].中国财政科学研究院,2016.

[77] 潘钊玮.PPP模式在我国供给侧结构性改革中的应用及实证分析——以南京市仙林污水处理PPP项目为例[J].时代金融,2017(23):85-86.

[78] 马建珍.政府与社会资本合作(PPP)模式的发展现状及优化研究——基于南京的调查[J].中共南京市委党校学报,2017(06):76-81.

[79] 曹岚,何世文,高玮.政府和社会资本合作模式创新的江苏实践[J].中国财政,2017(17):34-35.

[80] 罗伯特J.巴罗哈维尔·萨拉伊马丁.经济增长[M].何晖、刘明兴译,中国社会科学出版社2000年版.

[81] 赵卫亚,祝富钧.浙江省城镇居民家庭人力资本投资影响因素分析.//21世纪数量经济学(第7卷)[M].北京.中国科学院.2006.

[82] 吕炜,赵佳佳.中国经济发展过程中的公共服务与收入分配调节[J].财贸经济,2007(05).

[83] 胡畔.任重道远:从基本公共服务供给看新型城镇化[J].城市发展研究,2012年07期.

[84] 孙德芳,秦萧,沈山.城市公共服务设施配置研究进展与展望[J].现代城市研究,2013年03期.90-97.

[85] 张效莉,黄硕琳,蒋和.上海市城市居民边际消费倾向特征实证研究[J].预测,2013年05期.

[86] Helge Peukert. Richard Abel Musgrave and Joseph Alois Schumpeter: Two intellectual authorities in economics and their shared and different frameworks, read through the lenses of the Perlman dichotomies[J]. *Journal of Evolutionary Economics*, 2015,25(1).

[87] Christiana Macfarlane, Michael Pagano,余英.美国城市财政状况2014年调查报告[J].地方财政研究,2015(04):91-96.

[88] Gary A. Wagner. Are State Budget Stabilization Funds Only the Illusion of Savings? [J]. *Quarterly Review of Economics and Finance*, 2003,43(2):121-125.

[89] Ravi Kanbur, Xiaobo Zhang. Fifty Years of Regional Inequality in China: a Journey Through Central Planning, Reform, and Openness [J]. *Review of*

Development Economics. 2005(1)21 - 27.

[90] Barro, R. J. Public Expenditures Productive [J]. *Journal of Monetary Economics* Vol, 1990.

[91] Wiliams, Adam Bauer, Daniel Roman, Alexandru. Where is Accountability and Transparency in State, Local Gov.? [J]. *PA Times*, 2010,(33):7 - 10.

[92] Dib Hassan. Evaluation of the new rural cooperative medical system in China: is it working or not? [J]. PubMed, 2008,(06):18.

[93] Limei Jing. NRCMS capitation reform and effect evaluation in Pudong New Area of Shanghai[J].PubMed, 2016,(03):28.

[94] Kun Zhu. Evolution, Achievements, and Challenges for New Cooperative Medical Schemes in Rural China[J]. *American Scientific Reaserch*, 2016,(06):9 - 14.

[95] Gumber. A Facets of Thailand Healthcare Market[J]. Saket Indus.

[96] E. Manfield, L. Switzer, How effective are Canada's Direct Tax Incentives for R&D[J].*Canadian Public Polic*, 1985,11(2):241 - 246.

[97] Ben Amoako-Adu & M. Rashid. Corporate Tax Cut and Capital Budgeting[J]. *The Engineering Economist*, 2007(4):115 - 126.

[98] Arnold Zellner&JacquesKibambeNgoie. Evaluation of the Effects of Reduced Personaland Corporate Tax Rates on the Growth Ratesof the U. S. Economy[J]. *Econometric Reviews*, 2014(7):56 - 81.

[100] J Lester. Policy Interventions Favouring Small Business: Rationales, Results and Recommendations [J]. *Journal of Business Venturing*, 2017 (4): 55 - 56.

[101] Rolf Aaberge and Audun Lang rgen. Measuring the Benefits from Public Services:The Effects of Local GovernmentSpending on the Distribution of Income in Norway.〈Statistics Norway, Research Department Discussion PapersNo. 339〉[N].January 2003.

[102] Somik V. Lall.What are Public Services Worth, and to Whom? Nonparametric Estimation of Capitalization in Pune. World Bank and NIPFP. [R]. August 2007.